Yuanman
XingyunDashi

圆满

星云大师教给你的108条最实用处世哲理

韩彪◎编著

中国華僑出版社

图书在版编目(CIP)数据

圆满:星云大师教给你的108条最实用处世哲理 / 韩彪编著.—北京:中国华侨出版社,2010.9
ISBN 978-7-5113-0666-1

Ⅰ.①圆… Ⅱ.①韩… Ⅲ.①佛教-人生哲学-通俗读物 Ⅳ.①B948-49

中国版本图书馆CIP数据核字(2010)第174610号

●圆满:星云大师教给你的108条最实用处世哲理

作　　者/韩　彪
责任编辑/文　心
装帧设计/孙希前
责任校对/胡首一
经　　销/新华书店
开　　本/710×1000毫米　1/16　印张/18.25　字数/210千字
印　　刷/三河市华润印刷有限公司
版　　次/2010年10月第1版　2010年10月第1次印刷
书　　号/ISBN 978-7-5113-0666-1
定　　价/30.00元

中国华侨出版社　北京市安定路20号院3号楼305室　邮编:100029
法律顾问:陈鹰律师事务所
编 辑 部:(010)64443056　64443979
发 行 部:(010)64446051　传真:(010)64439708
网　　址:www.oveaschin.com
e-mail:oveaschin@sina.com

Preamble 序言

这个世界上有很多你不懂的学问，这个社会上也还有很多你不明白的处世哲学，不管你的学历有多高，不管你的经验有多丰富，总有一课你没有学习过。

星云大师十二岁便出家，从一个无人问津的小沙弥走到如今将佛光普照三千界的得道高僧。他是中兴佛教的第一人，以60余年之力把佛教推向世界，不仅如此，星云大师在文化事业和教育事业方面都做出过卓越的贡献，他将佛学的真经融入日常生活，以佛光山的理念来指导我们为人处世。

星云大师说："人生在世，归纳而言，就是与两种人相处，一是自己，一是他人。自处处人，就像在画圆，以自觉、自度为圆心，以慈悲、利他为半径，所画出来的一个人生时空的圆。"这简短的一句话对人生有了一个非常精辟的诠释，然而，注解是需要我们在实际生活中慢慢体验而来的。可以说这是我们一生的修行，里面蕴含着诸多深不可测的玄机，一不留神，你就可能与幸福擦肩而过。

每个人都想在成功的道路上越走越好，没有谁愿意与失败为伍，而你是否也在为人生中的某一门功课的缺失感到迷茫与失落。虽然现如今人们的文化素养已经随着经济生活的好转有了逐步的提高，但是仅靠书本上的道理已经无法适应这个竞争激烈的社会。读死书，死读书，已经是当下人们面临的非常严重的问题。大多数人只知道书本上的知识，可是如果在社会这门大课堂中一检验，你仍然是无法顺利毕业的。

社会其实是一把双刃剑，它充满了机遇和挑战，如果你没有抓住机遇，又或者你没有在挑战中脱颖而出，下一个被社会淘汰的人很可能就是你。当然，我们的生活中也不乏胜利者，究其制胜之法，无不是深谙处世之道。你是否想要在社会交往中一路畅通，你是否想要参透佛学中暗含的处世哲学。那么星云大师一定会给你满意的答案。

本书结合星云大师的诸多理念，总结出适合现代生活的一些实用道理，包括做人处世方面、思想观念方面、成就事业方面、交友恋爱方面、婚姻家庭方面，等等。运用这些道理来为人处世可以使你在生活的海洋中如鱼得水。

无论做事还是做人，处世还是处人，这里一定会为你解开所有的谜团。

Contents 目录

第一章

欲成佛门龙象，先做众生马牛

——学佛先从做人起

在佛典里有这样的两句话："人身难得，佛法难闻"。如何做人是一生的事业，俗云："做人难，人难做，难做人。"一点儿也不假。不过如果我们懂得做人的道理，并且如是奉行，似乎也并不难。学佛先从做人起，用佛家的智慧来为自己修身，从而获得做人的圆满。

第二章

持戒与修定，处世无累

——学习佛家的处世无累

佛家要求人们在日常生活中体悟大道，完善自我，但绝不是把日常生活等同于道德。它主张以出世的态度处世，在处世中觉悟出世的境界，体验俗中之真，把握日常生活中的根本大道，不执着于俗世的一切事务，不受世俗生活的蒙蔽、局限与制约，即处世无累。

第三章

修持善缘，承载万物，成就万事

——学习佛家的做事智慧

人活着，总离不开做事。一个人做事的态度，不仅可以体现出其人格，也会影响其未来的发展。我们既然来到了这个世界，就必须认真考量做事的准则，才不会枉费此生。佛是智慧的化身。我们要想让自己的内心有一个做事的准则，同时将事情做得圆满，学习一些佛理中的做事智慧，将大有裨益。

修持善缘，承载万物，成就万事。

第四章

由刹那因缘觉悟生命的得失盈亏

——用佛家的思想启迪生命

佛家说人之所以痛苦，在于追求错误的东西。你有着什么样的思想观念，这决定着你的一生，你是个有为的人还是无为的人，正确的思想很重要，它犹如黑夜中的指路灯，时刻为你指引着生活的方向。时刻谨记：自处超然，处人蔼然；无事澄然，有事坦然；得意淡然，失意泰然。

观天地生物气象，学圣贤克己功夫。宜静默，宜从容，宜谨严，宜俭约。

第五章

无贪无痴无嗔，方至无上境界

——用佛家思想成就大器

如何成就大器，佛家告诉你，要经得起诱惑，要受得了委屈，要忍得下苦难，要耐得住寂寞。人格的可贵，是在功名富贵之外；物质的可爱，是在赠者情义深长。人格，建立在“不自私”三字；成功，奠基于“不苟且”一语。

无贪无痴无嗔，方至无上境界。

第六章

朋友是人生的一大福报

——用佛家智慧体悟交友之道

在禅的世界里，没有高高在上的佛菩萨与师父，只是平等不二的显现，佛是无量的光明，菩萨乃智悲之心地，师父是心灵的朋友。常有人慨叹："相识满天下，知心有几人？"朋友不但是我们情感、生活上的伙伴，也是激励自我、相互扶持的助力。在短暂的生命中，能得到至交好友，有福同享、有难同当，相互扶持、共同成长，实在是人生一大福报。

第七章

情不重，不生娑婆

——恋爱就像佛家的禅

爱情来自人们的内心深处，可是你不知道它从何而来，又要到何处去。它无形无体，你抓不住它，却又挥之不去。就算用最美丽的词藻，你也只能说出爱情的皮毛而说不出爱情的真谛。

情不重，不生娑婆。爱情犹如佛家的禅，只能靠自己来慢慢的悟出其中的道理。

第八章

用真心佛性对待婚姻

——婚姻是人生最美的殿堂

芸芸众生，茫茫人海，能够走在一起，这是莫大的缘分，两个陌生的人从相知到相恋最终到了结婚组建一个自己的小家，在这个过程中彼此经历过很多的坎坎坷坷，彼此经历很长时间的磨合。世间婚姻之所以会有不幸乃至离异，是由于二人各自有太多的贪欲和缺陷，佛家主张我们要懂得知足与珍惜。

第九章

教养有道，则天无妄生之才

——教育子女的佛法

父母对儿女的教育如果太过严厉，会让儿女害怕，而不敢与父母沟通；如果太过溺爱，又会让儿女养成骄慢放纵的习惯。如何教育儿女，实在是身为现代父母者的一大课题。子女是家庭未来的希望，佛法的教育是以心灵为重，期望能改变世人一味追求物质享受的态度，教育子女应该注重从修身开始。

第一章

欲成佛门龙象，先做众生马牛

——学佛先从做人起

在佛典里有这样的两句话："欲成最佳龙象，先做众生马牛。"如何做人是一生的事业，俗云："做人难，人难做，难做人。"一点儿也不假。不过如果我们懂得做人的道理，并且如是奉行，似乎也并不难。学佛先从做人起，用佛家的智慧来为自己修身，从而获得做人的圆满。

处世哲理001

自己不觉，佛陀也帮不了忙

“自觉”就是自我教育，人要懂得自我要求、自我学习、自我充实、自我反省，凡事能够反求诸己；唯有自己，才能益世化人，“自己不觉，佛陀也帮不了忙。

——**星云大师**

传说汾阳无德禅师从小天资非凡，对一切文字经常是自然通晓。十四岁时父母相继去世，于是就出家剃度，云游四方，拜访了七十一位名宿鸿儒，到了省念禅师那里才开大悟。

省念禅师圆寂后，无德应西河道俗的邀请，住于汾阳太子院，广说宗要，接化学人，足不出户达三十年之久。

有一位虔诚的佛教信徒，每天都从自家的花园里采撷鲜花到寺院供佛。一次当她正送花到佛殿时，碰巧遇到无德禅师从法堂出来，无德禅师说：“你每天都这么虔诚地以香花供佛，依经典的记载，常以香花供佛者，来世的相貌肯定非常美丽。”

信徒非常欢喜地回答道：“这是应该的，我每次来寺礼佛时，自觉心灵就像洗涤过似的清凉，但回到家中，心就烦乱了，作为一个家庭主妇，如何在繁嚣的尘市中保持一颗清净纯洁的心呢？”

无德禅师反问道：“你以鲜花献佛，相信你对花草总有一些常识，我现在问你，你如何保持花朵的新鲜呢？”

信徒答道：“保持花朵新鲜的方法，莫过于每天换水，并且于换水时把花梗剪去一截，因花梗的一端在水里容易腐烂，腐烂之后水分不易吸收，就容易凋谢！”

无德禅师道：“保持一颗清净纯洁的心，其道理也是一样，我们生活的环境像瓶里的水，我们就是花，唯有不停地净化我们的身心，变化我们的气质，并且不断地忏悔、检讨，改进陋习、缺点，才能不断吸收到大自然的精华。”

人们每天都要照好几次的镜子，可是又有几个人会像照镜子的频率一样来反省自己呢?生活中我们经常会犯各种各样的错误，可这并不严重，关键是你有没有每天反省自己的言行，反省是人生一门重要的功课，我们用它来监督自己，一旦发现问题，就要勇敢地面对它，以避免再次失败。如果我们像受伤的小鹿一样拼命地躲避它们，我们将遁入一个怪圈，你越想逃避，失败越是如影随形。

如果你不注意自己的身体，有了问题时讳病忌医，刚开始可能只是芥藓之疾，但任其恶化，就会长成危及生命的毒痈。同样的，如果你不及时地反思自己的思想行为，你的生命力一定会逐渐退化，直至平庸不堪。因为不反省，你会觉得自己完美无缺，无需改变什么，这样你就失去了改变自己的内在动力，更不会有相应的行动。而你的生命就会止步于过去的平庸之中无法超越。反省是一种美德，只有经常反省的人才能进步，才能在上帝关上门后，发现他留出的另一扇窗。犹太人习惯于在周六长时间反省，因此他们即使在第二次世界大战中遭受了毁灭性的打击，战后还是找到了上帝留下的那扇窗户，并且迅速崛起，成为世界上最有名的商人。而那些不会反省的人，常常对那扇通向成功的窗户视而不见，甚至自己亲手把它关闭。

善于反省的人可借此实现自己的人生愿望。如果我们能够不断地反思自己所处的境况，并努力地寻找种种解决问题的方法，从中悟到失败的教训和不完美的根源，并能全力以赴地去改变，我们就可以脱胎换骨，成为能够巧妙运用思想力与行动力，从而获得成功的人。

没有这种深刻的反省和感悟，人们就会因为疑虑困惑而停滞不前，甚至不肯迈出一小步。他们会一直等待，不敢前进，好像前面是万丈深渊似的。他们不愿意全力以赴，更不会破釜沉舟，因为根本不知道问题出在哪里。

只有弄明白如何改进之后，我们自身才会充满力量，可以不依赖外界的力量塑造自己，激发出我们潜在的天赋和资源，成就光辉的未来；才会在最恶劣的情况下，坚信一定会有出路，一定会有机会使我们从失败转向成功。

一个人学会了反省，世界上就再没有任何艰难险阻，可以妨碍他走上成功的道路了。

处世哲理002
让步不一定是吃亏

让步不一定吃亏，从礼让中，才能获得和谐双赢。忍让一下，看似吃亏，实际上就是占便宜。

——星云大师

《百喻经》中有许多发人深省的故事。

话说某年某月的某一天，张家来了远方造访的客人，父亲因为有朋自远方来，好不欢喜，就吩咐儿子上街去购买酒菜，准备请客，没想到儿子出门许久都没有回来，眼看开饭的时辰将至，父亲左等右等很是着急，实在等得不耐烦了，于是自己就上街看个究竟。

原来在街上有座便桥，发现儿子在桥头和另外一个人正面对面的站在那儿，彼此僵持不下，父亲就上前询问："你怎么买了酒菜不马上回家呢？"

儿子回答说："老爸你来得正好，我从桥这边过去，这个人坚持不让我过去，我现在也不让他过来，所以我们两个人就对上了，看看究竟谁让谁？"

"有其父必有其子"，现在是"有其子必有其父"，父亲聆闻儿子的一席话，就上前声援道："孩子，好样的，你先把酒菜拿回去给客人享用，这儿让爸爸来跟他对一对，看看究竟谁让谁？"

彼此不让一步，难道谁不退让就能胜利吗？

在社会上，无论说话也好，做事也好，有的时候要看情况吃一点亏，生活中到处有这对父子的影子，往往只为了"争一口气"，把本来没有什么大不了的琐事，闹得不可开交，坚持己见互不让步，结果小事变大事，甚至搞得两败俱伤，真是何苦？

所以很多时候我们主张:“识时务者为俊杰,好汉要吃眼前亏”,因为眼前亏不吃,可能要吃更大的亏。

“好汉要吃眼前亏”的目的是以吃“眼前亏”来换取其他的利益,是为了“存在”和更高远的目标,如果因为不吃眼前亏而蒙受更大的损失或灾难,甚至把命都丢了,那我们还谈什么理想?

可是有不少人一碰到眼前亏,就会为了所谓的“面子”和“尊严”,甚至为了所谓的“正义”与“公理”,而与对方搏斗,有些人因此一败涂地,有些人则因获得“惨胜”而元气大伤!

汉朝开国名将韩信是“好汉要吃眼前亏”的最佳典型。乡里恶少要他爬过他们的胯下,不爬就要打他,韩信二话不说,爬了。如果不爬呢?恐怕会遭到一顿拳打脚踢,韩信不死也丢半条命,哪来日后的统领雄兵叱咤风云的一代枭雄?他吃眼前亏,为的就是保住生命之躯,留得青山在,不怕没柴烧。

所以,当你在社会上碰到对你不利的环境时,千万别逞一时之勇,也千万别认为“士可杀不可辱”,若硬要弄出个“有理走遍天下”来,那大亏可正在等着你呢。

处世哲理003

勇于认错的人不会丢面子

我常想：是否更应该提倡“认错，要有勇气”的精神？唯有父母与子女之间、老师与学生之间、老板与伙计之间、长官与属下之间都能具有勇于认错的美德，我们的国家才能更快地进步和发展，我们的社会才会更加温馨祥和。

——**星云大师**

苏格拉底说过：“否认过失一次，就是重犯一次。”人生在世，做错事，出现过失是不可避免的，但能在做错事后抬起双脚重新走上一条正确的道路，才是正确的选择。

著名散文学家刘墉在一篇名为《庸医与华佗》的文章里，给我们讲述了一则足以让人的心灵震颤的故事。内容大致是这样的：

一位行医数十年的妇科医生在出诊时发现一名妇女子宫里长了肿瘤，他要求病人马上动手术，以防恶化。病人十分害怕，也十分感激这个名医及早地发现了隐藏在身上的这枚“炸弹”。手术很快就被安排就绪了，手术室里所有的器材都是最新的，对于这位已经有过上千次手术经验的医生而言，只须切开一个小小的口子，取出病人体中的瘤体，就能使病人永绝后患，但是故事并没有像我们预想的那样顺利发展下去。

医生打开病人的腹部，向子宫深入观察，准备下刀，他有把握将肿瘤一次切除，使病人永绝后患。但是他突然全身一震，刀子停在半空中，豆大的汗珠冒上额头。

他看到了令他难以置信的事，一件在他行医数十年之间不曾遭遇的事情。女人的子宫里长的不是肿瘤，竟然是一个胎儿。

他怔住了，陷入了矛盾和挣扎中。

如果下刀，硬把胎儿拿掉，然后告诉病人，摘除的是肿瘤，病人一定会感激他的救命之恩，而且可以确定，那所谓的瘤，一定不会复发，他说不定还能得个“华佗再世”的金匾呢！相反地，他也可以把肚子缝上，告诉病人，看了几十年的病，他居然看走了眼。

这不过几秒钟的挣扎，已经使他浑身湿透，他小心地缝合好刀口之后，回到办公室，静待病人苏醒。

医生走到病人床前，他严肃的神情，使病人和其在场的亲属，都感到很不安，等待最坏的宣判。

“对不起！太太，我居然看错了，你只是怀孕，没有长瘤。”医生不顾及自己的面子，实话实说，并深深地致歉，“所幸及时发现，孩子安好，你一定能生下个可爱的小宝宝！”

听了他的话，病人和家属全呆住了，隔了十几秒钟，病人的丈夫突然冲过去，抓住医生的领子，吼道：“你这个庸医，我找你算账！”

后来，孩子果然安全地生了下来，而且发育正常。但是医生被告得差点破产，名誉扫地。

有朋友笑他，为什么不将错就错？就算说那是个畸形的死胎，又有谁能知道？

“老天知道！”医生只是笑了一笑。

看了这则故事，你是不是特别敬佩这名妇科医生的勇气？在名誉与良心道德的天秤上，他倾向了后者。而在通往众人景仰的圣殿与万人唾弃甚至是牢狱之灾的路上，它也选择了后者，这需要多么大的勇气啊！刘墉接下来评析说：“为自己的身家名誉而去拼命的人，算不得大勇，不顾自己的身家名誉，而去维护真理的人，才是真正的勇者。”

我们再替他补上一句：也只有选择维护真理，抚慰良心的人，才会有内心无愧、开心快乐的人生。

做错了事，最怕的就是为了面子，否认自己的过失，让自己继续错下去。做错事其实并不可耻，因为只要是人，都会做错事，为了面子而否认自己的过错，不但是对自己人格的伤害，也会令自己无法进步。

如果我们让自我的生命总是在否认过错，那么，我们的人生不仅徘徊不前，甚至会退步。

处世哲理004

“忍”能担当任何苦难

一个人忍耐多大，力量就有多大；

一个人承担多少，成果就有多少。

——星云大师

“小不忍则乱大谋”，在充满竞争的社会里，要想出人头地，在人前显贵，就要敢做别人所不敢做之事，能忍别人所不能忍之冤。

中国人历来提倡“以忍为上”，这是一种玄妙的处世哲学。常言道：“小不忍则乱大谋”，要修得有用之身，须悟一悟隐忍的智慧。

生活中我们常常因为不能隐忍一点小事而让自己吃大亏，这是很不划算的。就比如：你和别人开车相撞，对方的车只是“小伤”，甚至可以说根本不算伤，你不想吃亏，想要和对方理论一番，可对方车上下来四个彪形大汉，个个横眉怒目，围住你索赔，眼看四周荒僻，也无公用电话，更不可能有人对你伸出援手。这时，你如果不想“赔钱了事”，受这个气，势必会引起一场争战。

当然，如果你能“说”退他们，或是能“打”退他们，而且自己不受伤，你就可以不受这个气、吃这种亏！

但如果你不能说又不能打，那么也只有“赔钱了事”了。你说他们蛮横无理也罢，欺人太甚也罢，但你应该明白，现实是残酷的，并不是“有理就能走遍天下”的！优胜劣汰，适者生存，哪有什么理可说呢？因此，不吃眼前亏，换来的可能是一顿拳打脚踹或是车子被砸坏。可能有些人会说报警，可人都快被打死了，报警也不一定有用啊！就算报警能息事宁人，但是一顿拳脚之痛也是避免不了的。

可见，“隐忍”是一种自保的形式，是为了生存和实现更高的目标，如果因为不能受一时之气，而蒙受巨大的损失，甚至把命都丢了，哪还谈得上理想和抱负呢？

在充满竞争的社会里，要想出人头地，在人前显贵，就必须将自己在心理上与常人划清界限，这不是目中无人、自高自大，而是成大事者的必备条件，它与好高骛远的不同之处在于行事方式，即要敢做别人所不敢做的，能忍别人所不能忍的。

汉初名将韩信年轻时家境贫穷，他本人既不会溜须拍马，做官从政又不会投机取巧，整天只顾研读兵书，最后连一天两顿饭也没有着落，他只好背上家传宝剑，沿街乞讨。

有个财大气粗的屠夫看不起韩信这副寒酸迂腐的书生相，故意当众奚落他说：“你虽然长得人高马大，又好佩刀带剑，但不过是个胆小鬼罢了。你要是不怕死，就一剑捅了我；要是怕死，就从我裤裆底下钻过去。”说罢双腿架开，立了个马步。众人一哄围上，想看看韩信会怎么做。

韩信认真地打量着屠夫，想了一想，竟然弯腰趴地，从屠夫裤裆下钻了过去。街上的人顿时哄然大笑，都说韩信是个胆小鬼。

韩信忍气吞声，闭门苦读。几年后，各地爆发反抗秦王朝统治的起义，韩信闻风而起，仗剑从军，争夺天下，威名四扬。

韩信忍胯下之辱而图盖世功业，成为千秋佳话。假如他当初争一时之气，一剑刺死羞辱他的屠夫，而受到律令的制裁，则无异于以盖世将才之命抵偿无知狂徒之命。假如他当初图一时之快，与凌辱他的屠夫斗殴拚搏，也无异于弃鸿鹄之志而与燕雀论争。韩信深明此理，宁愿忍辱负重，也不愿争一时之短长而毁弃自己远大的前程。

这样的忍耐，不是屈服，而是退让中另谋进取；不是逆来顺受、甘为人奴，而是委曲求全以便我行我素。一旦时机到了，如同水底潜龙般冲腾而起，施展才干，创建功业。

“大丈夫能屈能伸”讲的便是大将韩信胯下受辱的故事。小不忍则乱大谋，为人切忌心高气傲。正是韩信的巨大忍耐力，使其功成名就，获得了显贵的机会。《朝田忏》称：“人之所以复归为世所尊重，都是忍辱中得到的。”

综观古今中外，凡是能成大事者莫不懂得这样一条道理：百忍成钢。在成大事者眼中，任何临降于其身上的困苦、灾难、委屈都不能让其心灰意懒。相反，他们因此往往更能鼓舞斗志，激发要做一番大事的欲望。

可是有不少人，会为所谓的“面子”和“尊严”，甚至为了所谓的“正义”与“公理”，而与对方搏斗，有些人因此而一败涂地、元气大伤。每个人都会碰到不尽如人意的事情，残酷的现实需要你对人俯首听命，这个时候，你必须面对现实，要知道，敢于碰硬，不失为一种壮举，可是，胳膊拧不过大腿，硬要拿着鸡蛋去碰石头，可能只是做无谓的牺牲。这时候，就需要忍耐，用另一种方法来迎合残酷的现实。不妨拿出一块心地，专放不平之事，闭起双眼，权当不觉。

“忍字头上一把刀，一事当前忍为高。”坚韧的忍耐精神是一个人意志坚定的表现，学会忍耐、婉转和退却，可以获得无穷的益处。

处世哲理005

留得青山在，不愁没柴烧

有的人之所以不会被打倒，是因为他有胆识，有远见。他看得高，看得远，不计较一时的得失，能够掌握先机，把握机会，而且能进能退，能前能后。

——星云大师

对一个人而言，和任何东西比起来，生命都是最重要、最宝贵的。但是面临着奸人贼子的威逼利诱，是不降以志，还是苟且偷生？面对着敌强我弱、寡不敌众的严峻情势，是不受胁迫，血战到底，慷慨赴难，还是屈于强势？历代仁人志士，不惜抛头颅洒热血，宁为玉碎，不为瓦全，决不失义而偷生的例子不胜枚举。

生活中，会有很多人用卧薪尝胆的故事鼓励自己刻苦发愤，忍耻吞辱，战胜困难，以争取最后的胜利。在变幻莫测的政治斗争中，每个人的情形时刻都有改变的可能，或由辉煌转向暗淡，或由高山峰巅跌入万丈深渊，如何在这强烈的反差中不被困难和挫折所击倒，如何在不利的条件下忍气吞声、委曲求全，以求东山再起，重振雄风？勾践的“卧薪尝胆”能给我们极好的启示。

春秋战国时期，越王勾践被吴王夫差打败，退守在会稽山上，越王要求跟吴国讲和，吴国的条件是要勾践夫妇到吴国给夫差当仆役。勾践答应了。

勾践将国事委托给大夫文种，让大夫范蠡随他夫妇前往吴国。到了吴国，他们住在山洞石层中，夫差两次外出，勾践都亲自为他牵马。有人指骂他，他也不在乎，低眉顺眼，始终表现出一副驯服的面孔，很讨夫差欢心。

一次，夫差病了，勾践在背地里让范蠡预测一下，知道此病不久就会好，他就亲自去见夫差，探问病情，并亲口尝了尝夫差的粪便，随后向夫差道贺，说他的病很快就会好的。夫差问他怎么知道，勾践就胡编说：“我曾经跟名医学过医道，只要尝一尝病人的粪便，就能知道病的轻重。刚才我尝了大王的粪便，味酸而稍微有点苦，用医生的话说，是得了‘时气症’，所以病会好，大王不必担心。”果然不几天，夫差的病就好了。夫差认为勾践比自己的儿子还孝顺，深受感动，就把勾践放回国去了。

勾践归国后，深为会稽之耻而痛苦，一心伺机报仇。他睡不好觉，吃不好饭，不近美色，不看歌舞，苦心劳力，唇干肺伤，对内爱抚群臣，对下安抚百姓。三年后，百姓都归顺了他。

勾践为了更好地笼络群臣，每当有甘美的食物，如果不够分自己决不独吃，他将酒倒入江中，与自己国内的百姓共饮。平时，勾践自己耕种吃粮，靠妻子亲手织布穿衣，吃喝不求山珍海味，衣服不穿绫罗绸缎。为了坚持锻炼斗志，他连褥子都不用，床上铺着柴草，还备一个苦胆，随时尝一尝苦味，以不忘在吴国所受的屈辱。他还经常到民间巡视，把随行车辆装着的食物分发给孤寡老弱病残，慰问他们。饿了就住在百姓家，和他们一同吃粗茶淡饭。

后来，勾践看到报仇的时机已经成熟，就召集诸大夫，向他们宣告说：“我准备和吴国开战，拼以死活，希望士大夫踏肝践肺同日战死，我跟吴王颈臂相交肉搏而亡，这是我最大的愿望。如果这些办不到，我将抛弃国家，离开群臣，自带佩剑，手举刺刀，改变容貌，更换姓名，去当仆役，拿着箕帚侍奉吴王，以便找机会跟吴王决战。我虽然知道这样做很危险，要被天下人所羞辱，但我的决心已定，一定要实现这个想法！”

勾践的话得到群臣的响应，他们纷纷表示愿意与他冒死声讨吴国，以报国仇。

后来越国终于与吴国在五湖决战，吴国军队大败，越军包围了吴王的王宫，攻下城门，活捉夫差，杀死吴国宰相。灭掉吴国两年后，越国称霸诸侯。

勾践卧薪尝胆的故事之所以流传千古，不仅是因为勾践最后终于为国雪耻，更主要的是他那忍辱负重的精神成为我们克服暂时的困难，知耻而后勇的楷模。

勾践的故事告诉我们，大丈夫能屈能伸，留得青山在，不怕没柴烧。

由于勾践被夫差打得大败，他不得不屈服求和向吴国俯首称臣，此时勾践若只凭意气与夫差拼个鱼死网破，恐怕越国将会在历史上消失。于是，他一方面在吴国君臣面前表现得忠心耿耿，卑躬屈膝，装出一付“奴才相”，不管吴国的臣子如何羞辱他，如何考验他，也不管亲人、属下如何不理解自己，耻笑自己，他都一概忍受下来；但另一方面，勾践的复国之心未死，东山再起的志向未灭，他卧薪尝胆，刻苦图强，任用范蠡、文种等人，十年生聚，十年教训，终于转弱为强，灭掉了吴国，因此，勾践的忍可以是几年、十几年，但这完全是策略性的，是一种瞒天过海的韬晦之计，是一种以屈求伸的雄才大略，这种人的谋略一旦成功，将一反忍的常态，变本加厉地对他所忍的人进行清算。

此外，勾践卧薪尝胆，以屈求伸的故事还告诉我们要“知耻而后勇”。一般说来，一个人（或一个民族、一个国家）从知耻、忍耻到雪耻，这个过程必然有一段历史距离。大多数受辱者，皆因当时的力量或者环境处于劣势，在与人或者命运抗争的过程中，或由于力量悬殊，寡不敌众，或由于天时地利，不如对方，致使自己被对方打败（或受凌辱）而遭受屈辱，但又不能立即雪耻，只能将耻辱强忍吞下，铭刻于心头，经过养精蓄锐，日渐强大，时机成熟，再雪旧耻。

“知耻而后勇”，其实质是忍今日之耻，以求明日之伸，但若一味地忍耐就无意义可言了。那么，为何要忍呢?正所谓“三十年河东，三十年河西”，请相信，虽然你目前处于不幸的环境中，但是终究会有峰回路转的那一天，以此来不断地提醒和鼓励自己忍受眼前一时的痛苦，等候时来运转。这其中，最关键的是等待，要相信时间的公平。

《菜根谭》中有这样一段话：“伏久者飞必高，开先者谢独早，知此，可以免蹭蹬之忧，可以消躁急之念。”这句话的意思是，长久潜伏在林中的鸟，一旦展翅高飞，必然一飞冲天；迫不及待地早早绽开的花朵，必会早早凋谢。凡事焦躁无用，身处横逆之中，只要善屈善忍，储备精力，一鸣惊人的机会便会来临。

处世哲理006

吃亏就是占便宜

吃亏就是占便宜，现在的人什么都吃，就是不肯吃亏。一个人如果肯吃亏的话，别人必然乐于跟他在一起；如果处处都想占他人的便宜，即使再好的朋友也会远离，所以我们应该学会吃亏。

——星云大师

被世人誉为“扬州八怪”之一的郑板桥，曾留下一句四字名言“吃亏是福”。吃亏是一种舍得，这种舍得也许是主动，也许是被动。细细想来，实际上又有几个人肯吃亏，又有几个人真的认为“吃亏是福”呢？

古人云：我不识何等为君子，但看每事肯吃亏的便是。我不识何等为小人，但看每事好占便宜的便是。古时有贤人某临终，子孙请遗训，贤人曰：“无他言，尔等只要学吃亏。”“凡事最不可想占便宜。便宜者，天下人之所共争也，我一人据之，则怨萃于我矣，我失便宜则众怨消矣，故终身失便宜，乃终身得便宜。”“受得小气，则不至于受大气。吃得小亏，则不至于吃大亏。”

其实，越是不肯吃亏的人，越是可能吃亏，不但吃亏，而且往往还会多吃亏，吃大亏。唯有不计较吃亏的人，才会真正有福。吃亏，虽然意味着舍弃与牺牲，但也不失为一种胸怀、一种品质、一种风度。贪心的人，总是费尽心思去算计别人，在其热情、仗义与关切的伪装背后，更多的是肆无忌惮地对别人的进攻与伤害。不怕吃亏的人，才会在一种平和自由的心境中感受到人生的幸福。

只要与人相处，就免不了会有长短比较。言语上爱占上风的人，总不免喜欢自我吹嘘、自我膨胀，言谈之中尽是自赞毁他之语。这样的人往往自以为聪明，处处占便宜；但事实上，却是他自己在扯自己的后腿。等到人际关系落到一败涂地之后，他还会以为人家是嫉妒他，见不得别人好。

而过度以自我为中心的人，则凡事就会算计：我从这里可以得到多少好处？于是，只顾着自己吃肉，却忘了好歹也要留一口汤给别人喝。这样下去，怎么能够不集天下之怨怼于其一身呢？而愿意吃亏，则是一种明哲保身的做法，这吃亏中蕴藏着做人的智慧和境界。

古时候，有位皇帝赏赐给每个大臣一只羊。羊有大有小，有肥有瘦。在分羊时，一名负责分羊的大臣犯了难，不知怎么分才能让大家满意。正当他束手无策时，一名大臣从人群中走了出来，说："这批羊很好分。"说完，他就牵了一只瘦羊，高高兴兴地回家。众大臣见了，也都纷纷仿效，不加挑剔地牵了一头羊就走，摆在大臣们面前的一道难题一下子就迎刃而解了。这名大臣既得到了众大臣的尊敬，也得到了皇帝的器重。对于这名大臣来说，亏己不正是福己吗？

"吃亏是福"道出的是一种潇洒的生活态度，敢于吃亏也是一种做人的风度。做人的可贵之处是乐于退让。自己主动吃点亏，往往能把棘手的事情做好，能把很难处理的问题顺利解决。任何一个有作为的人，都是在不断吃亏中成熟和成长起来的，并从而变得更加睿智。一旦吃亏便愁肠百结、郁郁寡欢，甚至捶胸顿足、一蹶不振，受伤的只能是他自己。

我们所生存的这个世间叫做婆娑世界，明明白白就说清楚了，这是一个"堪忍"的世间。许多时候，我们必须要去面对很多自己不喜欢面对的人与事。甚至更为不堪的，不仅止于"不喜欢"而已，挫折、凌辱、打击也常是我们一生当中必须要修学的功课。只是当年岁日长，从生命的经验当中，我们学习到如何尽量避免，不要让难堪的处境发生，更不知不觉培育出一份胸襟，不能天下所有的好处都由我一个人来占尽。凡事爱与人计较，一点亏都不肯吃的人，很可能到头来只落得众叛亲离的下场。

有时候吃亏并非是损失，吃亏是一种谦让的精神，一种成全他人的品德。吃亏是福，因为人都有趋利的本性，你吃点儿亏，让别人得利，就能最大限度地调动别人的积极性，赢得他人的信任，使你的事业兴旺发达。曾经有人说过这么一段发人深省的话："福祸俩字半边一样，半边不一样。"就是说，两个字相互牵连着。所以说，凡遇好事的时候别张狂，张狂过了头后边就有祸事；凡遇到祸事的时候也别乱套，哪怕咬着牙也得忍着受着，忍过了，受过了，好事跟着就来了。

相信每个人都知道岛村芳雄的“麻绳发家”之路，他创造出了商界著名的“原价销售术”。开始的时候一分不赚，甚至是赔本的“吃亏”方式最终赢得了合作厂商的信赖和支持，创业两年后，他就成为誉满日本的生意人。岛村的成功，就在于他巧用了敢于自己吃亏的战术。

在某些“聪明”人看来，“原价销售”无利可图，是一种糊涂行为;而目光远大，善于从长远利益考虑问题，不计较一时的赔赚恰恰是精明人所特有的赚钱风格。要想做大生意发大财就要懂得“欲取先予”的道理。

柏拉图说:“人是一种懂得计算成本的动物。”德国的“铁血宰相”俾斯麦说过:“当我放下诱饵来引诱鹿群，我就不会射杀第一个走过来的母鹿，而是等到一群鹿都围拢过来之后。”中国的古人说过:“将欲取之，必先予之。”不劳而获或者不付出只索取的事情是办不到的，即使短期取得了成功，也不会长久。有时候甘于吃小亏才不至于被“大亏”所绊倒而永无翻身之日。人生在世，适时的吃小亏，才可避免日后不吃大亏。

处世哲理007

天助人助，不如自助

进步不能光靠别人，也不能光靠上天来给与。进步是靠自己的辛苦、勤劳、奋斗才能获得，所以必须要自立，建立自我的信心、自我的观念、思想与正见，然后自强，俗话说："天助人助，不如自助。"

——**星云大师**

一个苦行僧为了找到他心中的佛四处云游，吃尽了世间的苦，可是他依然未能找到。

在一个漆黑的夜晚，这个远行寻佛的苦行僧走到一个荒僻的村落中。漆黑的街道上，村民们默默地你来我往。苦行僧转过一条巷子时，他看见有一团晕黄的灯正从巷子的深处静静地亮过来。他听到有个村民说："瞎子过来了"。

僧人听了十分的吃惊，就问那个村民："那挑着灯笼的真是一位盲人吗？"

"他真的是一位盲人。"那人肯定地告诉他。

苦行僧百思不得其解。一个双目失明的盲人，他没有白天和黑夜的一丝概念，提着灯他自己又看不见道路，他甚至不知道灯光是什么样子的，他挑一盏灯笼岂不令人觉得迷惘和可笑？那灯笼渐渐地近了，晕黄的灯光渐渐地从深巷游移到了僧人的跟前。百思不得其解的僧人忍不住上前问道："很抱歉地问一声，施主真的是一位盲者吗？"

那挑灯笼的盲人回答他："是的，从踏进这个世界，我就一直双眼混沌。"

僧人问："既然你什么也看不见，那你为何挑一盏灯笼呢？"

盲者说："现在是黑夜吧？我听说在黑夜里没有灯光的映照，那么满世界的人都和我一样是盲人，所以我就点燃了一盏灯笼。"

僧人若有所悟地说："原来你是为别人照明啊？"

但那盲人却说:"不,我是为自己!"

"为你自己?"僧人又愣了。盲者缓缓地问僧人:"你是否因为夜色漆黑而被其他行人碰撞过?"

僧人说:"是啊,这是经常会遇到的事情。就在刚才,还被两个人不小心碰撞过。"

盲人听了,就得意地说:"但我就没有。虽说我是盲人,但我挑了这盏灯笼,既为别人照亮了道路,也更让别人看见了我,这样,他们就不会因为看不见而碰撞我了。"

苦行僧听了,恍然大悟。他仰天长叹说,我天涯海角奔波着找佛,没有想到佛就在我的身边哦,人的佛性就像一盏灯,只要我点亮了,即使我看不见佛,但佛却会看到我的。

是的,每一个人都有责任点亮自己心中的那一盏觉悟之灯,既照亮了别人,更照亮了自己;只有先照亮别人,才能够照亮我们自己。

这就是人生命中的佛性。天助人助,不如自助。

观音菩萨救苦救难,世人皆知。观音菩萨救苦救难,世人皆等她来救赎。某人,也不例外。

某一天,下雨。某人于屋檐下躲雨,恰逢观音撑伞路过。

某人说:"救苦救难的观世音菩萨!我等你普度!阴雨天,共伞一段路程如何。"

观音说:"我在雨里,你在檐下。檐下无雨,你不需我度。"

某人闻言立刻跳到雨中,让雨水淋湿自己。

某人说:"现在我在雨中,我等你普度。"

观音说:"你在雨中。我亦在雨中。我未被雨淋,皆因有伞。你被雨淋,只因无伞。你无须我度,只自去找伞即可。"

观音说完,一笑走之。

第二日,某人又遇难事。去庙里求拜观音。走进庙里,发现观音像前跪拜着一人,与观音貌同孪生,形象分毫不差。

某人问:"可是观音."

那人答:"我是观音。"

某人问:"既是观音,为何自己拜自己。"

观音笑道："我也遇到了难事。但我知道，求人不如求己。明白贵人在哪里了吗？"

贵人在心中。

人人都会遇上一个能改变他命运和运气的贵人。但人生最大的贵人，永远是自己。当我们遇到难事时，应该首先想到自己，只有自己才能够帮助自己。

处世哲理008

善意的"谎言"也要说

为受窘的人，说句解围的话；为沮丧的人，说句鼓励的话；为疑惑的人，说句点醒的话；为无助的人，说句支持的话。

——**星云大师**

那些没有看透或是看破人与人之间关系，习惯于实话实说的忠直的人，有时让人觉得他太过锋芒毕露了。在特定的场合显示一下自己的锋芒，是很有必要的，但是如果太过，不仅会刺伤别人，也会损伤自己。

有这样一个故事会对我们有所启示：

从前，有一个爱说大实话的人，什么事情他都照实说，所以，他不管到哪儿，总是被人赶走。这样，他变得一贫如洗，无处栖身。最后，他来到一座修道院，指望着能被收容进去，修道院长见过他问明了原因以后，认为应该尊重那些"热爱真理，说实话"的人。于是，把他留在修道院里安顿下来。

修道院里有几头牲畜，已经不中用了，修道院长想把它们卖掉，可是他不敢派手下的人到集市去，怕他们把卖牲口的钱私藏腰包。于是，院长就叫这个人把两头驴和一头骡子牵到集市上去卖。

这人在买主面前只讲实话说："尾巴断了的这头驴很懒，喜欢躺在稀泥里。有一次，长工们想把它从泥里拽起来，一用劲，拽断了尾巴；这头秃驴特别倔，一步路也不想走，他们就抽它，因为抽得太多，毛都秃了；这头骡子呢，是又老又瘸。如果干得了活儿，修道院长干吗要把它们卖掉啊？”

结果买主们听了这些话就走了。这些话在集市上一传开，谁也不来买这些牲口了。于是，这人到晚上又把它们赶回了修道院。

院长问是怎么回事，这个人将他在集市上的话说了一遍。修道院长发着火对这人说："朋友，那些把你赶走的人是对的，不应该留你这样的人！我虽然喜欢实话，可是，我却不喜欢那些跟我的腰包作对的实话！所以，老兄，你滚开吧！你爱上哪儿就上哪儿去吧！”

就这样，这人又从修道院里被赶走了。

这不过是一个故事，但却值得我们反思和深省，你在生活中是不是与故事中的那位爱说大实话的人有类似之处呢？人无论处在何种地位，也无论是在哪种情况下，都喜欢听好话，喜欢受到别人的赞扬。如果你看透这一点就会知道，多数时候很多事情你心理明白就好了，没必要坦白地说出口。

舞蹈家邓肯是19世纪最富传奇色彩的女性，热情浪漫外加叛逆的个性，使她成为反对传统婚姻和传统舞蹈的前卫人物。她小时候更是纯真，常坦率得令人发窘。

圣诞节，学校举行庆祝大会，老师一边分糖果、蛋糕，一边说："看啊，小朋友们，圣诞老人替你们带来了什么礼物？”邓肯马上站起来，严肃地说："世界上根本没有圣诞老人。”

老师虽然很生气，但还是压住心中的怒火，改口说："相信圣诞老人的乖女孩才能得到糖果。”

邓肯回答："我才不稀罕糖果。”

老师勃然大怒，处罚邓肯坐到前面的地板上。

一个看透但不说破人与人之间关系的人，此时必然避其锋芒，即使觉得他说得不对，也不会直言相对。

怎样理解这一现象呢？

换一个角度我们便会看透，个体行为的一个基本规律是趋利而避害。

可以设想，如果某甲对人总是以诚相待，直言不讳，人们因此认定他是一个值得信赖的好人，所以乐于与他深交，并在人前人后夸赞他，某甲也因此感到快乐和自豪。

也就是说，某甲的真诚为他赢得了报偿，带来了利处，那么他又何乐而不为呢?如果情况与此大相径庭，比如某甲认为同事小敏的衣服难看，便马上对她说：

“腿短而粗的人不适合穿这种裙子。”结果，小敏脸一沉，扭头便走，留下某甲发愣。

“你的稿子里错别字很多，以后要仔细些。”或者某甲当着处长的面指点小张说。

实话固然是实话，但不久后却隐约有人传言，某甲惯于在上级面前打击别人，抬高自己……

倘若如此，某甲迟早会意识到自己的真诚并不那么受人欢迎，既然这样，又何苦呢?

处世哲理009

不忘旧恩，不念旧恶

“好事不记住，坏事不忘记。”一个心中坦荡的人，不计过去之恶，自然心中清净。

——星云大师

从前，有个富翁，他有三个儿子。在他年事已高的时候，富翁决定把自己的财产全部留给三个儿子中的一个。可是，到底要把财产给哪一个儿子呢?富翁想出了一个办法:他要三个儿子都花一年时间去游历世界，回来之后看谁做了最高尚的事情，谁就是财产的继承者。

一年时间很快就过去了，三个儿子陆续回到家中，富翁要三个人都讲一讲自己的经历。

大儿子得意地说:“我在游历世界的时候，遇到了一个陌生人，他十分信任我，把一袋金币交给我保管，可是那个人却意外地去世了，我就把那袋金币原封不动地交还给了他的家人。”

二儿子自信地说:“当我旅行到一个贫穷落后的村落时，看到一个可怜的小乞丐不幸掉到湖里了，我立即跳下马，从河里把他救了起来，并留给他一笔钱。”

三儿子犹豫地说："我，我没有遇到两个哥哥碰到的那种事，在我旅行的时候遇到了一个人，他很想得到我的钱袋，一路上千方百计地害我，我差点死在他手上。可是，有一天，我经过悬崖边，看到那个人正在悬崖边的一棵树下睡觉，当时我只要抬脚就可以轻松地把他踢到悬崖下。但是，我觉得不能这么做，正打算走，又担心他一翻身掉下悬崖，就叫醒了他，然后继续赶路了。这实在算不了什么有意义的经历。"

富翁听完三个儿子的话，点了点头说道："诚实、见义勇为都是一个人应有的品质，称不上是高尚。有机会报仇却放弃，反而帮助自己的仇人脱离危险的宽容之心才是最高尚的。我的全部财产都是老三的了。"

古人云："非关因果方为善，不计科名始读书。"恩将仇报的人和事是屡见不鲜的；有机会报仇却放弃的，反而帮助自己的仇人脱离危险的人和事并不多见。但是只有这样宽容和豁达的人，才堪称品德高尚，才能享受人生的最高境界。

做人应该不忘救恩，不念旧恶。俗话说："滴水之恩，涌泉相报。"受了他人的恩惠，我们应该时时刻刻铭记于心，不能忘记，将来有报恩的机会，定是竭尽所能，这是做人的基本准则，当然，我们应该记住美好的东西的同时，也应该删除那些不快乐记忆。

许多人总是念念不忘以前的恩恩怨怨，这是在预支烦恼，每个人都应该活在当下，不要总是想着过去的是与非，这样不利于自己的生活与工作，做好今天的工作，完成当下的任务和使命，才是最真实的人生态度。

处世哲理010

聪明人不做老大，做老二

人都喜欢做老大，不喜欢做老二，因此中国人有句俗谚“宁为鸡首，不为牛后”。其实做老二的人，好像一座桥、一瓶润滑油，一个团体若能有这样的灵魂人物，气氛必定和谐，政令也易通达实施。

——**星云大师**

生活中我们都想着自己做老大的时候就怎么怎么样，绝不像现在这样上不上下不下地当个憋屈的副手。但是却有一种人不喜欢做老大只喜欢做老二。

几年前有一篇工商人物的专访报道，受访者是一位电脑业的老板，这位老板在提到他的企业与另一家企业孰大孰小的问题时，他说他不想去跟那一家比，也不必去跟它比，他强调他采取的是“老二政策”。他说，当“老大”不容易，因为不论研发、行销、人员、设备，都要比别人强，为了怕被别的公司赶超过去，便不断地扩充、投资；换句话说就是要花很多力气来维持“老大”的地位。他认为这样太辛苦了，而且一旦出现问题，不但老大当不成，甚至连想当老二都不可能。

这只是他个人的想法，因为并不是当“老大”就一定会很辛苦，有人就当得轻松愉快。因此，当老大、老二或老三完全是观念问题。不过这位老板所说的却也是事实——当“老大”的要费很多力气来维持“老大”的地位。而做老二则既有弱者可进可退的余地，又有做老大的“刚”在里面，实在是一个绝佳的位置。

不只从事企业经营如此，上班拿薪水也是一样，像主管就是该部门的“老大”，这个老大为了保住他的位子，不但要好好带领手下，还要和上级搞好关系，以免位子不保。有成绩的时候，主管当然功劳第一，但当有过失时，主管同样也是首当其冲。而当副主管的就没这么多麻烦，表面上看来他不如主管风光神气，但因为有主管遮风蔽雨，可省下很多辛苦。所以很多人宁可当副手而不愿当主管，有人当副手时没事，一当主管就生病的，可见当“老大”的难处。

说了这么多，我并没有教你别当“老大”的意思。我认为，如果你有当老大的本事，也有当老大的兴趣和机会，那么就去当吧。但如果你自认能力有限，个性懒散，那么就算有机会，也不要去当老大，因为当得好则好，没当好一下子变成老三老四，不但对自己是个打击，更会造成这样的批评：“某某人不行”、“某某人下台了，听说很惨”……这些批评对你都是不利的。中国人一向扶旺不扶衰，你一旦从“老大”的位子摔下来，就会有人落井下石，于是本来还可当老二的，却连当老三老四都有问题了。经营企业也是如此，“龙头老大”的位子一旦不保，就会给人“某某公司倒了”的印象，于是兵败如山倒，想力挽狂澜恐怕就没有那么容易。

“老大”之路真是一条只能前进不能后退的艰难之路啊！

所以，当“老二”的确也有其实际的地方，这也就是许多人宁当“老二”不当“老大”的原因所在。

其实当“老二”还有其他的好处：

（1）静看“老大”如何构筑、巩固、维持他的地位，他的成功与失败，都可作为你的经验和指标。

（2）可趁此机会培养自己的实力，以迎接当“老大”的机会。

（3）因为志不在“老大”，所以就不会太急切，造成得失心太重，不会勉强自己去做力不从心的事情，反而能保全自己，也会降低失败的几率。

总之，做事或做人，无论从老二、老三或老五做起都没关系，就是先不要当“老大”。有一段童谣是这样说的：“老大屁股大，裤子穿不下”，所以说当“老大”麻烦真的很多。很多时候，如果我们能在老二的位置上好好地当“老二”，当主客观条件具备，自然就会变成“老大”，这个时候的老大才是真正的老大。

星云大师说：“佛法说万法相互缘起，故法法平等，每一法都可以是“老大”，也可以都是“老二”，但看你以什么角度去观察。红花如果没有四周的绿叶围绕，怎能显得娇媚动人？主角假使没有诸多配角的陪衬，也表现不出他的重要性来。所以绿叶、配角其实都有着举足轻重的地位。做个“老大”，能够领导群伦，固然很好；做个“老二”，去成就别人，也很伟大。历史上，项羽打天下，结果竟是刘邦

得天下；陈友谅先自立称雄，南征北讨，后来却是朱元璋统一大局，坐上王位。世事不必强求，只要因缘具足，自能水到渠成。”

处世哲理 011

想要千人头上坐，先在万人脚下行

想要千人头上坐，先在万人脚下行；唯有先做众生的马牛，才能成为最佳的龙象。

——星云大师

有一对以拾破烂为生的兄弟，他们天天都盼着发大财，最终，上帝竟因为他俩每一个梦都与发财有关而深受感动。

上帝决定给他们一次发财的机会。

一天，兄弟俩照旧从家里出发沿着街道一起向前走去，但今天这条街道仿佛被人来了一次大扫除，连平日里最不起眼的破烂都不见了踪影，仅剩的就是地上的一寸长的小铁钉。

老大看到路上的铁钉，便把它们一个一个地拾了起来。

老二却对老大的行为不屑一顾，并且说：两三个小铁钉能值几个钱？而老大并不嫌弃，把铁钉一个个地弯腰拾了起来.

走到了街尾，老大差不多拾了满满一袋子的铁钉.

看到老大的成绩，老二好像若有所悟，也打算学老大那样拾一些铁钉，不管多少，最起码也能卖点钱，于是便回头再去找，可等他回头看的时候，来时路上的小铁钉，却一个都没有了，全被老大捡光了。

老二心想：没关系，反正几个铁钉也卖不了多少钱，老大的那一袋，可能连 3 美元都不到，所以也就不觉得可惜。可是，兄弟两个继续向前走，没多久，兄弟俩几乎同时发现街尾新开了家收购店，门口挂着的一块牌子上写着：本店急收一寸长的旧铁钉，一元一枚。

老二后悔的捶胸顿足，老大则将小铁钉换回了一大笔钱。

店主走近呆在街上发愣的老二，问道："孩子，同一条路上，难道你就一个铁钉也没看到？"

老二很沮丧："我看到了啊，可是小铁钉并不起眼，我更没有想到它竟然这么值钱，等我知道它很有用时，那些可恶的家伙却全部消失了。"

无论金钱还是智慧，无论是爱情还是命运，都是一点一滴积攒起来的，不要总是认为一些举手之劳的小事微不足道，也许对别人来讲，这些微不足道的事情会让他感激你一辈子。

"千里之行，始于足下。""不积小流，无以成江河；不积跬步，无以至千里。"不肯从小事做起，很难成就大的事业。要想在事业上取得成功，就要先从最基础的做起，一步一步打下坚实的基础，为将来的腾飞做好准备工作。

提到明朝的严嵩时，人们往往会想起与其对立的清官海瑞，暂且不管严嵩的历史功过以及个人品行如何，就其个人发迹过程而言，却尽显韬光养晦之术，他懂得适时地或藏或露自己的锋芒，从而可以青云直上。

严嵩最开始是受到了夏言的器重，才位达六卿之列的。但是，严嵩极有心计，内心阴狠，他做事小心谨慎，不露一点锋芒。他平时做人柔到了家，对夏言更是俯首贴耳，暗中却在寻找、制造机会，欲将夏言一下子打垮。

嘉靖皇帝迷信道教，他曾下令制作了五顶香叶冠，然后赐给几位宠臣。而夏言一直反对迷信活动，不肯接受香叶冠，严嵩却趁皇帝召见时把香叶冠戴上，外边还郑重地罩上了一层轻纱，以显示他对皇上的忠心。皇帝对严嵩大加赞赏，对夏言则表示出了不满。除此之外，夏言撰写的青词使皇帝感到不满意，而严嵩却恰恰写得一手好青词。严嵩利用这个机会，在写青词方面大加研究，同时，为迎合皇上的心意，还给他引荐了好几个得道的"高人"。从此，皇帝逐渐地疏远了夏言，而对严嵩却越来越满意。

后来有一次，严嵩与皇帝单独在一起时，皇帝与他谈及夏言，并对他们之间的不和略有询问。严嵩见状，突然装出一副可怜的样子，全身颤抖，匍匐在地，痛哭不已。他的如此举动使皇帝产生了恻隐之心，催问他是否有难言之隐。严嵩见皇帝已经被打动，于是号啕大哭。皇帝见他这样伤心，安慰他说："你有什么委屈，尽管说出来，有朕为你做主，不要害怕。"严嵩见有皇上撑腰，于是便将平时所搜集到的所谓夏言的种种罪状添枝加叶、无中生有地一一哭诉出来。嘉靖皇帝闻听，非常恼怒，马上下令罢免了夏言的一切官职，令严嵩取而代之。

虽然严嵩藏器于身，踩着别人的肩膀往上爬的行为不可取，甚至有些卑鄙，但从韬光养晦柔做人的角度来说，他掩藏锋芒得当，将以柔做人之术用到了家。

《菜根谭》中反复强调君子不可锋芒太露，应该学会在生活中以柔做人隐其锋芒，不要咄咄逼人，这也是对做人处世经验的深切总结。

处世哲理012

能够明白自己，也就离觉悟不远

人最可怜的就是不明白自己，有时我们常责怪他人，怪他人不了解我们，其实我们又何尝了解自己、认识自己、明白自己？因此我们要将自己整理得有条不紊，看得清清楚楚：我的慈悲有多少？我的智慧有多少？我的力量有多少？能够明白自己，也就离觉悟不远了。

——星云大师

每个人都希望得到所有人的欣赏，即便不是所有人也要是周围认识的人，但大多数时候我们都很失望，因为我们是那么普通，毫无一点足以让别人记住我们的特色，更别提欣赏我们。是啊，世界上的大多数人都是再普通不过的人，所以就不要斤斤计较于得不到别人的欣赏了，不如忘掉别人的眼光，进行自我欣赏。

一个人应该学会自我欣赏。卡耐基的书里有一段耐人寻味的话，他说："发现你自己，你就是你。记住，地球上没有和你一样的人……在这个世界上，你是一种独特的存在。你只能以自己的方式歌唱，只能以自己的方式绘画。是你的经验、你的环境、你的遗传造就的你。不论好坏与否，你只能耕耘自己的小园地；不论好坏与否，你只能在生命的乐章中奏出自己的音符。"

的确，我们每个人都是独一无二的，何必要驻足于别人的风景里边仰视边哀叹自己的普通？你在细心观赏别人的风景的时候，却没有发现过自己这边风景独好，那简直就是一种资源浪费和暴殄天物。

当你学会自我欣赏的时候你就会发现，自己身上的每一个特点都是独一无二的，就像世界上的每一块玉石，正因为上面不同的瑕疵，而有了与众不同的韵味。

你这块独特的玉，既有优点，也有不足。一个人只有充分地自我接纳，自我欣赏，才能为自己树立自信，从而能从容地与人交往，出色地发挥自己的才能和潜力。假如一个人不懂得欣赏自己、接纳自己，老是以怀疑的、否定的态度看待自己，就有可能限制甚至扼杀自己的生命力。

别人欣赏的眼光就那么重要吗？如果你认为没有别人的欣赏就活不下去的话，就去网上和电视上看一看芙蓉姐姐吧。很多人都很鄙视芙蓉姐姐，她既不年轻，身材也很糟糕，可她就是觉得自己很不错。没错，这里面是有一点盲目自信的成分，但是我们也能从中看出一点生活的真谛来。那就是别人的欣赏没有那么重要，自我欣赏才是最重要的，就像你脚上穿的鞋子，也许它并不漂亮，但是你穿着舒服，这是比什么都重要的一点。

所以像芙蓉姐姐那样做人也没有什么不好，至少她不会因为别人不欣赏就放弃自己，她知道，只要自己还能欣赏自己，就算没有别人的目光她也能很好地活下去，而且还能让自己的生活充满阳光和笑脸。

人生自古多磨难。但是，只要你学会欣赏自己，你就会觉得幸福其实是那么平常，它只是小花落在水面上荡起的微微涟漪；而吃苦也并非那么可怕，它只是波涛拍打礁石而溅起的点点水花。

懂得欣赏自己的人就是真心喜欢自己的人。人一定要真心地喜欢自己。喜欢自己，并不是盲目自恋，而是能够认识到自己的缺点，坦然地接受自己的一切，不管是优点还是缺点。因为喜欢和欣赏自己，因此知道怎样去爱自己，又因为爱自己所以会把自己打造得更好、更优秀，这样别人才会喜欢你。

懂得欣赏自己的人知道快乐的秘密不在于获得更多，而是要懂得珍惜所拥有的一切。你会觉得自己是那样地受到上天的恩宠，是那样幸福地生活在这个世界上。这是一份开放的心境，更是你快乐的始点。具有这样的心境的人，对待生活、环境和周围的人，会自然流露喜悦之情，感动自己，影响他人。

没有人可以确切地知道自己是不是真正受人欢迎，但却可以问问自己：我是不是真的欣赏自己？心理学研究表明，要想别人欣赏你，首先要培养欣赏自己的特性。回想一下，你身边一定有些既不漂亮又不富有的朋友，但这些人却是你朋友圈子中受欢迎的人，他们就是欣赏自己，充满自信的人。

学会接纳自己，接纳自己的缺陷，真诚地欣赏自己，喜欢自己的不完美，喜欢自己的个性。你会发现你不仅拥有了更有喜悦感的人生，还会获得更多的惊喜和个人魅力。

第二章

持戒与修定，处世无累

——学习佛家的处世无累

佛家要求人们在日常生活中体悟大道，完善自我，但绝不是把日常生活等同于道德。它主张以出世的态度处世，在处世中觉悟出世的境界，体验俗中之真，把握日常生活中的根本大道，不执着于俗世的一切事务，不受世俗生活的蒙蔽、局限与制约，即处世无累。

处世哲理013

处处讨好未必得好

我们无论做什么事情，先重视融合，先重视大众的和谐。做什么事情之前，都应该把各种因果关系、人际关系考虑清楚，不要迁就了这一边，得罪了那一边，和合处世才能事半功倍。

——星云大师

有一个小和尚想画出一幅人人见了都喜欢的画。画完了，他拿到市场上去展出。画旁放了一支笔，并附上说明：每一位观赏者，如果认为此画有欠佳之笔，均可在画上做出记号。

晚上，小和尚取回了画，发现整个画面都涂满了记号——没有一笔一画不被指责的。小和尚十分不快，对这次尝试深感失望。

师傅建议小和尚再换一种方法去试试。小和尚又画了一张同样的画拿到市场上去展出。可这一次，他要求每位观赏者将最欣赏的地方标上记号。

当小和尚再取回画时，他发现画面上又涂满了记号——上一次被指责的画笔，如今都换上了赞美的标记。

“哦！”小和尚不无感慨地说道，“我现在发现了一个奥妙，那就是：我们不管干什么，只要使一部分人满意就够了。因为，在有些人看来是丑恶的东西，在另一些人眼里则恰恰是美好的。”

使自己被别人喜欢的正确方法，就是培养自己的魅力特质，只为了这些特质本身和你自己而培养，千万不要为了留给别人深刻的印象而培养。这些特质对你是相当珍贵的，如果你能和某个人做朋友的话，他就应该喜欢你的这些特质，例如相貌、魅力、才能和影响力等，这些东西本身没有好坏之分，除非你懂得怎么驾驭它，别人可能会喜欢你，也可能会讨厌你，这完全看你如何驾驭这些资产。在现实中，有很多相貌和才能都再普通不过的人，但他们却比别人拥有更多的亲密朋友。关键是他们拥有魅力特质。

（1）学会如何自处。如果你能享受独处的快乐，那么你找朋友的动机将完全出自于真心，而非软弱。你打电话给朋友约他吃饭，只因为你想看他，而不是因为你无法忍受一个人单独吃饭。你的朋友会觉得你真心地喜欢他、看重他，而不是只想依赖他。对那些想找个真心朋友，而不只是找个比他更脆弱的朋友的人而言，你将变得更可爱。

（2）培养欣赏他人个性差异的能力。要讨好别人，得先学会怎么讨别人的好。不同的人，就有不同的特点足以让人尊重和钦佩。因此你必须找出每个人独特的地方，并且欣赏别人的特点。我们常常习惯把人分类:三十岁的、五十岁的、工人、干部、男人、女人等，而且认为只有少数人是和自己同一类的，这样一方面限制了你和其他类型的人相处，另一方面不能让自己面对一个人真正的面目，而让人觉得你喜欢的是这个人所属的类别，而并非喜欢他本人。所以不要让你的朋友觉得你把他纳入了某个类别。不要把人分类，不要给他们贴上“出众的”、“平凡的”、“和我们同一类的”或“和我们不同类的”标记。

（3）培养享乐的能力。如何使自己得到更多乐趣呢?首先，好好品尝自己所做的事情，尽量让自己参与周围的事情。如果你一直当个旁观者的话，你会觉得自己并不重要，周围发生的事情也不重要。我们要不断地寻找愉快的经验，期待它们的发生，如果真的发生了，就好好庆祝一番，并常常重温这种经验，不断增强愉快的感觉，对可能发生的快乐的事情，千万不要踌躇不前。

（4）对你重要的事情，如果你和别人持相反的意见，就准备面对他们。毫无主见，唯唯诺诺是不被人喜欢的特质。在关键时候，要勇于表明自己的观点与主张，这样你不仅能更了解自己的内心，也让别人知道你坚强的信念和强烈的感受。

（5）培养“同情”别人感受的能力。“同情”别人的感受，就是把自己放在别人的位置，去体验他在某个特殊情况下的感觉，就是所谓“设身处地”的意思。譬如，你记得你的亲人生病时自己那种无助的感觉，你就会体会你朋友的妻子正在医院手术时他焦虑不安的感受，并且会自然而然地关怀体贴他，尽力帮助他。这不仅使你的朋友得到安慰，减轻痛苦，也使你的生活更丰富，和别人的生活更有密切的关系，也将使你变得更可爱。

（6）接受别人的成功。叔本华说："每个人都懂得同情别人的悲伤，但只有天使才会分享别人的快乐。"尽量让自己拥有这种天使的特质。为什么很多人看到别人成功的时候，无法和他一起分享快乐呢？是因为你的嫉妒与恐惧作怪，它使你更缺乏信心和安全感，时刻恐惧自己不如别人那么"好"，或害怕他会抛弃你，你愈将这种恐惧表现在行动中，而不仅不给予称赞，还有意无意地轻视或破坏朋友的努力，就会使得自己的前途愈来愈暗淡，人际关系也愈来愈差。

（7）最后，谨记你是由自己创造的，所以你可以把自己塑造成理想的自我。你是自己生活背后的推手，别人也是他自己生活背后的推手。你不必把自己看成是牺牲品，也不用把别人看成是牺牲品，你享有同样多的自我创造能力，这种力量将使你和别人同样可敬。

要得到别人的喜欢，你必须培养自己的特质，但你必须确定自己不是只有和喜欢的人在一起的时候才这样做，而是不管你碰到谁，都采取这一种方式。

比如说，你非常重视对朋友的真诚，你原来答应帮一个朋友搬家的，但后来又有一个朋友请你赴宴，如果你答应赴宴的话，即使玩得很愉快，也会觉得自己不再像以前那样受自己尊敬。如果你婉拒他的邀请，你将更尊敬自己，觉得自己更可爱，并觉得自己赢得了别人的喜欢。

单是被别人喜欢还不够。还要讨别人喜欢，正确的方法是自己做一些"吸引人"的事情，这些事情对你来说非常自然，也极富吸引力，否则不管别人怎么喜欢你，你也无法获得温暖，这样一来，他们觉得你怎么样也无关紧要了。

处世哲理014

给别人留一点余地，也是一种修行

人生的旅途上，不一定要每一步都向前，回头是岸，能退一步想，海阔天空；凡事退一点，不但留给别人一点余地，也是自己的一种修行。

——**星云大师**

卡尔是罗斯·史密斯爵士的私人经纪人。有一天晚上，他参加了一次宴会。宴席上，坐在卡尔右边的一位先生讲了一个幽默故事，并引用了一句话，意思是“谋事在人，成事在天”。

那位先生说那句话出自《圣经》，但卡尔知道那位先生错了，卡尔很肯定地知道那句话的出处不是《圣经》，一点疑问也没有。为了表现出优越感，卡尔很讨嫌地纠正那位先生。“什么?出自《圣经》?不可能，绝对不可能!那句话出自莎士比亚。”

那位先生坐在卡尔的右边，卡尔的老朋友弗兰克·格蒙在他左边，他研究莎士比亚的著作已有多年。于是，他们俩都同意向他请教。格蒙听了，在桌下踢了卡尔一下，然后说：“卡尔，这位先生没说错，《圣经》里有这句话。”

那晚，在回家的路上，卡尔对格蒙说：“弗兰克，你明明知道那句话出自莎士比亚。”

“是的，当然。”格蒙回答：“《哈姆雷特》第五幕第二场。可是亲爱的卡尔，我们是宴会上的客人，为什么要证明他错了?那样会使他喜欢你吗?为什么不给他留点面子?他并没问你的意见啊!他不需要你的意见，为什么要好为人师，跟他抬杠?应该永远避免跟人家正面冲突。”

不好为人师，不跟他人抬杠，永远避免跟人家正面冲突。这句话让卡尔终生铭记不忘。

好为人师，你可能真对了，你会觉得洋洋自得，但他呢？他会自惭形秽，你伤了他的自尊，他会怨恨你的胜利。而且，“一个人即使口服，但心里并不服”。所以，这并不是真正的成功。

因此，你自己要衡量一下，你是宁愿要一种字面上的、表面上的胜利，还是要别人对你有一种心服口服的好感呢？

你可能有理，但要想在争论中改变别人的主意，一切都是徒劳的。

孔子说：“三人行，必有吾师。”这句话非常实在，因为人各有所长，智慧也各有高低，因此人应在人群中寻找可以启发自己智慧的人。对自我成长而言，孔子的这句话是相当有价值的。不过，“好为人师”可未必是件好事。

这种人当中，有的纯粹是一片善心，对别人的错误无法袖手旁观，有的则是自以为是，认为别人的观念有问题，只有他的才是对的。

不管基于什么心态，也不管你的意见是对是错，是好是坏，一旦你主动提出来，你就犯了人际交往的忌讳——侵犯了人性里的“自我”！

要知道，每个人都在努力建立一个坚固的、完美的自我，以掌握对自己心灵的自主权和控制权，并经由外在的行为来检验自己坚固的程度。你若不了解此点而去揭露他的错误，他会明显地感受到他的自我受到了你的侵犯，有可能不但不接受你的好意，反而还采取不友善的态度。你的热心，根本就是在否定他的智慧，甚至他还会认为你是在和他抢功劳。总之，他是不太领情的。

所以倘若时机不当，你的苦口婆心很可能让对方觉得你不给他面子，故意挑刺。

总而言之，人都是有排他性的，也有“虽然知道不对也要做下去”的倔强心理，这可以说是人的本性。因此，与其“好为人师”招惹麻烦，不如“宁长他人志气，灭自己威风”，去“拜人为师”求自己成长；除非他自己来“请教”你，但该说多少，还是要仔细斟酌。

处世哲理015

能分辨是非好坏，才是真慈悲

我们对人要慈悲，指的是对正当的人、正当的事情要慈悲。至于对非法的人、非法的事则不能纵容，不能施与慈悲，否则就失去了慈悲的意义。慈悲要有智慧，要能分辨是非、好坏，才是真慈悲。

——星云大师

晋国大夫赵简子率领众随从到中山去打猎，途中遇见一只像人一样直立的狼狂叫着挡住了去路。赵简子立即拉弓搭箭，只听得弦响狼嚎，飞箭射穿了狼的前腿。那狼中箭不死、落荒而逃，使赵简子非常恼怒。他驾起猎车穷追不舍，车马扬起的尘土遮天蔽日。

这时候，东郭先生正站在驮着一大袋书简的毛驴旁边向四处张望。原来，他前往中山国求官，走到这里迷了路。正当他面对岔路犹豫不决的时候，突然窜出了一只狼。那狼哀怜地对他说："现在我遇难了，请赶快把我藏进你的那条口袋吧！如果我能够活命，今后一定会报答您。"

东郭先生看着赵简子的人马卷起的尘烟越来越近，惶恐地说："我隐藏世卿追杀的狼，岂不是要触怒权贵？然而墨家兼爱的宗旨不容我见死不救，那么你就往口袋里躲吧！"说着他便拿出书简，腾空口袋，往袋中装狼。他既怕狼的脚爪踩着狼颔下的垂肉，又怕狼的身子压住了狼的尾巴，装来装去三次都没有成功。危急之下，狼蜷曲起身躯，把头低弯到尾巴上，恳求东郭先生先绑好四只脚再装。这一次很顺利。东郭先生把装狼的袋子扛到驴背上以后就退缩到路旁去了。不一会儿，赵简子来到东郭先生跟前，但是没有从他那里打听到狼的去向，因此愤怒地斩断了车辕，并威胁说："谁敢知情不报，下场就跟这车辕一样！”东郭先生匍匐在地上说：“虽说我是个蠢人，但还认得狼。人常说岔道多了连驯服的羊也会走失。而这中山的岔道把我都搞迷了路，更何况一只不驯的狼呢？”赵简子听了这话，调转车头就走了。

当人唤马嘶的声音远去之后，狼在口袋里说：“多谢先生救了我。请放我出来，受我一拜吧！”可是狼一出袋子却改口说：“刚才亏你救我，使我大难不死。现在我饿得要死，你为什么不把身躯送给我吃，将我救到底呢？”说着它就张牙舞爪地向东郭先生扑去。东郭先生慌忙躲闪，围着毛驴兜圈子与狼周旋起来。

太阳快下山的时候，东郭先生怕天黑遇到狼群，于是对狼说：“我们还是按民间的规矩办吧！如果有三位老人说你应该吃我，我就让你吃。”狼高兴地答应了。但前面没有行人，于是狼逼他去问杏树。老杏树说：“种树人只费一颗杏核种我，20年来他一家人吃我的果实、卖我的果实，享够了财利。尽管我贡献很大，到老了，却要被他卖到木匠铺换钱。你对狼恩德不重，它为什么不能吃你呢？”狼正要扑向东郭先生，这时正好又看见了一头母牛，于是又逼东郭先生去问牛。那牛说：“当初我被老农用一把刀换回。他用我拉车帮套、犁田耕地，养活了全家人。现在我老了，他却想杀我，从我的皮肉筋骨中获利。你对狼恩德不重，它为什么不能吃你呢？”狼听了又嚣张起来。

就在这时来了一位拄着藜杖的老人。东郭先生急忙请老人主持公道。老人听了事情的经过，叹息地用藜杖敲着狼说：“你不是知道虎狼也讲父子之情吗？为什么还背叛对你有恩德的人呢？”狼狡辩地说：“他用绳子捆绑我的手脚，用诗书压住我的身躯，分明是想把我闷死在不透气的口袋里，我为什么不吃掉这种人呢？”老人说：“你们各说各有理，我难以裁决。俗话说‘眼见为实’。如果你能让东郭先生再把你往口袋里装一次，我就可以依据他谋害你的事实为你作证，这样你岂不有了吃他的充分理由？”狼高兴地听从了老人的劝说，然而却没有想到在束手就缚、落入袋中之后，等待它的是老人和东郭先生的利剑。

东郭先生把“兼爱”施于恶狼身上，因而险遭厄运。这一寓言告诉我们，即使在人与人的关系中，也存在“东郭先生”式的问题。一个人应该真心实意地爱人民，但丝毫不应该怜惜狼一样的恶人。

世界是复杂的，社会上的人形形色色，用一句俗语来说就是“林子大了，什么鸟都有”。在你的周围，有好人也有坏人，有君子也有小人。俗话说：“害人之心不可有，防人之心不可无。”在人际交往中，多长几个心眼没坏处。

恶人和小人如果没有过人的能力，就不足以危害社会。关键在于这些人心术不正，不愿意接受君子的驾驭，而且往往巧言善辩蛊惑人心。正人君子与之共事迟早会受其害。

少正卯和孔子是同时代人，都在办学校。少正卯的学校人丁兴旺，而孔子的学校却三盈三虚。后来孔子当了鲁国的大司寇，就将少正卯杀在宫门外华表台下。

事情的经过是这样的：自从孔子做了鲁国的大司寇以后，就同季孙氏、孟孙氏、叔孙氏三家大夫商议铲除家臣的势力。孔子说：“家臣的势力一大，大夫反倒受他们的压制。必须把他们的城墙改矮，家臣才不敢随便背叛大夫。”

三家大夫都表示赞成，于是便通知三位家臣，让他们将城墙矮下三尺。三位家臣闷闷不乐。正在这时，他们想起了鲁国名人少正卯，请他出出主意。

少正卯极力反对孔子的主张，说道：“为了保卫国家才把城墙砌得又高又结实，不应当改矮。孔先生的这种办法不太合适吧。”

由于少正卯在背后教唆，三个家臣就壮大了胆子，对主人的命令不再理会。

三家大夫见状，便发兵围城迫使家臣就范。由于三家大夫联合行动，讨伐叛臣，季孙氏和叔孙氏的家臣被打败，狼狈逃走。

孟孙氏的家臣公敛阳见势不妙，急忙找少正卯出主意。少正卯趁机煽风点火，说道：“你把守的城墙是鲁国北面的要塞，千万不要把城墙改矮，要是城墙不结实，万一齐国打过来那就守不住了。”

公敛阳受了少正卯指使，态度立刻强硬起来，扬言：“为鲁国的安全我宁可丢掉自己的性命，也不会听别人的话拆去城墙一块砖。”

孔子听了这话，便让孟孙氏将这件事告诉鲁定公，鲁定公召集群臣商量此事。

会上，意见不一。有的主张拆，有的反对拆，各有各的理由。

一向反对孔子的少正卯这时不仅故意顺着孔子的心意，声言赞成孔司寇的主张，应该把城墙矮下三尺去，还乘机挑拨说三家大夫是培植私人势力。

孔子及时识破了少正卯的奸计，立即反驳说：“这太不像话了，三家大夫都是鲁国的左右手，难道他们是培养私人势力的吗？少正卯明明是在挑拨是非，让君臣上下互相猜疑怨恨。这种挑拨是非，扰乱国家大事的人应判死罪。”

大臣们觉得孔子的话有些偏激，都纷纷为少正卯说情。

孔子说：“你们怎么知道少正卯的奸诈?他的话听起来好像很有道理，其实都是些坏主意。他的一举一动，看着令人佩服，其实都是假装的。像他这种心术不正的虚伪小人，最能够颠倒是非蛊惑人，非把他杀了不可。”

孔子最终杀了少正卯。

孔子的弟子子贡事后曾问孔子：“少正卯是鲁国的知名人士，先生诛杀了他，恐怕得不偿失吧?”孔子说：“人有五种恶行，而盗窃还不包括在内：一是通达古今之变却铤而走险；二是不走正道而坚持走邪路；三是把荒谬的道理说得头头是道；四是知道很多丑恶的事情不揭露；五是依附邪恶并得到恩泽。这五种恶行沾染了一种，就不能避免被君子所诛杀，而少正卯是五种恶行都兼而有之，他是小人中的祸首，岂有不杀之理!”

其实“小人”是没有明显标志的，少正卯在鲁定公面前还说孔子的好话，赞同他的主张。所以，如果仅想短时间内辨别“小人”是不容易的，但随着时间的推移，“小人”终究会露出蛛丝马迹的。从孔子讲的五恶与少正卯的所作所为看，坏人的表现大多有以下几个特点：

第一，喜欢造谣生事。

他们把造谣生事当成家常便饭一样，乐此不疲。为了达到自己的目的，不惜诽谤别人，诋毁别人的名誉。

第二，喜欢挑拨离间。

他们为了达到谋取个人利益的目的，通常会使用离间法挑拨他人之间的感情，好从中坐收渔利。

第三，擅长拍马奉承。

这种人嘴甜如蜜，善于恭维别人，拍马屁，巴结上司，打小报告，无中生有说别人的坏话，容易得到上司的宠爱。

第四，喜欢找替罪羊。

一旦工作中发生差错，不是从自身找原因，而是把责任推到别人身上，让别人背黑锅，自己脱离干系。

第五，具有势力眼。

他们对有权有势的上司关怀备至，善于见风使舵，一旦有一天他们发现自己所依附的靠山失去势力陷入困境，他们就会落井下石，迅速抛弃对方，另寻高枝。

古今中外都是小人最难防。这并不是说小人在实力上有什么超过正人君子的地方，而是小人多是在阴暗角落里干一些见不得人的事情。小人表面上做得比“君子”还“君子”，道貌岸然，风度翩翩，暗地里却做着伤天害理的勾当。

面对小人和恶人，我们绝对不能手下留情，一定要用“狠”力，以其人之道还治其人之身，给对方一点颜色看看。千万不能以为得饶人处且饶人，养虎为患，因为除恶就是扬善。倘若孔子姑息迁就，让少正卯等奸诈小人得势，恐怕他自己也难保不为其所害。

处世哲理016
人之所欲，常在我心

“不逆人意”的人做事能成；“拂逆人意”的人做事难有助缘。从政者若真能时时做到“民之所欲，常在我心”，必是廉明之吏，必受人民爱戴；修道之人，若能时时怀抱“但愿众生得离苦，不为自己求安乐”，必是有德之士，必然道业有成！

——**星云大师**

小和尚走到慧能大师面前，问了一个问题：“师父，为什么东西总是很容易便弄乱了呢？”

慧能大师便问道：“徒儿，你这个‘乱’字是什么意思？”

小和尚说道：“你知道吗，那是指没有摆整齐。看看我的寝室，东西都没有在一定的位置，这不叫做乱叫什么？昨天晚上我花了不少时间才把它重新摆整齐，可是我没法保持很久，所以我说东西很容易便弄乱了。”

慧能大师听完就告诉徒弟说：“什么叫整齐，你摆给我看看。”

于是，小和尚便开始动手整理，把屋里的东西都归定位，然后说道：“请看，现在它不是整齐了吗？可是它没法保持多久。”

慧能大师又问徒弟：“如果我把你的床往这里移动一二寸，你觉得怎么样呢？”

小和尚回答说：“不好，这样做两边就不对称了，最好让两侧的空间一样多。”

随后，慧能大师又问：“如果我把你的脸盆从这儿移到那儿呢？”

“那又把地面的布局弄乱了。”小和尚回答道。

“如果我把茶几上这本书打开呢？”慧能大师继续问道。

“那也叫做乱。”小和尚再回答道。

慧能大师这时微笑着对小和尚说道：“徒儿，不是东西很容易弄乱，而是你心里对于乱的定义太多了，但对于整齐的定义却只有一个。”

人世间一切的喜怒哀乐，皆是由心而起，正是因为人们无止境的欲望，造成了对现实生活的诸多苛求，快乐的真谛是限制住自己内心过多的欲望而不是满足他。

有一个人跑到西天向如来佛祖诉苦说，这个地球让他住起来还不够舒服，他说他要住在一个有珍珠门的天堂。

如来佛起初指着天上的月亮给他看，问他说，那不是一个很好玩的玩具吗？他摇一摇头。他说他不愿看月亮。接着如来佛指着那些遥远的青山，问他说，那些轮廓不是很美丽吗？他说那些东西很平凡。后来如来佛指着兰花和三色菜的花瓣给他看，叫他用手指去抚摸那些柔润的花瓣，问他道，那色泽不是很美妙吗？

那个人说：“不。”

具有无限耐性的如来佛带他到一个水族馆去，指着那些檀香山鱼的华丽的颜色和形状给他看，可是那个人说他对此不感兴趣。

如来佛后来带他到一棵多阴的树木下去，命令一阵凉风向他吹着，问他道，你不能感到个中的乐趣吗？那个人又说他觉得那没有什么意思。

接着，如来佛带他到山上一个湖沼边去，指给他看水的光辉、石头的宁静和湖沼中美丽的倒影，给他听大风吹过松树的声音，可是那个人说，他还是没觉得兴奋。

如来佛以为他这个人的性情不是很柔和，需要比较兴奋的景色，所以便带他到喜马拉雅山顶，到长江三峡，到那些有钟乳石和石笋的山洞，到那时喷时息的温泉，到那有沙冈和仙人掌的沙漠，到长白山的雪地，到黄山上的花岗石峰，问他说，上天难道没有尽力把这个行星弄得很美丽，以娱他的眼睛、耳朵和肚子吗？可是那个人还是在吵着要求一个有珍珠门的天堂，那个人说："这个地球让我住起来还不够舒服。"

如来佛说："你真是狂妄不逊，忘恩负义啊！原来这个地球给你住起来还不够舒服，那么我要把你送到地狱里去，在那里你将看不到浮动的云和开花的树，也听不到潺潺的流水，你得永远住在那边，直到完结你的一生。"

这个人显然是很难满足的。即使得到了那珍珠门，不久后，他也一定会感觉到相当厌倦，到那时候，他仍然会不开心的。

处世哲理017

凡事岂能尽如人意，但求无愧于心

人要讲道理，但有时"秀才遇到兵，有理说不清"。当你遇到一些有偏见、不讲理的人，即使讲再多道理也没有用。所以，只要自己问心无愧，只要自觉公正、公平，哪怕一点偏激的人曲解我们，我们只要想"岂能尽如人意，但求无愧于心"，也就不必为此牵挂太多。

——**星云大师**

一天，一个盲人带着他的导盲犬过街时，一辆大卡车失去控制，直冲过来，盲人当场被撞死，他的导盲犬为了守卫主人，也一起惨死在车轮底下。

主人和狗一起到了天堂门前。

一个天使拦住他俩，为难地说:“对不起，现在天堂只剩下一个名额，你们两个中必须有一个去地狱。”

主人一听，连忙问:“我的狗又不知道什么是天堂，什么是地狱，能不能让我来决定谁去天堂呢?”

天使鄙视地看了这个主人一眼，皱起了眉头，她想了想，说:“很抱歉，先生，每一个灵魂都是平等的，你们要通过比赛决定由谁上天堂。”

主人失望地问:“哦，什么比赛呢?”

天使说:“这个比赛很简单，就是赛跑，从这里跑到天堂的大门，谁先到达目的地，谁就可以上天堂。不过，你也别担心，因为你已经死了，所以不再是瞎子，而且灵魂的速度跟肉体无关，越单纯善良的人速度越快。”主人想了想，同意了。

天使让主人和狗准备好，就宣布赛跑开始。她满心以为主人为了进天堂，会拼命往前奔，谁知道主人一点也不忙，慢吞吞地往前走着。更令天使吃惊的是，那条导盲犬也没有奔跑，它配合着主人的步调在旁边慢慢跟着，一步都不肯离开主人。天使恍然大悟:原来，多年来这条导盲犬已经养成了习惯，永远跟着主人行动，在主人的前方守护着他。可恶的主人，正是利用了这一点，才胸有成竹，稳操胜券，他只要在天堂门口叫他的狗停下，就能轻轻松松赢得比赛。

天使看着这条忠心耿耿的狗，心里很难过，她大声地对狗说:“你已经为主人献出了生命，现在，你这个主人不再是瞎子，你也不用领着他走路了，你快跑进天堂吧!”

可是，无论是主人还是他的狗，都像是没有听到天使的话一样，仍然慢吞吞地地往前走，好像在街上散步似的。果然，离终点还有几步的时候，主人发出一声口令，狗听话地坐下了，天使用鄙视的眼神看着主人。

这时，主人笑了，他扭过头对天使说:“我终于把我的狗送到天堂了，我最担心的就是它根本不想上天堂，只想跟我在一起……”

天使愣住了。

主人留恋地看着自己的狗，又说:“能够用比赛的方式决定真是太好了，只要我再让它往前走几步，它就可以上天堂了。不过它陪伴了我那么多年，这是我第一次可以用自己的眼睛看着它，所以我忍不住想要慢慢地走，多看它一会儿。如果可以的话，我真希望永远看着它走下去。不过天堂到了，那才是它该去的地方，请你照顾好它。”

说完这些话，主人向狗发出了前进的命令，就在狗到达终点的一刹那，主人像一片羽毛似的落向了地狱的方向。他的狗见了，急忙掉转头，追着主人狂奔。满心懊悔的天使张开翅膀追过去，想要抓住导盲犬，不过那是世界上最纯洁善良的灵魂，速度远比天堂所有的天使都快。

所以导盲犬又跟主人在一起了，即使是在地狱，导盲犬也永远守护着它的主人。

天使久久地站在那里，喃喃说道：“我一开始就错了，这两个灵魂是一体的，他们不能分开……”

主人知道天使误会了他，但他却不加以解释，因为他知道自己是对的，他不求别人能够理解，只求问心无愧，这样的境界是很难做到的，人与人相处，难免有误解，这个时候你不学要多费口舌，为自己去解释什么，只要心中无愧，时间会去为你证明一切的。

所谓“理解万岁”，人人都渴望被理解，这个口号不知感动过多少人！然而，由于年龄、性格、职业、知识结构、品德修养、生活经历等等因素的不同，人和人之间有时是很难互相理解的。如果你把许多精力放在“求理解”上，到处自我表白，宣扬自己，把别人不理解自己当作最大的痛苦，那你这个人也就太脆弱了。我们的生存，我们的工作，我们的事业，不是仅仅为了让人知道，不仅仅做给别人看的，很多时候，别人也不是为了理解我们而生存着的。过分求人理解的人，一旦被误解了，他的脆弱的心便没有了生存的希望。当一个人失去自我时，这个人活着还有什么价值呢？

人活在世上不可能会被所有的人喜欢，难免会遭人反对、被人误解。如果一旦遇上被人误解的事，只要做到心安即可，不必在意别人太多的言语。

有一位叫苏瑞的中年人，是一个典型的过分渴求别人理解和赞许的人。苏瑞对于现代社会的各种重大问题，如人工流产、伊拉克战争、国际政治等，都有一套自己的见解。原本这是好事，可每当他的观点遭到别人反对时，他不是坚持自己的观点，而是对别人的“不理解”感到痛苦不堪，甚至最后还对自己产生了怀疑，说不好听一点，这种人想问题不但很幼稚而且还缺少主见。

有一次他和岳父谈话，表示赞成无痛致死法，当他察觉岳父不满地皱起眉头时，他那缺乏主见的心态出现了，他本能地立即修正了自己的观点："我刚才是说，一个神智清醒的人如果要求结束其生命，那么倒可以采取这种做法。"

苏瑞为了别人的理解和赞同自己的观点，实际上不知不觉地修正了自己的观点。当苏瑞看到岳父表示同意时，他心上的石头才落了地。其实以这种方式去求别人的理解与赞许，那活着也是很累很痛苦的。对别人的"迁就"使自己丧失了原本的自我。

要想精神愉快，就要做到心理独立，能得到别人的理解固然好，而他人不理解或者误解了你，也无关紧要，重要的是要有一个良好的心态，能够想得开。

下面讲一个十分说明问题的小寓言：一只老猫见到一只小猫在追逐自己的尾巴，便问："你为什么要追自己的尾巴呢？"小猫答："我听说，对于一只猫来说，最为美好的便是幸福，而这个幸福就是我的尾巴。所以，我正追逐它，一旦我捉住了我的尾巴，便将得到幸福。"

老猫说："我的孩子，我也曾考虑过宇宙间的各种问题，我也曾认为幸福就是我们的尾巴。但是，我现在已经发现，每当我追逐自己尾巴时，它总是一躲再躲；而着手做自己的事情时，它却总是形影不离地伴随着我。"

同样道理，如果你希望得到理解和赞许，最为有效的办法恰恰是不去渴望、不去追求，不要求每个人都理解和赞许你。只要你相信自己，并且调整好了自己的心态，你便可以得到许许多多的理解和赞许。当然，一个人不可能事事都得到别人的理解和赞许，但是，如果你认识到自己的价值，在得不到理解和赞许时也不会感到沮丧。你应把反对意见视为一种现实，因为生活在这个世界上的每一个人都对世事有自己的看法，你要学会包容。

处世哲理018

谣言止于智者

一个人常常骗人、说谎、妄语，必定不为人所信赖，必然难以承担重任，如此岂有成功之日？

诚恳待人、做实在的人，必能获得别人的信任、重用，必能获得较多的升迁与成功的机会。

——星云大师

生活中，很多人都认为谎言说一千遍就会成为真理。事实证明，这个理论并不成立。

战国时期，魏赵两国交锋，根据谈判结果，魏王得派太子去赵国都城邯郸充当人质。为了照顾太子并处理有关事务，当然还得派一位大臣陪同太子前往。派谁去最合适呢？魏王为此犹豫不决。这位大臣必须有胆有识，能言善辩，会随机应变，具备独当一面的能力。还要仪表堂堂，言谈举止得体，当然更要忠心耿耿，没有二心。魏王决定派庞恭去，因为他最符合这些条件。

于是，魏王召来庞恭，把自己的决定告诉了他，然后问他是否有什么要求。

庞恭没有直接回答魏王的话。却问了魏王一个奇怪的问题："如果有一个人来告诉大王，说集市上有老虎，大王相信吗？"

"当然不相信。"魏王回答说。

"如果又有一个人来报告大王，说集市上有老虎，大王相信吗？"庞恭又问。

"不相信。"魏王笑了笑，说。

"如果又有第三个人来跟大王说，集市上有老虎，大王相信吗？"庞恭紧接着问。

"那我就有点相信了。"魏王犹豫了一下，这样说。

“集市上没有老虎，是很明显的事实，但是经三个人一说，大王就有点相信集市上有老虎了。”庞恭接着说，“现在邯郸比集市远得多，朝廷中和我作对的人远远不止三个人。虽然大王现在相信我，但是我去邯郸以后，如果跟我作对的人都到大王面前说我的坏话，大王是否也会相信他们的话呢?这就是我真正担心的问题!”

“那倒不会的，你放心去吧!”魏王笑着安慰他。

可是，后来魏王还是听信了谗言，当庞恭从邯郸回来的时候，魏王已经不肯再见他了。

庞恭准确地预见到了事情的发展趋势，也巧妙地进行了预防，但他最终还是没能保护好自己。这是因为魏王太过昏庸，没能避免一般人的通病。

这个故事也告诉我们:听取别人的意见，必须经过多方面的验证，否则就会被蒙蔽。所谓“兼听则明，偏信则暗”就是这个道理。当谣言一再被重复的时候，就有使人信以为真的可能。但聪明人不会人云亦云，他会进行分析研究，查清真相再做最后的定论，所以说:“谣言止于智者。”

要处理好人生所遇到的那些谣言应该做到以下几点:

第一，千万不要冲动。

一切谣言都是夹风带雨的鼓噪和添油加醋的中伤，当它来临时你千万不要冲动。你一冲动，就正中那些造谣者的下怀。

第二，不要试图进行解释。

如果你真的清白无辜，对任何谣言你都不要试图去解释，因为很多时候你越抹，大家会觉得越黑。因为本来可能没几个人知道别人所造的谣，你一解释，本来不知道的也就知道了。造谣者和传谣言者的目的不是要搞清真相，而是想把世界搞乱。

第三，干脆置之不理。

你要去理，等于给谣言散布者做了义务宣传员，做了免费广告。所以，高明的人早就学会了“唯一聪明的做法是拒绝迎战那些明显的谎言”。

事实上真理就是真理，谎言就是谎言，谎言在任何时候都不能成为真理。真理是客观事物及其规律在人们头脑中的正确反映;谎言只不过是人们对客观事物的一种虚假的、歪曲的反映。谎言重复一千遍还是谎言，如果我们是智者，谎言就是重复说上一万遍，我们又何必相信呢?

处世哲理019
自我自在，正直做人任评说

现在的人，常因为别人的一句话、一个脸色就坐立不安，困扰不已。佛教中有“一屁打过江”的故事，是说唐宋八大家之一的苏东坡，自以为自己参禅的境界已经到达“八风吹不动”，没想到却被佛印禅师一屁就打过江，所以我们要自我自在，不要随便受到影响。

——星云大师

很久以前，白塔寺的柜子里有两只罐子，一只是陶的，另一只是铁的。骄傲的铁罐瞧不起陶罐，常常奚落它。

“你敢碰我吗，陶罐子？”铁罐傲慢地问。

“不敢，铁罐兄弟。”谦虚的陶罐回答说。

“我就知道你不敢，懦弱的东西！”铁罐说着，现出了更加轻蔑的神气。

“我确实不敢碰你，但不能叫做懦弱。”陶罐争辩说，“我们生来的任务就是盛东西，并不是来互相撞碰的。在完成我们的本职任务方面，我不见得比你差。再说……”

“住嘴！”铁罐愤怒地说，“你怎么敢和我相提并论！你等着吧。要不了几天，你就会破成碎片，消灭了，我却永远在这里，什么也不怕！”

陶罐不再理会。

几十年过去了，世界上发生了许多事情，庙宇年久失修倒塌了，两只罐子被遗弃在荒凉的场地上。历史在它们的上面积满了渣滓和尘土，时间过了一个世纪又一个世纪。

许多年后的一天，人们来到这里，掘开厚厚的堆积物，发现了那只陶罐。

“哟，这里头有一只陶罐子！”一个人惊讶地说。

“真的，一只陶罐！”其他的人说，都很高兴地叫了起来。

大家把陶罐捧起，把它身上的泥土刷掉，擦洗干净，和当年在柜子中是完全一样，朴素，美观，光可鉴人。

“一只多美的陶罐！”一个人说，“小心点，千万别把它弄破了，这是古代的东西，很有价值的。”

“谢谢你们！”陶罐兴奋地说，“我的兄弟铁罐就在我的旁边，请你们把它掘出来吧，它一定闷得够受的了。”

人们立即动手，翻来覆去，把土都掘遍了，但，一点儿铁罐的影子也没有。——它，不知道在什么年代，已经完全氧化，早就无影无踪了。

只要觉得自己是对的，就应该一如既往地坚持下去，不要在乎别人说什么，不要让别人的思想左右了你，如果当时陶罐被铁罐的话所激怒，进而真的就认为自己没什么价值，索性碰碎了自己，那真的是太可惜了。

人们每天都要经历许多事，这当中，不仅要动脑动手动身，还要动容。人们在生活中经历着烦事、喜事、悲事和各种酸甜苦辣，于是在表情上也就会有喜怒哀乐的反应。对此，你看到也罢，看不到也罢，人家的脸色依然是人家的脸色，就像人家的呼吸一样，并非是你左右得了的。陈刚认为自己是个善良的孩子，但他又总为自己的“善良”而苦恼。

陈刚最怕别人向他借东西，这绝不是因为他自私舍不得把东西借给别人。相反，他很想把东西借给别人以示自己的善心，但是当别人向他借东西时，他总担心别人从自己的表情、语言中看出一丝不愿意——尽管他没有这个意思。

借东西这种事不是天天发生，陈刚的烦恼还能够忍受。陈刚最怕的事情，还是自己日常的言行举止。在表情上，他老担心自己脸上会露出清高、骄纵的神色；走路时，他老怕头抬高、腰挺直，让人觉得盛气凌人；说话时，他总怕自己言语不当，得罪伤害了别人；甚至他遇到什么高兴的事，也不敢表露在脸上，怕别人认为自己是洋洋自得。陈刚曾这样感叹道：“我最在意别人的脸色，也最怕别人的脸色。我总是看别人的脸色行事，生怕引起别人一点儿反感和不快。”

陈刚日常所怕的所谓“脸色”，其实就是他内在情绪的外部反映。

别人的脸色，多是别人的内心情绪的外在表现，并非与你陈刚有什么关系。张玲今天一脸的不高兴，那是因为她与父母发生了矛盾，在怄气，与你陈刚走路的姿势根本没有关系。这类脸色，你掺合进去干什么？陈刚觉得人家的脸色不对，觉得是自己走路头抬得过高，可人家压根儿就没有注意到你。这不是在自寻烦恼吗？

当然也不排除有些人的脸色，可能确实与陈刚有关，但陈刚也不必为此惊慌失措。陈刚可以这样对自己说："你有不高兴的时候，我也有不快乐的时候；你能给我脸色，我也有脸色，人人都是平等的。"这样一来，陈刚就把自己完全摆在了与对方人格平等、身份平等、心理平等的位置上。于是，陈刚便可镇定情绪，自主地理智地思考和行动了；如果对方所给的脸色确实是自己言行失当所致，那就主动改正；如果对方的"脸色"部分有理，那就部分改正；如果对方毫无道理地给人"脸色"，那就应该毫不在意地不予理睬。这种傲然、坦然的人格立场，也是一种恒定的力量，久而久之，给人脸色看的人，也就自觉没趣，那副脸色也就悄然隐匿了。

所以，陈刚和有陈刚这类心理弱点的朋友们，不必特别在意"别人的脸色"。"别人的脸色"这玩艺儿，其实是"无所谓有，也无所谓无的"。你若有心注意它就有，你若无心注意它就无。劝大家最好不要太在意别人的脸色，这就需要建立起一种内在的自信。

爱看别人脸色的人，必定是一个很自卑的人，总怕自己因为言行不当，被人看不起，被人贬低或否定；也怕惹人不快，或伤害了对方，遭人拒绝和排斥。因为自己太脆弱，就觉得别人承受力差，进而再损伤自己。所以，建立起自信，才是不在乎别人脸色最可靠的保证。有自信的人，只把心思和精力用于自己该做的正确的事上，用在自己所追求的目标和向往的乐趣中，他就能与人为善，能与人和睦融洽相处，也就不怕出现矛盾，可以坦然面对非议了。这样的人，永远是快乐者，成功者。

处世哲理020

勇于说“不”，拒绝要有艺术

拒绝要有艺术：不要立刻就拒绝；不要轻易地拒绝；不要盛怒下拒绝；不要随便地拒绝；不要无情地拒绝；不要傲慢地拒绝；要能婉转地拒绝；要有笑容地拒绝；要有代替地拒绝；要有出路地拒绝。

——**星云大师**

与人交往，说“不”是件非常困难的事，但当别人提的要求你根本做不到时，你就要勇于说“不”，因为这样你可以避免许多麻烦。

名人潘游龙的《笑禅录》里有这样一个小笑话：甲乙是朋友。一日，甲病了，愁眉苦脸的。乙来探望，问：“兄是何病？有什么需要我办的？我都能为你办。”甲说：“我是害了银子的病，只需要二三钱便够了。”乙就假装没听清，咽了咽唾沫说：“你说什么？”

笑话本意是在讽刺虚假的朋友，但从中我们也可体会到拒绝别人的不合理要求时，对方通常会产生的尴尬心理。

生活中，我们经常会遇到他人的请求，比如借钱、帮忙做某事、下属提出加薪的要求，等等。如果我们对这类请求不愿接受，却又不好意思说“不”，我们就会使自己陷入十分为难的境地。或者违心地答应下来，心里却别别扭扭；或者假装答应却不做，失信于人；或者只能如笑话中的那人，干咽唾沫，脸上酸酸的。

一般来说，我们应该尽可能地帮助他人，因为乐于助人是做人的一种美德，但帮助别人不能没有原则。对方的请求，有的是不合时宜或不合情理的，有的是我们没有义务一定要承担的。比如有的人明明自己有存款还向你借钱，原因是怕自己提前取款会损失利息。这样的请求明显太自私了。有的人好贪便宜，见你有好东西就想要。比如好字画、盆栽摆设，他们便大大咧咧地张口:“送给我吧!”这种“夺人所爱”的“请求”也是让人反感的。还有些请求，是强人所难，甚至根本就是无理要求。对这一类请求，我们心里老大不乐意，却为什么常常点头答应呢?究其原因，大概有下列几种:

（1）接受比拒绝更容易。

（2）担心拒绝后会触怒对方或遭到报复。

（3）为了给人留下一个好印象。

（4）不了解拒绝的重要性。

（5）不知如何说“不”。

知道了上面的原因，我们就要学会如何去拒绝别人:

第一，耐心地倾听对方所提出的要求。

即使是在他述说的半途你已知道非加以拒绝不可，你也应该认真地听他把话讲完。这样做，为的是更确切地了解他请求的内涵，也是对对方的尊重。而且还可以在他述说的时候思考委婉拒绝的方法。

第二，如果你无法当场做出接受或拒绝的决定，你就要明白地告诉对方你还需要考虑，并告诉他所需考虑的时间有多长。

你可以说:“明天我再答复你。”或“让我先了解一下情况，过两天给你个准信儿。”但你绝不可以把“需要时间考虑”作为拖延不决的挡箭牌。

第三，在你拒绝时，要经过慎重考虑。

拒绝对方前，你应该表明你对他的请求是经过认真考虑了的，你也了解了对方提出的这一请求的重要性。这样做的目的，是不至于让对方因为受到拒绝而显得过于尴尬。

第四，在拒绝别人时，你在表情上应和颜悦色。

最好说一声:“谢谢你对我的信任，不过……”你可以略微表示歉意，但切忌过分地表达歉意。那样，对方会认为你不够真诚。因为你如果真的感到那样的过意不去，那么你为什么不接受请求呢?

第五，拒绝时，你对对方和颜悦色，但同时也要显露出坚定不移的态度。这就是说，你要暗示给他，你是不会因为他再三的请求而改变你拒绝的决定的。

第六，最好能给对方说一说你拒绝的理由。

这是为了取得对方的理解和谅解。但这并不意味着你在每一次拒绝时都要说明理由。有时不说理由反而会显得真诚。你可以说:“真抱歉，这一次我无法为你效力，希望你不要介意。”这么说，可能不会产生不良后果。但如果你讲了理由，对方试图推翻你的理由，切记不可和对方争辩，只需重复拒绝。

第七，要让对方了解，你拒绝的是他所请求的事，而不是他本身，你是对事不对人的。你这么向对方解释，是表明你这次拒绝他了，不妨碍他下次对你提出别的请求，也许下次你就可以帮上忙了。

第八，拒绝以后，若有可能，你可以为对方提供处理他的请求事项的其他可行途径。

美国某市长拒绝了西班牙裔居民关于失业的提案，但在对方撤回提案后，他说:“我同意将这一提案作为我本人的竞选证件而公布。”虽然这位市长拒绝了提案，但并未失去西班牙裔居民对他的支持。因此，要避免做这样的事:建议对方试着找另一个可能更有办法的人。这样做只会产生不良结果，“另一个人”会对你有意见，认为你是“嫁祸于人”，而被你拒绝者，也会认为你在搪塞他，对你反感。如果你真的没什么好建议，就不用再多说了。

第九，切忌通过第三者拒绝某一个人的请求。

这么做只会让对方认为你既缺乏诚意，又怯懦。

在该拒绝时就要拒绝，而且要把“不”字理直气壮地说出口。明人吕坤说:“你说的是，我便听从;我不是听从你这个人，而是听从‘是’，哪有什么私心?同样，你说的不是，我便不听从;我不是针对你这个人而不听从，我是不听从‘不是’，哪里是(对你)有什么不满意?”别忘了，说“不”也是我们的权利。

处世哲理021

不招惹小人，也别仇视小人

其实，有小人也并不奇怪。没有黑暗，哪有光明;没有罪过，哪有善美!

——星云大师

宣传佛经的教义上有这样一个故事。

很早以前，一个偏远山区的村落里，住着一位小有名气的雕刻师傅。因为这位雕刻师傅的技巧不错，所以附近一个村庄的寺庙，就邀请他去雕刻一尊“菩萨的像”。可是，要到达那村庄，必须要翻过一座山。偏偏这座山传说“闹鬼”，想翻过山的人，若夜晚仍滞留在山区，就会被一极为恐怖的女鬼杀死。因此，许多亲人、朋友就力劝雕刻师傅，等隔日天亮时再起程，免得遭到不测。

不过，师傅生怕太晚动身会误了和别人约定的时辰，便感谢大家的好意而只身赴约。

他走啊走，天色逐渐暗淡，月亮、星星也都出来了。这师傅突然发现，前面有一个女子坐在路旁，草鞋也破了，似乎十分疲惫、狼狈。师傅于是探询这位女子，是否需要帮忙?当师傅得知该女子也是要翻越山头到邻村去，就自告奋勇地背她一程。

月夜中，师傅背着她，走得汗流浃背，停下休息。此时女子问师傅:“难道你不怕传说中的女鬼吗?为什么不自己快点赶路，还要为了我而耽搁时辰?”

“我是想赶路呀!”师傅回答，“可是如果我把你一个人留在山区，万一你碰到危险怎么办?我背你走虽然累，但至少有个照应、可以互相帮忙啊!”

在明亮的月色中，这师傅看到身旁有块大木头，就拿出随身携带的刻刀工具，看着这女子，一斧一刀地雕刻出“一尊人像”来。

“师傅啊，你在雕什么呢?”

“我在雕刻菩萨的像啊！”师傅心情愉悦地说，“我觉得你的容貌很慈祥，很像菩萨，所以就按照你的容貌来雕刻一尊菩萨！”

坐在一旁的女子听了这话，当即哭得泪如雨下，因为她就是传说中的“恐怖女鬼”。

多年前，她只身带着女儿翻越山头时，遇上一群强盗，但她无力抵抗，除了被奸污外，女儿也被杀害。悲痛的她，纵身跳下山谷，化为“厉鬼”，专在夜间取过路人的性命。

可是，这个“满心仇恨”的女子，万万没有想到，竟有人会说她“容貌很慈祥、很像菩萨”！刹那间，这女子便消失在月夜的山谷里。

第二天，师傅到达邻村后，大家都很惊讶，他竟能在半夜中活着翻过山头。而从那天后，再也没有夜行人遇见传说中的“女厉鬼”了。

在这纷乱不已的社会中，人们已被训练成自我防卫的心理，经常带着有色眼镜来看人，也不时小心翼翼地防着，免得被坏人骗了、坑了。就因为这样，人情逐渐淡薄了，尔虞我诈的事件增多了；人人都谨防着被骗、被害，气氛也常绷得剑拔弩张，少有人像雕刻师傅一样，能以菩萨的心肠来看待周遭的人和事。

真诚地接纳别人，热情地帮助别人，你的人际关系，必能温暖且祥和。那些本来怀有恶意的人，也不会对你造成伤害。

生活中的确存在着“小人”，这种人常常是一个团体的纷扰之所在，他们造谣生事、挑拨离间、兴风作浪，很令人讨厌，所以有些人对这种人不但敬而远之，甚至还抱着仇视的态度。

仇视小人固然能显出你的正义感，但在社会交往中，这并不是保身之道，反而凸显了你的不成熟，因为你的“正义”公然暴露了这些小人的无耻不义。再坏的人也不愿意被人批评“很坏”，总要披一件伪善的外衣，这是人性，而你特意凸显的“正义”，却照出了小人的原形，这不是故意和他们过意不去吗？君子不畏流言不畏攻讦，因为他问心无愧，小人看你暴露了他的真面目，为了自保，为了掩饰，他是会对你展开反击的。也许你不怕他们的反击，也许他们也奈何不了你，但你要知道，小人之所以为小人，是因为他们始终在暗处，用的始终是损招，而且不会轻易罢手。你别说你不怕他们对你的攻击，看看那些历史的血迹吧，有很多忠臣都被奸人所害。

所以，和小人保持距离就好了，不必嫉恶如仇地和他们划清界线，他们也是需要自尊和面子的，何况你也不可能完全“消灭”小人，因为“小人”是一种人性现象，而人性是恒古存在的，因此不如和他们保持一种“生态”上的平衡。而且，有他们的存在，才能彰显你这“正人君子”的价值与可贵。另外有一点也必需了解，“小人”有时也会有一些“正义”，会不留情面地揭人隐私与不法行为，这对游走于法律边缘的人，未尝不是一种威胁，从此意义上讲“小人”还是有某种存在价值的。

至于君子，你也不必去逢迎拍马，因为真正的君子一般都有“洁癖”，他们不喜欢这些非正道的行为。人都喜欢被奉承，喜欢一群人把他捧得高高的，但真正的君子会自省，一旦发现你是故意在奉承他，他反而会故意疏远你，甚至生起嫌恶之心，这样，你就弄巧成拙了。

所以，对真正的君子，保持你的不卑不亢就行了，真正的君子反而会欣赏你这种风格。

社会纷繁复杂，常令人不知所措，多听多看，谁是君子谁是小人，了然于胸矣！

处世哲理 022

用热心肠去贴冷面孔

世间最可怕的东西不是毒蛇猛兽，也不是洪水地震，而是世道人心。所谓人心险恶，有时候朋友之间，甚至父母同胞之间，遇有利害冲突的时候，也会不惜一切相互残杀。尽管如此，吾人要心存慈悲。所谓“举手不打笑脸人”，慈悲的人没有敌人，也就不怕世道的艰难险恶了。

——**星云大师**

现代人际关系是复杂多变的，当你还不那么权高位重或引人注目时，遇到的多半是冷面孔。这时如果因为你的自尊心或嫉妒心而“等价”地对待别人，那么你会失去很多可能改善彼此之间关系的机会。会做人的人懂得用自己的热心肠去贴别人的冷面孔，这样做常会收到以柔克刚的良好效果。

人际关系的好坏，取决于双方共同的态度，这在社会心理学上被称为“相互性原则”。也就是说，人际吸引是相互的，排斥也往往是相互的。但是，在现实生活中，谁也不敢肯定在人际交往中别人对自己都会表现得很好、很热情。

一位刚从师范大学毕业的女学生，碰到的就是这样一种情况：她心中充满对新生活的憧憬，从都市来到偏僻的乡村学校，却发现校长和同事们对自己并无多大的好感，显得比较淡漠。她急于想与几位年龄相仿的女教师打成一片，她们却似乎总是回避她，使她产生了“格格不入”的孤独感。

态度是人的思想、信念、知识、价值观等等的综合，带有肯定或否定的情感评价，但表现的方式却常常十分简单：围绕着感情表达这一圆心，简化为接纳或排斥，以热情、冷淡、讨厌等各种的情绪反应在人际交往中。对这位女教师，土生土长的校长或许有这样的看法:她能舍弃城市的舒适生活到农村来工作，是有一定事业心的，但城里姑娘总免不了有点娇气，怕不一定吃得起苦;她受过正规的教育训练，基础知识是可以的，普通话说得很标准，不过没正式上过讲台，教学经验少，怕是一下子适应不了;她长得漂亮，就是“洋”了点，派头、手势、习惯都让人看不惯，女同志就几年可用，今后结婚生孩子了，就派不上用场。他根据自己的种种印象，决定了在初识阶段的态度——一般化，不大喜欢，也不厌恶，平平常常，没有特别的关心和热情。这态度，与女教师心中期望校长对她的态度冷了一截，所以她特别感到对方的冷淡。

至于那几位女同事，虽然年龄相仿，但她们与她，无论生活经历、思想起点、知识教养、爱好情趣、习惯等都有许多明显的差异，何况她们在长期交往中，已形成了一个固定的圈子，所以她们不可能一下子接纳她。

在这种情况下，女教师并不灰心。经过努力，终于获得了校长的好感和同伴的接受。她的做法就是以柔克刚，用热心肠去贴校长的冷面孔。

主动接近别人，寻找相互了解的机会。通过教学实践、集体活动等，她尽量使自己符合“新来的女教师”这一角色。在日常交往接触中，她真诚、平等地对待他人，热心地帮助有困难的同事，自己有困难时也同样求助于人;在合适的交谈机会中，她又使别人了解自己的抱负、心愿，用实际行动缩短了她与同事们的心理距离，使他们较全面地了解了她，并开始接受她。

通过朋友传达友好的信息。人们说:“朋友的朋友就是自己的朋友。”女教师首先在那群年轻女教师中建立了较好的人际关系，进而通过她接近其他几位，很快就进入了这一圈子。这个圈子的同事对她的肯定评价，又影响了其他的同事。

如果说，女教师的方式是属于“以热对冷”，而使对方的态度升温，那么，有时候也可以采取“不冷不热”的态度。如果对方对自己印象不佳或产生误会，一时又不能解释或难以使对方回心转意，也可以暂时保持一种不冷不热的关系，随着时间的推移，误会总会消除，前嫌也会冰释。要相信别人也十分重视建立良好的人际关系，谁都不想让自己落入孤家寡人的境地。

当别人对你有误解而冷淡你时，大可不必自怨自艾，或是以相同冷淡的方式去对待他，应该耐心等待机会。而当机会来临时，就要抓住抓紧，用热烈的心肠贴上去，做到以柔克刚。

处世哲理023
逞口舌之强，你会失去更多

有的人为了逞自己的一时之快，常常讥讽、嘲笑别人，这是很缺德的行为。俗语说:“祸从口出，病从口入”，不要让自己的一时之快伤了人，让不经意的一句话留下终身遗憾，实在得不偿失。

——**星云大师**

济公活佛到处云游。有一天看到两个猎人在指手画脚，好像为了一件事而争论得面红耳赤，唾沫横飞。

济公便询问他们在争论什么，原来为了一道算术题。矮个儿说三八等于二十四，高个儿坚持说三八等于二十三，各持己见争论不休，以至于几乎动起手来。

最后，二人打赌请一个圣贤做裁定，谁的答案正确，对方就将一天的猎物给胜者。

这时，济公来到他们的跟前。二人请济公活佛裁定。

济公竟然叫认为三八等于二十四的矮个儿将猎物交给说三八等于二十三的高个儿猎人。高个儿猎人拿着猎物走了。这种裁判矮个儿猎人当然不能答应。

他气愤地说:“三八二十四，这是连小孩子都不争论的真理，你是活佛，却认为三八等于二十三，看样子也是徒有虚名啊!”

济公笑道:“你说的没错，三八等于二十四是小孩子都懂的真理，你坚持真理就行了，干嘛还要与一个根本就不值得认真对待的人讨论这种不用讨论也再明显不过的问题呢?”

矮个儿猎人似有所醒，济公拍拍他的肩膀，说道:“那个人虽然得到了你的猎物，但他却得到了一生的糊涂;你是失去了猎物，但得到了深刻的教训!”

矮个儿猎人听了济公的话，点了点头。

言辞是很苍白无力的，它很少能说服他人改变立场，虽然上帝给了我们两只手一张嘴，但人们还是喜欢用嘴而不喜欢动手。逞口舌之利是毫无意义的，不但不能改变别人的立场，反而把自己逼上绝路。

无论在何时何地，我们总能看到一些高谈阔论的人。他们总是炫耀自己的才能多么的出众，如果能按他说的计划实行，必然能成就一番大事。这些人滔滔不绝，在自己空想的领域里如痴如醉。然而，在旁人看来，那是多么的可笑和愚蠢啊。

罗马执政官马西努斯围攻希腊城镇帕伽米斯的时候，由于城高墙厚，士兵们死伤惨重却仍然未能攻占这座城镇。最后，马西努斯发现城门是最薄弱的环节，于是打算集中兵力猛攻城门，但要攻打城门就必须要用到撞墙槌，当时军中并没有这种器械。马西努斯想起几天前他曾在雅典船坞里看过两支沉甸甸的船桅，就马上下令把其中较长的一支立刻送来。

然而，传令兵去了多时，桅杆仍未送达。原来是军械师与传令兵发生了争执。军械师认为短的那根桅杆才能真正发挥作用，不但攻城效果比长的那根要好，而且运送起来也方便，他甚至花了不少时间画了一幅又一幅图来证明自己的专业，而传令兵则坚持执行命令，既然上司要长的桅杆，他的任务就是把长桅杆送到上司面前。

面对军械师喋喋不休的说辞，传令兵不得不警告他，他们的上司是不容争辩的，他了解上司的脾气。军械师终于被说服了，他选择了服从命令。在士兵离开以后，军械师越想越觉得自己的想法是正确的，他觉得服从一道将导致失败的命令是毫无意义的，于是，他竟然违抗命令送去了较短的船桅。他甚至幻想着这根短桅杆在战场上发挥功效，使上司不得不赏赐他许多战利品以赞扬他的高明。

马西努斯见送来的是那根短的桅杆很生气，马上召来传令兵，要他对情况做出合理的解释。传令兵忙向他汇报说军械师如何费时费力地与他争辩，后来还承诺要送来较长的桅杆。马西努斯对这名军械师的自以为是深感震怒，于是，他下令马上把这名军械师带到他面前来。

又过了几天，军械师才到达，他没有察觉到上司的震怒，反而为能够亲自向上司阐述自己的正确理论而扬扬得意。他仍然以专家自居，滔滔不绝地说了许多专业术语，并表示在这些事务上专家的意见才是明智的。马西努斯见军械师仍然不改其说大话的老毛病，十分生气，立刻叫人剥光他的衣服，用棍子活活地将他打死。

这名军械师可能死后也搞不懂自己错在什么地方，他设计了一辈子的桅杆和柱子，还被推崇为这方面最好的技师，凭他的经验，他知道自己是对的，因为较短的撞墙槌速度快、力道强，更适合攻城。他可能永远也没办法想通，在他费尽口舌向统帅解释了大半天，为什么统帅仍然坚持他自己的无知呢？

在现实生活中随处可见像军械师这样的好辩者。他们不了解言词从来都不是中立的，或多或少总带点偏向性。有些人是天生的辩论狂，太过于争强好胜了，整天只知道要与比自己地位高的人争辩，或总是找机会责难比自己有权有势的人的聪明才智，他似乎已经忘记面对的是什么人物。面对这些人物，逞口舌之利是毫无用处的，他只要说一个字就能封住你的嘴，因为权力掌握在他的手里。

每一个人都相信自己才是真理的拥有者，为此，他们常常争论不休，但他们却不知道，言辞是很苍白无力的，它很少能说服他人改变立场，就算是口若悬河的诡辩家也挽救不了自己的命运。所以说，逞口舌之利是毫无意义的，不但不能改变别人的立场，反而把自己逼上绝路，一个明智的人应该学会以间接的方式证明自己想法的正确性。

只要是针锋相对的争论，无论你说得多么精彩，多么富有哲理，也很难让对方心服口服、甘拜下风。即使你胜了，其实也败了，因为你口头上的得胜，给你的未来生活积累了更多的仇人，从这个意义上讲，你不但没得到，反而失去了。

但是，生活中就是有一种人，反应快，口才好，心思灵敏，在生活或工作中和人有利益或意见上的冲突时，往往能充分发挥辩才，把对方辩得脸红脖子粗，哑口无言。长此以往，这种人就形成了一种习惯：不管自己有理无理，都不会让人寸步，一定要让自己口头上得胜。

在辩论会、谈判桌上，这种人也许是个人才，但在日常生活和工作场合中，这种人反而会吃亏。因为日常生活和工作场合不是辩论场，也不是会场和谈判桌，你面对的可能是能力强但口才差，或是能力差口才也差的人，你辩赢了前者，并不表示你的观点就是对的，你辩赢了后者，只能凸显你是个好辩之徒且没有“心眼”罢了。

而一般常见的情形是，人们虽然不敢在言语上和你交锋，但对事情的整个过程大家心知肚明，反而会同情“辩”输的那个人，你的意见并不一定会得到支持，而且别人因为怕和你在言语上交锋，只好尽量回避你。如果你得理还不饶人，把对方“赶尽杀绝”，让他没有台阶下，那么你已种下一颗仇恨的种子，这对你绝对不是好事。

处世哲理024
管好自己的嘴巴

凡事能对人言而不言，谓之“失人”;凡事不应对人言而言之，即为“失言”。自己的密事不去张扬，这是涵养;他人的密事过分宣扬，这是失德。

——星云大师

普通人有一个共同的毛病:肚子里搁不住心事，一有不如意的事情，就不分时间、对象、场合，见什么人都爱把心事往外掏。

其实把心里话说给别人听，也没有什么不对，好的东西要与人分享，坏的东西当然不能让它沉积在心里，要说也可以，但不能“随便”说。因为人和人不一样，有时候，你自己认为不可理喻的事情在别人那里会变得很正常。向别人毫无保留地讲自己的心里话，会给对方留下一个爱发牢骚、懦弱不堪的印象，甚至会让人觉得你是一个令人讨厌的碎嘴。因此，向人讲心里话的时候一定要看对方是一个什么样的人，该说则说，不该说的心事宁可烂在肚子里，也不能轻易说出口。

之所以处理烦恼的心事要这么慎重，是因为你在倾吐心事时会表露你的脆弱面，这脆弱面会让他人改变对你的印象。虽然有的人欣赏你“人性”的一面，但有的人会因此而下意识地看不起你，最糟糕的是你的脆弱面一旦被别人掌握住，会形成日后发生矛盾时你遭受打击的软肋，这一点不一定准发生，但你必须预防。有些心事带有危险性与机密性，例如你在工作上承担的压力与牢骚，你对某人的不满与批评，当你快乐地倾吐这些心事时，有可能他日被人拿来当成修理你的武器。

那么，对好朋友应该可以说说心事吧?答案还是:不可随便说出来，你要说的心事还是要有所筛选，因为你目前的“好”朋友未必是你未来的“好”朋友，这一点你必须了解。

即使是对家里人，也不可放任地把心事全部说出来。假如你的配偶对你的心事的感受与反应并不是你所预期的，譬如说，她(他)因此对你产生误解，甚至把你的心事也说给别人听，这都是你不希望看到的。

然而，闭紧心扉，心事“滴水不漏”也不是好事，因为这样你心里有烦恼会难过，别人也会认为你是一个城府深、不可捉摸与亲近的人。如果你本来就是这样的人，就没有太大关系;如果不是，给别人这种印象是划不来的。

所以，真正善于交际的人会这样做:偶尔也说说无关紧要的“心事”给周围的人听。第一可以减少有烦恼不说的痛苦，第二也能降低别人对你的揣测与戒心。

“害人的舌头比魔鬼还厉害……上帝仁慈为怀，特地在舌头外面筑起一排牙齿，两片嘴唇，好让人们在开口讲话之前多加考虑。”这是文学家的语言，意思是说我们在向别人说“心事”之前要三思，该说的说，不该说的隐。不能单纯地遇人就说，万一某一天自己的事成为别人要挟你的把柄，那真是大亏吃尽，糟糕透顶了。

第三章

修持善缘，承载万物，成就万事

——学习佛家的做事智慧

人活着，总离不开做事。一个人做事的态度，不仅可以体现出其人格，也会影响其未来的发展。我们既然来到了这个世界，就必须认真考量做事的准则，才不会枉费此生。佛是智慧的化身。我们要想让自己的内心有一个做事的准则，同时将事情做得圆满，学习一些佛理中的做事智慧，将大有裨益。

修持善缘，承载万物，才能成就万事。

处世哲理025
天道未必酬勤，学会权巧变通

天下没有一劳永逸的事，努力不懈，才能拥有；

天下没有一成不变的事，权巧变通，才能进步。

——星云大师

老和尚在桌子上放了一个装水的罐子，然后又从桌子下面拿出一些正好可以从罐口放进罐子里的“鹅卵石”。当老和尚把石块放完后，问他的弟子们道：“你们说这罐子是不是满的？”

“是！”所有的弟子异口同声地回答。

“真的吗？”老和尚笑着问。然后再从桌子底下拿出一袋碎石子，把碎石子从罐口倒下去，摇一摇，再加一些，再问弟子：“你们说，这罐子现在是不是满的？”这回他的弟子不敢回答得太快了。

最后，有一位小和尚怯生生地细声回答道：“也许没满。”

“很好！”老和尚说完后，又从桌子底下拿出一袋沙子，慢慢地倒进罐子里。倒完后，再问弟子们：“现在你们再告诉我，这个罐子是满呢？还是没满？”

“没有满。”弟子们这下学乖了，大家都很有信心地回答说。

“好极了！”老和尚再一次称赞这些“孺子可教也”的弟子们。称赞完后，老和尚从桌子底下拿出一大瓶水，把水倒在看起来已经被鹅卵石，小碎石，沙子填满的罐子。

当这些事都做完之后，老和尚问弟子们：“我们从上面这些事情可以悟出什么？”

一阵沉默，然后一位自以为聪明的小和尚回答说：“无论我们的工作有多忙，行程排得有多满，如果再努力一下的话，还是可以多做些事的。”这位小和尚回答完后心中很得意地想："还是我的悟性高啊！"

老和尚听到这样的回答后，点了点头，微笑道："答案不错，但并不是我要告诉你们的禅机。"说到这里，老和尚故意停顿，用眼睛向在场的弟子们扫了一遍说，"我想告诉你们最重要的道理是，如果你不先将大的鹅卵石放进罐子里去，你也许以后永远没机会把它们再放进去了。每一天我们都在忙，每一天我们所做的事情好像都很重要，每一天我们都不断地往罐子里灌进小碎石或沙子，各位有没有想过，什么是你生命中的'鹅卵石'？"

每一天我们都在勤奋和努力着。我们所做的事情，是不是对我们最重要的？我们都很会用小矿石加沙和水去填满罐子，但是很少人懂得应该先把'鹅卵石'放进罐子的重要性。不要盲目的勤奋，只知道一味地埋头苦干，相信终会有收获的那一天，但是如果没有掌握住方法，恐怕是要白忙活一场。

很小时我们就听过这样的童话：

一天，老大上山砍柴，遇到一位神仙，送给他一把金斧头，从此他就过上了富足的生活；老二由于不干活，不久就饿死了。

童话的寓意很明确：勤劳可以致富，懒惰没有好处。

所以，成功的人，喜欢说自己成功是因为勤奋。当有人向他请教成功秘诀时，他们趁机往自己脸上贴金，通过一番故弄玄虚博得他人的尊敬。其实，一些成功人士往往是言不由衷的，基于某种考虑他根本就不会道出成功的真正诀窍！

连美国钢铁大王卡耐基在谈到成功秘诀时也说："勤奋！"石油大王洛克菲勒认为"勤奋是唯一的成功之道"；汽车巨子福特同样肯定地认为成功之道唯有勤奋。看到这些名人、巨人纷纷称道勤奋的妙处，一般人是否想过，其实他们所说的勤奋，只是问题的"冰山一角"，那么成功的关键到底在哪里？

那些成功人士在成功之前可能勤奋过，那时，他们也是普通人，要吃饭，要生活。卡耐基曾经每月只拿六元钱的薪水；洛克菲勒开始工作时，每周也只赚六元钱；亨利·福特最初每星期只能赚两块五。但是这能说明什么呢？只能说明他们曾经贫穷、曾经勤快，并不能证明他们是"勤劳致富"者。

有的富翁自诩每日工作十几个小时，比普通人多一倍，可是他赚的钱比别人多出何止十倍、百倍！有的富翁吹嘘自己如何勤快、如何劳苦才发了财，可是当他赚第一个100万时，难道比自己以前勤快了一百倍?这是不可能的逻辑。

实际上，每位致富者都有致富的窍门。

美国的房地产商马克·奥·哈德森在短时间内便从欠债变成百万富翁，他倒是毫不隐讳地如实招来，他说:“我在很短的一段时间内赚了一大笔钱，只是靠了一个小小的简单计划。我们很多人通过极简单的方法获得了成功，同样也有好多人对此大惑不解。”他还说:“如果缺乏赚钱的技巧和实际知识，一个人即使干得再努力，也只能是收益甚微，徒劳一场。”

只要想想，靠自己双手劳动去挣100万，与放高利贷赚100万哪个更光荣，谁更理直气壮，就知道富翁们为什么要说自己是靠勤劳致富的了。

人常说，成功是百分之九十九的汗水加上百分之一的灵感，这无疑是正确的，问题是那百分之九十九的汗水谁都会流，但那百分之一的灵感可不是人人都能轻易产生的，更不是像有些人误导的那样，好像只要你流了百分之九十九的汗水，神奇的灵感便随之而来了。

在中国农村有这样一则俗语:有福之人不用忙，无福之人跑断肠。这句话含义又何在?

上班族早起晚归，手持油条、烧饼，行色匆匆地追赶公交车去上班;退了休的人仍想拿补差，不顾年老加入上班族的行列;在职的人为了多赚钱，寻找着第二职业，勤勤恳恳、日夜辛劳。可是，没见他们赚了多少钱，也没见他们的薪水比老板高。

“南辕北辙”的故事，现在已成为家喻户晓的成语了。故事中的主人公愚蠢得让人发笑。

他要到南方的楚国去，却硬要向北走，方向错了，马跑得再快，车夫再能干，离楚国也只能是越来越远。在现实生活中，却有许多想要致富的勤快人，在经常重演着“南辕北辙”的故事，不自觉地充当了故事中主人公的角色。

有的人脑袋空空，信奉“以勤补拙”，坚信一分辛劳一分财，因此不会懒;有的人为养家糊口的生活压力所迫他不敢懒。

懒是什么?懒是举重若轻，用从容的姿态去做紧迫的事情。马克思说过，富就是人所支配的时间，不是别的什么。“勤快”人有时是可怜的，可怜太忙，他们是双料的穷人，既没钱又没时间。

由此看来，与其勤得没有意义，没有效率，倒不如“懒”一点儿。“一自两别离，不待梳妆懒画眉。”——女为悦己者容，既然情人不在身边，何必画眉，梳妆作甚?省出了时间，免作了无用功，这种“懒”比不动脑子，只知忙，做得“勤”要强得多了。

这种理智的“懒”是一门艺术，是大智慧;是一种超然的境界、非凡的能力。

处世哲理026
不留后路更能激发一个人的潜能

处于困境，没有人救援，只有靠自己发奋才能求生存，这个时候，为了活下去，不得不与环境斗，不得不寻求突破困境的办法。

——星云大师

青年人往往会不自觉地犯这样的错误:在从事一项极为重要的事业时,往往先为自己预备好一条退路，以便在事情稍不顺时，能有一个逃生之所。结果是因为有一扇退却之门为他而开，而总是无法自觉地使出自己的全部潜力，最后，只能失败了，去走那条退路。

只有在一切后退的希望都已切断的绝境中，一支军队才肯使出拼命的精神奋战到底。断绝你的一切后路，将你自己的全部注意力贯注于你的事业中，并抱有一种无论任何阻碍都不向后转的决心，这样的精神是最难能可贵的。

我们中国有个成语:破釜沉舟。那是项羽跟秦兵打仗过河后，把锅打破，把船凿沉，意欲决一死战，不给自己留下回岸的退路。古往今来，中外历史上演了多少这样悲壮的故事。

当凯撒率领他的军队在英国登陆时，他决意不给自己的部下留任何退路。他要让他的军士们明白此次进攻英国，不是战胜，就是战死。为此他当着士兵的面，把所有的船只都烧毁。拿破仑也一样，他能摒除一切会引起冲突的顾虑，具有在一瞬之间下最后决心的能力。

当一个人将自己的全部精力贯穿于自己选择的人生大目标时，把生命的火光义无反顾地投向自己的事业时，他就能产生一种伟大的力量，这种力量简直是无法抵御的。

俗语说得好：你怕“鬼”，“鬼”就不怕你；你不怕“鬼”，“鬼”也就怕你了。当然，这里指的“鬼”是广义上的说法，象征生活中的一切艰难险阻。当你能全神贯注于自己的目标，以至没有其他因素能使你消极时，你会看不见也遇不到那些目标不定、意志游移的人所遭遇的困难与阻碍。你坚毅的决心会吓退那些迷惑阻碍你心灵的魔鬼，使你冲破许多困难、怀疑与恐惧，一切妨碍胜利的仇敌，都将会被你扫荡干净！

有一类人在开始工作时，总是抱着必胜的信心，拥有战胜一切困难的决心；还有一类人在动手之时，缺乏明确的目标与志向，也没有那种无论如何也要获胜的坚强决心。很显然，这两类人的结果和境遇会有很大的差异。

最可怜可叹的是那些一直游荡、徘徊不定的人，他们也很想上进，但他们不能使自己像萤火虫一般直飞目标，他们不曾断绝自己的后路，他们不曾下定义无反顾的决心。这些人在遇到阻击时，因缺乏坚韧的耐力而向后转，使这个世界多了若干个因放弃战斗而倒下者的墓碑。他们不明白把自己的全部精力贯注于目标就可以萌生坚强自信的道理。

有人喜欢把重要的问题搁置一边，留待以后去解决，这其实也是一种不良的习惯。或者说是一种逃避。假如你染上了这种习性，就应该赶紧下大力气去克服掉而使自己变得有决断力。无论当前的问题多么严重，需要你瞻前顾后权衡利弊，你也不要一直徘徊于优柔寡断之中。

假使你仍然心存一种凡事慢慢来或干坏了再重新考虑的念头，你是注定要失败的。我们宁可让自己因果敢的决断而犯下一千次错误，也不要姑息自己养成一种优柔寡断的性格。

值得注意的是，一个有决断力的人在刚开始不免会犯下这样那样的错误，而一旦他积累了经验就不会使那些错误重犯了。

假如你能养成在最后一刻作出果断决定的习惯，你在作出决断时就一定能运用最聪明的判断力，因为一旦你以为决定是可以伸缩的，不到最后一刻都是可以重新考虑的，你将永远无法养成正确可靠的判断力。

相反，一旦你能毫不迟疑地作出决定，并为你的决定断绝一切后路时，你才会调动自己的一切聪明才智去完成你的选择；当你对自己所作出的任何一个不健全不成熟的判断感到痛苦不堪时，你对于自己将作出的判断也一定会加倍小心。这样，自然能使你的判断能力大为增强。

处世哲理027
失败不一定是成功之母

人人都希望自己能成功，成功与失败如影随形，是很难分开的。但成功有成功的条件，失败也有失败的原因。

——星云大师

我们否定“失败就是成功之母”，是因为失败不会自然而然地“分娩”成功。只有学会善待失败，失败才有成就成功的价值，否则，失败就永远是失败，只会永远循环往复。失败有助于成功，但前提是你要能够善待失败，找出失败的症结，从而规避失败。

人们喜欢成功者，习惯对胜利者笑脸相迎，而对失败者、失意者则常常是不屑一顾，瞧不起的，讽刺打击的，扫地出门的无一不有。

“胜者王侯败者寇”，人们在失败的时候处境是最艰难的，只有在这时才能够深深地体验到什么叫世态炎凉。而恰恰在这个时候，能够反败为胜者有一个突出的特点，就是面对他人的冷漠和打击，一不气馁，二不自卑，不怨天尤人，不自暴自弃，把悲愤埋藏在心底，使之化作志气和力量，也许正是他人的白眼使他们更努力、更刻苦，产生一股不达目的誓不罢休的劲头。

古往今来，多少伟人和名人，都曾陷入过逆境，历经磨难，但他们正是善待失败和逆境，将失败和逆境变成了成功的动力。

上个世纪末，中国的改革处于攻坚阶段，失业下岗使许多平民百姓陷入逆境。失去工作，生计艰难，这是多么大的困难，然而，有些人正是以此为契机，成为了成功者。

下岗职工如何从逆境中走出来?河南省安阳机床厂助理工程师刘宝庆以自己的亲身经历告诉人们:下岗求生存，自救天地宽。

在这种信念支配下，短短一年的时间，刘宝庆从下岗的失落中振作起来，在服务领域开辟出了一片新天地——成立了安阳市第一个由下岗职工创办的家庭服务社，并吸收20多名下岗职工加入其中。

目前，在他的带动下，安阳市100多名下岗职工从苦等苦熬的困境中走上自主创业之路，幼儿入托、学童入学的接送服务在安阳市方兴未艾。

人生在世，失败总是不可避免的。遇到失败，也就意味着处于逆境。人们常说，人生十之八九不如人意。世界不是专门为某些人安排的，不是按个人意志行事的，想让世界的一切和众人的意志都服从于自己的成功，这是不可能的，常人要做到这一点不可能，就是伟人和“超人”，要完全做到这一点，也是不可能的。他们也有烦恼，也有失败，也有处于逆境的时候。

所以，失败和逆境人人都会遇到，在这个问题上，成功者与失败者的不同，就在于对失败和逆境的态度不同。成功人士不怕失败和逆境，甚至喜欢挑战失败和逆境，把它当作成功的动力。

成功者和失败者的区别在于，成功者面对困难不退缩，保持微笑和勇气。失败者则半途而废，遇难止步，叫苦连天。于是两种态度决定了两种不同的成败结果。

生活中的成功不取决于与别人相比我们做得如何，而是取决于我们所做的与我们能够做到的相比如何。成功的人与他们自己的成绩竞赛，他们不断地刷新着自己的记录，不断地改善与提高。如果你研究一下历史就会发现，所有成功的故事中同时也充满了许多大大小小的失败。

但人们并不注意看失败的一面，而只看事物成功的一面，并就此认为那些成功者运气好:“他一定是生逢其时。”其实并不是那么一回事。

你把这些人看成是成功者还是失败者呢？还是以为只是他们的运气比较好呢？

1914年，在托马斯·爱迪生67岁时，一场大火把他价值数百万美元的工厂烧得一干二净，而他只得到了很少的保险赔偿。这时的爱迪生已不再是年轻人，看到自己花费一生心血苦心经营得来的工厂，在一片火海中变成废墟，他并没有气馁，反而说："这场灾难有很大的价值，因为我们所有的错误都被烧掉了。感谢上帝，我们又可以有一个新的开始了。"尽管经受了一场灾难，但在3个星期后，他又发明了留声机。你能说这些成功者只是运气好吗？

所有成功的故事都伴随着失败的经历，两者唯一的不同就在于，那些最终成功的人们能在每次失败之后都重新站起来。他们善待失败，所以会从失败中吸取教训，反败为胜。

处世哲理028
金子想发光离不开机会

机遇是一时的，它可能和你擦身而过；失去机会，不容易再来，所以懂得掌控机遇，就是脱困的要点。一个理念、一个示范、一句话、一个人、一件事，都可能是你的机遇。

——星云大师

一位悟道的禅师，巡回拜访偏远山区的寺庙，把自己领悟到的心法与当地的僧人交流。由于禅师的禅道高明而且平易近人，使得他在所到之处均受到僧人的欢迎。

有一天，当他结束在山区某寺庙的拜访行程，而欲赶赴其他地方时，许多小和尚仍依依不舍，这位禅师也不免为之所动，当下答应小和尚，下次再来时，只要谁能将自己的禅房收拾整洁，他将送给该和尚一件神秘的礼物。

在禅师离去后，每到阴历初五，所有的小僧人一定将自己的禅房收拾干净，因为初五是每年高僧前来云游的日子，只是不确定禅师会在哪一年的初五来到。

其中有一个小和尚的想法和其他师兄弟不一样，他一心想得到禅师的礼物留作纪念，生怕禅师会临时在初五以外的日子突然带着神秘礼物来到，于是他每天早上，都将自己的禅房收拾整齐。

但往往上午收拾妥当的禅房，到了下午又是一片凌乱，这个小和尚又担心高僧会在下午来到，于是在下午又收拾了一次。想想又觉不安，如果禅师在一个小时后出现在禅房，仍会看到他的禅房凌乱不堪，便决定每个小时收拾一次。

到最后他想，若是禅师随时会到来，仍有可能看到他的禅房不整洁，终于小和尚想清楚了，他必须时刻保持自己禅房的整洁，随时欢迎高僧的光临。

禅师虽然并未带着神秘礼物出现，但这个小和尚已经得到了另一份奇特的礼物。

"前不见古人，后不见来者，念天地之悠悠，独怆然而涕下！"这是唐朝陈子昂慷慨陈词的佳作，但就是这样一个人，差点就成了深埋于地底下的"金子"。

陈子昂出身富豪之家，慷慨仁侠，机警过人，但在京城这块陌生之地，一时还施展不开。起初，陈子昂也像其他能人一样，把自己的得意之作不停地投献给文坛的名宿元老，但总是石沉大海，没有回音，显然没有人愿意赏识他。为此，陈子昂常有英雄扼腕之叹。

有一天，热闹的长安东市的商业区里，来了一位外地人，手中拿着一把光亮照人、精美绝伦的胡琴，标价出售。卖主对每一个想讨价还价的人，说的都是同一句话："100万就是100万，少一个子儿也不卖。"

在当时，100万钱可是一笔巨款。谁能够出这么多的钱来买把胡琴？这个消息没过几天就沸沸扬扬地传遍了整个长安城。好奇之心，人皆有之，每天从四面八方赶到东市来观看这把胡琴的人络绎不绝。胡琴事件一时间成了整个长安各阶层人士关注的焦点。

善于思考的陈子昂决心借这把胡琴为自己引路，他邀请了几个朋友一起来到东市。陈子昂拿起胡琴，上下打量了一番，大声说："好琴，绝对是货真价实的好琴。"然后对卖主说："就依你这个价，这把琴，我买下了！"而且说得十分干脆。

围观的人都向陈子昂投以惊异、羡慕的目光，口中发出了一片"啧啧"之声。同来的朋友对陈子昂说："你疯了吗？你也不仔细想一想这100万是多少钱！花这么昂贵的价钱购买一把胡琴，值得吗？你要干什么呢？"

陈子昂大声地对朋友说："我喜爱音乐，精通琴艺，买回去，当然是用它来演奏。我还没有见到过这么好的胡琴，既然是好琴，多花些钱也是值得的呀。"

这时，人群之中有人高声说："买琴的这位先生，既然你有高超的演奏艺术，买到的又是一把天下无双的好琴，何不当众演奏一曲，让我们一饱耳福呢？"

陈子昂微微地笑了笑，说："当然可以。不过，弹琴要有一定的气氛和条件，譬如说，要焚上一炷香，要有琴童侍立，这样弹起琴来才会更加富于情趣，随随便便地演奏一曲，岂不是辜负了这把价值连城的好琴吗？"说着，陈子昂用手指着不远处的那片鳞次栉比的房屋说："那里是宣阳里，我就住在那里，你们有雅兴听琴的，欢迎明天上午到寒舍去，我恭候你们大驾光临，同时也期待各位才高名重的朋友亲临指教。"

于是，这样一位精通琴艺、慷慨好客的人立即成了长安城中街头巷尾的议论话题。

第二天上午，宣阳里陈子昂家中热闹异常，一二百个嘉宾把家里挤得满满的。

神采飞扬的陈子昂站在人群中间，大声地说："感谢各位朋友的光临，我来自巴蜀地区，胸怀大志，腹有文才。我写的诗文，虽然算不上是字字珠玉，但也绝非平庸之作。我曾经把诗文投献给一些知名学者，可是，遗憾的是他们连看一看的时间都没有，这是因为他们来不及了解我。"

看见周围的人们聚精会神地听着他的话，陈子昂非常高兴，便伸手从书僮手中接过琴，激昂慷慨地转了话题："我会操琴演奏，而且技艺不凡，但我不想把全部时间耗费在弹琴上，因为那毕竟是梨园弟子该做的事。"话音未落，举起手中的胡琴，使劲地摔在地上，耗费百万买回的一把琴竟被他摔碎了。众宾客顿时哗然，不知陈子昂究竟是何用意。

陈子昂以自信的口气说："我要做的事是写文章。你们看，我已经写好了上百篇文章，我还会继续写下去的。今天，我请诸位来，是想请各位帮我鉴定一下文章的质量。如果不好，我马上放火把它们一烧了之。如果还有那么一点价值的话，就请各位多美言几句吧。"

这时，小书僮捧出一卷卷誊抄工整的文章，陈子昂依次送给来宾每位一卷。

陈子昂的文才确实属于上乘，他的文章刚劲质朴，有西汉文学家司马相如、扬雄的气势；诗歌格调清新，明朗刚劲，有汉末"三曹"、"七子"的风骨。人们通过陈子昂的非凡之举，进而真正认识了他。一天之内，他的名声就传遍了帝京长安。陈子昂从一个无名小辈，一跃而成为老幼皆知的新闻人物。自此，陈子昂的身价倍增。

人们常说“是金子总会发光的”，陈子昂文才斐然，当然是块耀眼的金子，只可惜唐朝的那些文坛名宿元老，对他却一点都不感冒，如果他不懂得自我寻找机会，他的名字在历史上便无人知晓了，他那慷慨陈词的诗也就不可能留传至今了。

人怀才不遇是郁闷的，但不能因为自己不得志就自我颓废，这就需要自己去挖掘机遇。是金子固然重要，但机遇有时比金子还重要。有机遇，“金子”的光芒才能被世间的每一个人看到。

处世哲理029

专心做一件事，你早晚会成功

有的人常常被心所用，自己不会用心。所谓心为形役，我们的心常被五欲六尘左右，被外界的色、声、香、味、触、法所左右，因而引起贪念及憎恨，所以我们要懂得用心，才不会起无明。

——星云大师

千利休是日本茶道的鼻祖，同时又是有名的一休禅师的得意弟子，他在当时的日本社会地位非常尊贵。

有一次，宇治这个地方一个名叫竹庵的人邀请千利休参加自己的茶会。千利休居然答应了，并带众弟子前往。

竹庵非常高兴，同时也非常紧张。在千利休和弟子们进入茶室后，他开始亲自为大家点茶。但是，由于他太紧张了，点茶的手有些发抖，致使茶盒上的茶勺跌落、茶筅倒下、茶筅中的水溢出，显得十分不雅。千利休的弟子们都暗暗在心里窃笑。

可是，茶会一结束，作为主客的千利休就赞叹说：“今天茶会主人的点茶是天下第一。”

弟子们都觉得千利休的话不可思议，便在回去的路上问千利休："那样不恰当的点茶，为什么是天下第一？"

千利休回答说："那是因为竹庵为了让我们喝到最好的茶，一心一意去做的缘故。所以，他没有留意是否会出现那样的失败，只管一心做茶。这种心意是最重要的。"

对于茶道来说，重要的是心。不管多么漂亮的点茶、多么高贵的茶具，没有心的真诚，可以说任何意义都没有。

好多年前，有人要将一块木板钉在树上当搁板，贾金斯走过去管闲事，说要帮他一把。

他说："你应该先把木板边缘锯掉一些再钉上去。"于是，他找来锯子之后，还没有锯两三下又撒手了，说要把锯子磨快些。

于是他又去找锉刀。接着又发现必须先在锉刀上安一个顺手的手柄。于是，他又去灌木丛中寻找小树，可是他发现砍树又得先磨快斧头。

磨快斧头需将磨石固定好，这又免不了要制作支撑磨石的木条。制作木条少不了木匠用的长凳，可是这里没有一套齐全的工具是不行的。于是，贾金斯到村里去找他所需要的工具，然而这一走，就再也不见他回来了。

后来人们发现，贾金斯无论学什么都是半途而废。他曾经废寝忘食地攻读法语，但要真正掌握法语，必须首先对古法语有透彻的了解，而没有对拉丁语的全面掌握和理解，要想学好古法语是不可能的。

贾金斯进而发现，掌握拉丁语的唯一途径是学习梵文，因此便一头扑进梵文的学习之中，可这就更加旷日费时了。

贾金斯从未获得过什么学位，他所受过的教育也始终没有用武之地。但他的先辈为他留下了一些本钱。他拿出10万美元投资办一家煤气厂，可生产煤气所需的煤炭价格昂贵，这使他大为亏本。于是，他以9万美元的售价把煤气厂转让出去，开办起煤矿来。可他不走运，因为采矿机械的耗资大得惊人。因此，贾金斯把在矿里拥有的股份变卖成8万美元，转入了煤矿机器制造业。从那以后，他便像一个内行的滑冰者，在有关的各种工业部门中滑进滑出，没完没了。

不光事业，感情上也是如此。他恋爱过好几次，可是每一次都毫无结果。他对一位姑娘一见钟情，十分坦率地向她表露了心迹。为了使自己匹配得上她，他开始在精神品德方面陶冶自己。他去一所星期日学校上了一个半月的课，但不久便开始逃课了。两年后，当他认为问心无愧、可以启齿求婚之日，那位姑娘早已嫁给了另一个追求者。

不久他又如痴如醉地爱上了一位迷人的、有5个妹妹的姑娘。可是，当他到姑娘家拜访时，却喜欢上了女友的二妹，不久又迷上了女友更小的妹妹，到最后一个也没谈成功。

像贾金斯见异思迁、用情不专的人，怎么能够成功呢？

阻碍你成功的有时不是你没有目标，而是目标太多。记住：黑熊之所以掰了许多玉米而只剩下一个，就是因为老是为了下一个玉米而丢掉上一个，这就是“人心不专，薄纸捅不穿”的道理。

处世哲理030

遇到困难，绕行是一种智慧

世间道路之多，有陆路、海运、航空，条条大路通长安，为何要墨守成规，不肯转换跑道呢？

——**星云大师**

有一天，禅师把他的三个弟子叫到身边，然后写下一句诗：绵绵阴雨二人行，怎奈天不淋一人。然后他对弟子说：“为什么‘不淋一人’呢？”

第一个弟子说：“两个人走在雨地里，只有一个人淋了雨，肯定是其中有一个人穿着雨衣呢！”

另外一个弟子说：“他说得不对，答案不可能那么简单。我想那肯定是一场局部阵雨，其中一人恰好走在雨地里，才会有一个人淋不到雨。”

第三个弟子说：“其实有一个没淋雨，是因为他走在屋檐下，下雨的时候屋檐下怎么会有雨呢?”

禅师微笑着对他的三个弟子说:“你们没一个人的答案是我满意的，你们跟在我身边，每天参悟佛法，可是总也没有进展，你们知道是什么原因吗?”三个弟子惭愧地低下了头。

禅师紧接着说:“你们都没有进展的原因主要是因为你们都只停留在了文字的表面，钻牛角尖。你们都执着于‘不淋一人’这一点上，所以才没有得出正确的答案。其实，所谓的‘不淋一人’不就是两个人都在淋雨吗?”

《围炉夜话》中有句话:退让一步难处易处。意思是让我们在某些特殊情况下，不要一味地使用莽劲去碰壁求得，而应该分析局势，做出某些舍弃和让步。

假如你和对手或上司产生了冲突，论力量，你是鸡蛋，而对方是石头，你怎么办?是像头脑简单的拼命三郎那样以卵击石，白白地送命呢，还是避其锋芒，等自己变成比对方更大的石头之后再有所图谋呢?选择前者还是后者，就可以从中看出你是办大事还是办不成大事的人了。试想，为争一时之气而拼个你死我活，如愚公移山般，于己于事又有何益呢?

据调查，到现在仍然有很多人不明白愚公为什么要移山，而且不光自己，还要搭上子子孙孙。有挖山的时间，还不如绕开这座大山，找一条别的出山之路，愚公就不用年过半百还不辞辛苦地干体力活儿，也许还能安然地享受晚年生活。抛开他坚忍不拔、不达目的不罢休的精神，他的“死心眼”实在是一种“以卵击石”的表现。

以软碰硬的“英雄之举”生活中时刻都在发生。李某研究生毕业后在政府部门工作，可是不到两个月他就觉得自己深处险境。很多次领导都让李某干些杂事，李某心里很不爽。一次领导又让李某跑腿去买包烟，李某怒了，沉下脸不情愿地嘀咕:“我是科员，不是跑腿外卖的……”领导听见了很不高兴就批评了他两句，这一批评可好，李某剑拔弩张，跟领导顶着干。结果可想而知，后来的工作中，李某处处都在“穿小鞋”，还差点丢了饭碗。

很多时候我们就是这么义气用事，明知道自己的身躯还不够硬朗，还是要撞一撞面前的电线杆。碰硬时，绕一绕并不代表你的软弱，这恰恰是一种智慧之举，聪明的人都知道要先保全自己再去考虑东山再起的问题。

人是要有目标的，有目标并为之而努力的人是有性格的人，有能力的人，他们会适时地舍弃强出头的机会，让他们更有气质和魅力的一面有机会表现出来。所以韩信能忍受胯下之辱；勾践能屈于吴王的马厩；晋文公甘愿流亡十九年。当然，红军两万五千里长征可谓是“以卵绕石”的典型事件。

面对国民党的强大势力，我军若是跟他们死拼到底，想必不是全军覆没也会是所剩无几。然而我们的党做了最明智的抉择，绕开国民党的主力，到敌人力量薄弱的偏远山区去。于是我们保存了我军最精锐的力量，赢得时间和空间让自己慢慢地变成一块无比坚硬的石头，同国民党进行了“一对一”的生死决战。结果是，我们这块由“卵”成长起来的“石头”，比瞬间铸造的钢铁还要坚硬结实得多。这是一种做人处世的哲学。

大学生张某和李某，毕业后同时被分配在某个县城设计局工作。恰好家乡要建造一家工厂，就由张某和李某负责厂房设计工作。李某发现，用来建厂的大部分钢材被领导拿去送人了。他气愤地去找领导质问：“你怎么能拿公家的东西随便送人呢？”领导面对李某的质问觉得很尴尬，此时张某走过来拍了拍李某的肩膀，开导说：“你呀，刚出校门，不懂得人情世故，搞设计不能死抠实际需求量，还必须把一些人为的损耗加进去，这是大学里学不到的知识。”张某的一番话，不仅帮领导解了围，还赢得了领导的赏识。

在领导的眼里，张某能干而又听话。几个月后，他被任命为副乡长。人们夸奖张某脑子特别灵活。的确，通过几年的奔波建厂，张某悟通不少“人情世故”。他拉关系、走后门、请客送礼的技巧，已经到了炉火纯青的地步。很自然地，张某面前的红灯少，绿灯多。他主持的那个乡，乡镇企业产值和利润年年翻番，人均收入也大大提高，人们对他更是赞不绝口。由于他突出的“政绩”，三年以后，他被提拔为乡长、乡党委书记。又过了两年，他被提升为主管工业的副县长。

多少年过去了，李某仍在设计局的岗位上默默无闻，张某和李某两人的态度和方法导致两人的不同命运。虽然，我们会在内心钦佩李某这种高洁的人格，但又不能不看到：他仍然一事无成，不但自己的一腔抱负无法施展，而且也只能固守着他的清高孤傲而一无所成；张某为了不“碎”而“绕”了一下，一方面坚持着自己的原则和初衷，另一方面走了一条圆通的道路，这使得他既实现了自己的价值又为乡亲们办了实事。所以在现实中，张某的这种为办大事宁绕不碎的方法，只要严守法律的界限，不失为一种务实的、行得通的做法；而李某的那种心高气傲的书生气是办不成事的。

处世哲理031

人为财死，殊为不智

金钱供人生活方便，但不能为了金钱而造成许多不便。但看世间上有人为了钱财而增加许多烦恼，人为财死，殊为不智。

——星云大师

在佛经里，记载着这样一个故事：

某日，佛陀率弟子阿难外出乞食，看见路边有一坛黄金，佛陀立刻对阿难说："看，毒蛇。"

阿难亦应声答道："果然是毒蛇。"

师徒俩的对话恰巧被附近一对农民父子听到，便怀着好奇心前来观看。一看之下，不由欣喜若狂，赶紧将黄金带回家中，以为这从天而降的幸运将改变他们的贫困生活。

改变的确是发生了，但完全不是他们希冀的那样。当父子俩带着金子去市场兑换时，却被人告到了官府。原来，他们捡到的金子是窃贼从宫中盗出，在逃跑时弃于路旁的。他俩人赃俱获，有口难辩。

这对乐极生悲的父子在临刑时，才领悟到"毒蛇"的真正含义。

佛经中把财富当做净财。所谓净财，就是清净的财富。净财不但是维持生计的必要条件，同时还能利益社会、造福人类。那么，什么样的财富属于净财呢？

首先，来源是正当的。

俗话说，"君子爱财，取之有道"，所谓道，就是正当的谋生之道。只有通过勤劳、智慧获得的财富，我们才能心安理得地享用，没有任何后顾之忧。

其次，要懂得合理使用。

佛陀一再告诫我们要奉行简朴的生活原则，因为欲望一旦鼓动起来，往往就难以控制；奢侈的生活习惯一旦养成，往往就难以放弃。和地球的资源一样，人的福报也是有限的，过分放纵自己的欲望，不仅对身心有百害而无一利，更会将幸福提前支取。

第三，对财富不能有贪求之心。

无论我们贪求什么，它都会成为伤害我们的利刃。所谓“酒不醉人人自醉，色不迷人人自迷”。如果我们贪求财富的话，那么没钱时我们会因贫困而烦恼；有钱时又会因为担心失去财富而烦恼。所以我们要认清财富的实质，了解财富的无常，而不是把它看成是永恒的；了解财富在人生中的局限性，而不是把它看成是唯一的。当我们真正能够将财富视为身外之物时，我们就不会被它所伤害。

“水能载舟，也能覆舟。”财富同样如此，财富本身并无所谓善恶之分，而是取决于它的实际用途。为富不仁者以它来作恶，慈悲众生者以它来行善。因此，我们大可不必“视金钱如粪土”。只要是通过正当渠道获得的财富，我们又能合理地分配使用，以此造福社会，并且没有贪求之心，那我们就是财富的主人而不是它的奴隶；我们所拥有的财富就不是毒蛇而是净财。

处世哲理032
好马要吃回头草

青年们像初升的太阳，充满朝气，富有冲劲，但是青年有一个通病，就是一味向前冲向前撞，错了，甚至走上歧途，也不知回头。前面已经是墙壁也不管，撞得鼻青脸肿也不知停止。你告诉他："这样不行"、"那样不好"，可是青年就是不愿意回头，他们的理由是"好马不吃回头草"，以为回头就是没有光彩的事，所以一意孤行，任性到底。

——星云大师

"好马不吃回头草!"这句话不知使人丧失了多少机遇。绝大多数人在面临该不该回头时，往往意气用事，忍不得闲言碎语，抛不开面子，明知"回头草"又鲜又嫩，却怎么也不肯回头去吃，以为这样才是有"志气"。其实，在面临回不回头的关卡时，你要考虑的不是面子问题和志气问题而是把握机会的问题。

A君因故被炒鱿鱼，一个星期后，老板要他回去，他愤然拒绝："好马不吃回头草!"

B君被女朋友甩了，过了一段时间，女朋友回头向他认错，要求重归于好，B君无情地说："好马不吃回头草!"

吃不吃回头草要看你现在有没有"草"可吃?如果有，这些"草"能不能吃饱?如果不能吃饱，或目前无"草"可吃，那么未来会不会有"草"可吃?还有，这"回头草"本身的"草色"如何?值不值得去吃?

当然，吃"回头草"时，你还会碰到周围人对你的议论，让你"消化不良"!但只要你自己愿意去吃，养肥自己就可以了。何况时间一久，别人也会忘记你是一匹吃回头草的马，当你回头草吃得有成就时，别人还会佩服你：果然是一匹"好马"!

有这样一位朋友，年轻时经人介绍认识了一位女友并且一见钟情坠入爱河。谁知他这位女友这山望着那山高，不久又结识一位高干子弟，由于对方甜言蜜语很会讨好女人，再加上人才家境均超过她过去的男友，于是，她便同这位朋友提出分手。这位朋友正沉醉在爱情的甜蜜与幸福之中，听到这一消息后顿时如雷轰顶，陷入失恋的痛苦之中。在很长一段时间里，他整天异常苦闷，彻夜失眠，失恋的滋味痛彻心扉。真可谓剪不断，理还乱。为了使自己尽快从痛苦中解脱出来，这位朋友把全部精力倾注在事业上，功夫不负有心人，不久即小有成就。正这时，他以前那位女友突然又找到他，痛哭流涕地要求恢复关系。原来，在她与男友分手后，与那位高干子弟相处了一段时间，很快发现此人金玉其外，是位品行不端的花花公子，于是断然与他断绝了往来。想起与过去的男友相处的那些幸福甜蜜时光，这位少女追悔莫及。经再三考虑之后，决定向旧友说明一切，并恳求对方的谅解。当时，这位朋友颇感犹豫。正所谓旧情难舍，但考虑到周围人的闲言碎语，该不该吃“回头草”令人颇费踌躇。有不少人也劝他快刀斩乱麻与女友彻底断绝往来，“好马不吃回头草”！天下有的是漂亮女人，“天涯何处无芳草”，大丈夫何患无妻！这位朋友是位讲义气重感情的人，他想起过去自己与女友相处的那段时光，女友身上的诸多优点，女友在自己面前流下的悔过眼泪……最后，他毅然决定与女友重续旧缘。

后来，两人终于喜结连理，婚后家庭美满幸福，这位朋友既得了位贤内助，事业又令人羡慕。

处世哲理033

人活着，就该每天“浪费”一点时间

如果我们每个人都能够善于利用零碎的时间，提炼自己的思想，提升心灵的悟达，则不但个人能拥有积极进取的人生，整个社会也能臻于幸福美满的境地。

——星云大师

上学的时候，老师都教育我们说要利用好自己的时间，不要浪费时间做一些没用的事情。走上社会以后，老板都批评我们说，要想过上好日子，就不要浪费时间做没用的事情。难道想生活得快乐和幸福就要不停地努力做一些正经的事情吗？

每天，其实我们都无意间浪费了许多时间。例如，用于锻炼身体的时间，用于喝茶的时间，用于看报纸的时间，用于闲聊的时间，还有晚饭散步的时间等等。

有人算了一笔账，一个人如果利用很多时间锻炼身体，能多活10年，可每天花在锻炼身体上的时间太多了，除去8小时睡眠，一生中四分之一的时间在锻炼，却只多活10年，而且是老朽不堪的10年，这岂不是很不划算？

这位朋友的算法可能很多人都赞同。早上醒了以后不赖在床上，晚饭后的散步取消，这就省下了一个小时，这一个小时多干点儿活儿，就能多挣点钱。但是我们活着为了什么呢？为的就是多赚钱吗？赚那么多钱又是为了什么呢？如果你想通一点，你应该知道，赚钱的目的是为了更舒服地生活。而赖床和散步的时间貌似在浪费时间，其实我们是在享受生活。如果人活一辈子，没有浪费一点时间，很有可能他创造了很多价值，但可以确定的是，他活得并不舒服。“正确地浪费剩下的时间”没有什么不对。

8小时睡眠、8小时工作，一天中总有4小时无所事事，有些人用各种办法打发这8小时：读武侠小说、听流行歌曲、发呆，不管是怎么样一种方式，其实都是在“正确地浪费时间”，如果浪费了这8小时的时间，你变得更快乐了，更健康了，更幸福了，那你就不是在浪费，不是吗？因为这8小时同样创造了价值——让你享受了人生。

如今这年代，不产生价值的时间被认为是损耗掉的，或者说是消费掉的，浪费时间可能是最奢侈的浪费。

有篇法国小说写道，“我在唱机盒里投下20法郎，点那支在戛纳听过的乐曲，平添5分钟的忧郁”，这句话真是能打动我，花钱去浪费5分钟时间，还是为增添忧郁，那真是奢侈。

还有一段顺口溜儿说法国人的生活是“春天工作，夏天度假，秋天罢工，冬天过圣诞”，看来法国人才是浪费时间的高手。

要是纯粹用经济眼光去衡量，一个人只睡4个小时，剩下的时间都在工作，在创造价值，这才划算，那直接让自己变成一部机器算了，为什么还要做人呢？作为一个活生生的人，一天中有几个小时的时间能被挥霍掉，那才算比较幸福。

处世哲理034

一着出错，不意味着满盘皆输

吾人的生活得失之间要保持平静的心：得，不必过分喜悦；失，也不要过分悲伤，得失之后还有未来。

——**星云大师**

生活中，过来人常告诉我们做事要谨慎，因为很多时候都是“一着出错，满盘皆输”。

我们说，说这句话的人大多为善良之人，本意无非在于教人要处处善思慎行，只是听得多了，加上无数回亲眼瞧见这些告诫者脸上总悬挂着那份意在叫人深信不疑的威严，反倒令人无端起些疑心。难道犯了一次的错误，真的必须“下地狱”吗？

假若真是这样，人生似乎也未免太暗淡了。有几个人会整盘棋一着不错？又有哪位成功人士敢拍着胸膛说自己过去、现在、将来都确保不出错？以如此标准来衡定，岂不人人皆输而没有赢家了？！

虽然对于下棋来说，子落生根是一种游戏规则。但是，你下的这一着棋也许让你呈现劣势，但你可以瞄准下一着棋，还有扭转劣势的希望。各位也许还记得，有一年国际邀请赛，在决胜局，谢军由于粗心大意丢失了一块地，顿时形势险峻，最后结果呢？谢军赢了。

如果把“一着出错，满盘皆输”这句话用在人生的比喻上，那更不能如此了。人生迈错了一步，确实是不能往回走一步、不能重来的，但未必就是迈错一步就没有了希望，记住，你还有下一步呢！

弗郎西斯·奇切斯特以驾驶帆船周游世界而闻名世界。但是你知道吗？弗郎西斯·奇切斯特出发时年纪已经64岁；他从军队退伍回来长时间失业、酗酒、打架成性。由于患有心脏病而长时间无法上班工作，后来和人合作开了一家麦子加工作坊，却因经营不善而破产，身体的打击加上事业上的不如意，使他灰心丧气，便终日以酒度日，30多岁时还因参加打架斗殴而进公安局。一直到了50岁，弗郎西斯·奇切斯特才步入正轨，生活渐渐好转起来，但并没有十分发达。经过长时间的思想斗争之后，他做了个惊人的决定：他要驾驶飞机周游世界。此时他58岁，但由于经济等原因弗郎西斯被迫放弃了。

62岁那年，弗郎西斯·奇切斯特心脏病发作，经抢救活了下来，从医院出来后，他不顾医生的警告和家人、朋友的衷心劝告，决定驾船周游世界，实现自己一辈子的梦想。经过两年的准备，他出发了。他驾着那艘小帆船下海了！来看看他的描写吧！

“马上就要到好望角了，这里是海洋最狂暴的地方。几米高的海浪把小帆船拍得无法控制，从浪尖到浪底，感觉真是美妙极了，桌子被掀翻了，酒瓶被打碎了，桅杆被折断了，世界末日已经来临！我喝了口酒，安然地睡去了。一觉醒来，海水已经平静，我没有死！”

“快要看到悉尼港了。成千上万的人在欢呼，在挥手。亲朋好友们纷纷祝贺我。他们劝我别再下海了，可我还没完成自己的使命呢！”

经过228天的航行，当弗郎西斯·奇切斯特绕行世界一周后返回英国，伊利莎白女王二世亲自接见他，并授予他皇家一级勋章！

弗郎西斯走错了几步？他半辈子都走错了，可他创下人类历史上的奇迹。回首走错一步算什么？路还很长呢！人的一辈子就是体验的过程，不是为了一个结果。

处世哲理035
得意时无需“忘形”

有些人常常会自我膨胀，觉得自己很伟大；有的人则自我怨恨，感慨时运不济，因而怨天尤人，甚至内怨眷属、外怨亲友不帮自己的忙。不管是自我膨胀，或是自怨自艾、自哀自怜，都不是一个健全而成熟的人，都很难留给别人良好的形象。

——星云大师

隐峰禅师从马祖禅师三年，自以为得道高深，于是有些洋洋得意起来。他备好行装，挺起胸脯，辞别马祖，准备到石头禅师处一试禅道。

马祖禅师看出隐峰有些心浮气傲，决定让他碰一回钉子，从失败中获得经验。临行前特意提醒他：“小心啊，石头路滑。”这话一语双关：一是说山高路滑，小心石头绊了栽跟头；实际却是说那石头禅师机锋了得，弄不好就会碰壁。

隐峰却不以为然，扬手而去。他一路兴高采烈，并未栽什么跟头，不禁更加得意了。一到石头禅师处，隐峰就绕着法座走了一圈，并且得意地问道：“你的宗旨是什么？”石头连看都不看他一眼，而是两眼朝上回答道：“苍天！苍天！”（禅师们经常用苍天来表示自性的虚空。）隐峰无话可对，他知道“石头”的厉害了，这才想起来马祖说过的话，于是重新回到马祖处。

马祖听了事情的始末，告诉隐峰：“你再去问，等他再说‘苍天’，你就‘嘘嘘’两声。”你石头用“苍天”来代表虚空，到底还有文字，可这“嘘——嘘”两声，不沾文字！真是妙哉！隐峰仿佛得了个法宝，欣然上路。

他这次满怀信心，以为天衣无缝了，他还是同样的动作，问了同样的问题，岂料石头却先朝他“嘘嘘”两声，这让他措手不及。他呆在那里，不得其解。怎么自己还没嘘出声，就被噎了回来！

这次他没有了当初的傲慢，丧气而归。他毕恭毕敬地站在马祖面前，听从教诲。马祖点着他的脑门：“我早就对你说过：‘石头路滑’嘛！”

“谦虚使人进步，骄傲使人落后”，这是再简单不过的道理。人外有人，天外有天。做事应当谦虚认真，不要满足于现状；学习要深入细致，不能心浮气躁。

取得了成绩，难免要得意一下，这实属正常。但得意时千万要放下你的“忘形”，否则，那将成为阻碍你继续前进的绊脚石。

这里的“忘形”就是得意后的喜形于色，骄傲自满。人生在世，有时候是不可得意忘形、喜形于色的，那只会让你像一只蝴蝶，在展露漂亮的翅膀的时候受到无谓的伤害。

我的一个朋友阿娇大学毕业后到一家公司工作，她是以当时公司的最高学历进入这家贸易公司的。上班开始没多久，她便以雷厉风行的作风在公司出了名。

她的能干是无可挑剔的，可惜的是，阿娇很快就骄傲起来，她开始变得不可一世，有时候领导把一些工作交给她，她就觉得这些工作没有挑战，她根本看不上眼，就借故推掉。后来领导就慢慢开始冷淡她了，同事也开始在背后说三道四表示不满。后来她终于觉得难以再坚持下去，就辞职了。

让我们审视一下阿娇的这段工作经历，不是她不能干，也不是她不可以在获得成就以后高兴，错就错在她的高兴得过了头，有了一点成绩就忘乎所以了。

我们在生活中都能遇到类似的情况，许多人在工作、学习、生活中取得了一点点成绩，就认为可以松松心了。可是，他们没有看到，社会的环境在不断的变化，人们的心态也在不断的跟着转变。虽然在刚开始的时候，一切都觉得很新鲜，但总有一天成绩也会褪色，甚至会变得毫无价值。

许多事情，在初始的时候总是新奇而富有创造性的，但只一会儿的工夫，就变得又老又旧。年轻人总认为中年以上的人是古板的。相反，年长的人总是认为现代的年轻人是多么的无知。

任何人对于自己所想要做的事情，在达到目的之前都会花很多的时间做种种的努力，但是有很多人往往在取得初步成就后，就欢天喜地，不知道东南西北了。像这种人就会阻碍自己前进的步伐，甚至压抑其他人的成长。因此，眼前的小小成就只可以让你小小的高兴一下，切不可因此而得意忘形，忘记了你的最终目标是什么，甚至忘记了你自己是谁。

你的“进”使你“得意”，这时候就要适可而止，不能再顺杆往上爬了，再“进”的结果有可能让你碰壁，或是掉下来摔得也会很惨。得意时候的“退”是一种智谋，是“愚痴”的聪明人。

明星赵薇就是这样一个得意但不忘形的聪明人。她凭借着一部《还珠格格》红遍大江南北，曾经连续几年都是中国大陆富人排行榜里的前十名。但是她没有像有些明星那样，因为大红大紫而得意忘形，去继续拍很多同一性格角色的戏，而是很低调地去电影学院进修硕士学位去了。她十分清楚自己想要的是什么，因此她没有在鲜花、掌声、名誉和金钱中迷失自己。而是能够在最高处退下来，寻求内心世界的梦想，追求更高的发展。

现在，经过两年的进修，我们再看赵薇的戏，总会觉得她的演技比从前长进了很多，更重要的是，她多了一份在浮华中难得的淡定和从容。

生活中，值得我们得意的事情真的很多，人们都难以掩饰自己的喜悦之情，都想在这得意中更加得意，让所有人都知道我们的得意。但是，适时收敛吧，让自己学会在高潮中退场。得意在心里，别人都看得出来，再表现出来，只会让人生厌。当你忘形不知所以时，你的路已经迷失了，你却还被得意蒙在鼓里。

处世哲理036
不盲从才能活出独一无二的自己

孟子所谓“尽信书则不如无书”，就是要人们不要盲从。不盲从才有智慧，不盲从才能创新，不盲从才能站稳自己的立场，不盲从才能不同流合污，不盲从才能活出独一无二的自己。

——星云大师

从前有一个人出门，带了一些李子路上吃。他一路走一路津津有味地嚼着李子，吃完的李子核顺手扔进了一棵桑树的树洞里，并用土埋起来。

那李子核在雨水的滋润及树上栖息鸟儿拉的粪便的作用下，时间长了，竟长成了一棵李树。有人见到桑树里长出了李树，觉得很神奇。

有个害眼病的人认为这棵李树是一棵神树，向它许愿说：“李树啊，您如果能保佑我的眼疾消除，我就献给您一头小猪。”他一说完，就觉得眼睛疼得没那么厉害了。过了几天，他的眼睛竟慢慢变好了。他高兴极了，逢人就说那棵李树治好了他的眼睛。

就这样，“神树”的事一传十、十传百，很快远近的人就都知道了，而且越传越神：“那棵李树可以医好百病呢……”人们都带着祭品慕名而来，祭拜这棵“神树”，希望它保佑自己。

后来，当年那个扔李子核的人又经过这里，听说了“神树”的事，就到树边去看个究竟。这一看不要紧，他不禁哑然失笑：“这棵树是我几年前种下的呀，有什么神奇的呢？”

种树人一语中的，“神树”不神，不过是大家捧出来的罢了。我们遇到非同一般的现象，不要盲从轻信，要以冷静的头脑仔细分析推测，做出科学的解释。

每个人都有一条属于自己的路，这条路不在别处，一是在你的心里，其次是在你的脚下。有的人已经走了大半程，却很少有一天能走得快乐，走的舒心。如果他肯回过头来看一看，他就会恍然发现，原来他走了这么久，走的却不是自己的路。他的路不知在什么时候被他丢弃了。

很小的时候，我们就学会了在心里规划自己的蓝图，这蓝图上画好了我们要走的每一个方向和步骤。在曾经年轻气盛的日子里，我们为了心中的梦想走南闯北、矢志不渝。可是随着社会阅历的增加，面对着诸多的诱惑，我们也学会了人云亦云，学会了哪里人多就往哪里走，不知不觉早已把自己曾经的梦想抛在了脑后。

理想的状态是，每个人的脚下之路和内心之路应该是吻合的。每个人都应该有一条只属于自己的人生之路，无论是成功的方法，还是生活的方式。在这条路上，你会得到你内心想得到的最重要的东西。而如果走错了路，走在了别人的路上，则会像穿了一双不合脚的鞋子，也许会很好看，却不会很舒服。

在不知不觉中走上了别人的路，有时候可以说是一种幸运，而大多数时候却是一种悲哀。

在事业上，有的人本来内心是崇尚平静的生活的，可是在看到别人都下海经商赚了大钱后，他放弃了自己最钟爱的教师职业也投入商海。几年后，他暴富了，可是他并不快乐。因为作为一个商人，他每天要做的都是跟商界的人打交道，勾心斗角，毫无一点宁静可言。其实，他在走的本不是他自己的路，这条路上虽然有大把的鲜花和金钱，却没有满足他内心的需要和渴求。他就这样在诱惑下，走上了一条心灵的不归路。

这和娶了一个漂亮的却不爱自己的女人有什么区别呢？在婚姻里，虽然外人看着好看，但自己的内心却是空虚的。这样的生活并不因为一个美女而变得美好。

在友情里，很多人都愿意和一个有良好声誉的人交往，尽管在他心里他们根本就没有友谊可言，他想要的不过是让所有的人知道，他也能和一个名人做朋友。即使那样并不能让自己成为别人眼里的名人。

其实，只要细心地观察一下周围，你就会发现，很多人都在走一条不属于他自己的路，表面上看起来他们很快乐，可是在梦里，他们是那么渴求一个真正的心灵依靠，那么想走在自己心里的那条路上。

人们来到这个世界上要走的都是一条单线程，没有后悔药可买，更没有原路再走一次的机会。既然这样，为什么不遵照自己内心的需求来活呢？为什么不按照你心里真正想有的方式来活呢？

去看看那些真正生活得幸福的人吧，李小龙就是其中一个。他上学的时候学习成绩很不错，完全可以考上一个好大学而成为一个学者；他还是全国恰恰舞冠军，完全可以做一个舞蹈家；他爸爸是个非常有名的京剧名角，他完全可以继承他爸爸的祖业也当一个名角。可是他没有选择这中间任何一条与他理想相违背的路。他成功了，他在一条真正属于自己的功夫之路上，开心幸福地拼搏着，享受着。

而生活中总有这样一些人，他们干着自己并不喜欢的工作，在工作里苦挨着，忍受着。在他们眼里这是没有办法的事情，这是无法改变和解决的。但是，有没有想过，与其在一份不喜欢的工作岗位上苦苦熬着，干不出一点出彩的成绩，还不如去从事一份你喜欢的工作。也许你会为自己的喜好而脸红。但有一点：世界上没有一份工作是可耻的、低级的，只要是凭自己的能力来赚钱。在你喜欢的领域里你才能发挥你的潜质，做出可喜的成绩。这时候你得到的可不光是副产品——金钱地位等，你还得到了一个更重要的东西，那就是你每天都在快乐着，你每天都在享受着。这远比一辈子痛苦到死才享乐有意义得多。

当你走在人生的路上，请不时地回过头来看一看，反省反省，看看你是否偏离了自己人生的轨迹，是否还走在自己的路上。无论怎样，都不要舍弃你自己的人生之路。那是你幸福快乐的根。

第四章

由刹那因缘觉悟生命的得失盈亏

——用佛家的思想启迪生命

佛家说人之所以痛苦，在于追求错误的东西。你有着什么样的思想观念，这决定着你的一生，你是个有为的人还是无为的人，正确的思想很重要，它犹如黑夜中的指路灯，时刻为你指引着生活的方向。时刻谨记：自处超然，处人蔼然；无事澄然，有事坦然；得意淡然，失意泰然。

观天地生物气象，学圣贤克己功夫。宜静默，宜从容，宜谨严，宜俭约。

处世哲理037
竞争的过程比结果更重要

俗话说："胜败乃兵家常事。"现在体育竞赛也必有胜败，所谓"胜不骄，败不馁"，胜败还是要以平常心来看待才好。

——星云大师

从前，在山中的一个古庙里，有一个小和尚被要求去买食用油。在离开前，庙里的厨师交给他一个大碗，并严厉的警告："你一定要小心，我们最近得到的布施不是很多，你绝对不可以把油洒出来。"

小和尚答应后就下山到了城里，买完油在上山回古庙的的路上，他想到了厨师长严厉的告诫，愈想愈害怕。小和尚小心翼翼地端着装满油的大碗，一步一步走在山路上，丝毫不敢左顾右盼。

很不幸的是，他在快到厨房门口时，由于没有看到前面的石头，结果被绊住，虽然没有摔倒，但是油却撒了一半。厨师拿到装油的碗时，当然非常生气，他指着小和尚大声斥责："你真没用，我不是说了要小心的吗？为什么还是浪费了这么多油，真是气死我了！"

小和尚听了很难过，开始掉眼泪。一位老和尚听到了，就跑来问是怎么回事，了解了事情的经过之后，他就去安抚厨师的情绪，并私下对小和尚说："我再派你去买一次油，这次我要你在回来的路途中，多观察你看到的人和事物，并且回来给我报告。"

小和尚想要推卸这个任务，强调自己油碗都端不好，根本不可能在端油碗的同时再去观察周围的任何事物。不过在老和尚的坚持下，他还是勉强上路了。在回来的途中，小和尚发现其实山路上的风景很美，便开始慢慢欣赏起周围的风景，不知不觉地到了古庙，当小和尚把油交给老和尚时，发现碗里的油，装的满满的，一点儿都没有浪费。

过程比结果更重要，但是有很多人总是急于求成，追求结果，而忽略了享受过程的快乐，过程是结果的必经阶段，没有对过程的全心体会，又怎能获得想要的结果呢？

一位心理学教授曾作过一次“赢瘾患者”的演讲。他说，在那些嗜赢如命、非常喜欢和别人竞争的人眼中，第三名与最后一名没有任何差别。他们的哲学是：赢得胜利就等于一切，世界上只有两类人——胜利者和失败者。

“赢瘾患者”通常在赢得胜利之后，无法回到自己的位子上去，享受自己的成就，因为他们此时正窥视着更远处的东西，他们脑中还在想着下一个胜利。

赢瘾者的人生观，不仅破坏了别人对他的信任，还会阻碍团队解决问题，试想由这种处处与人争，处处想高人一筹，处处想驾驭别人的人所组成的团队，能够和平共处吗？这种团队连制衡的因素都不具备，又怎么解决问题呢？太喜欢和别人竞争的人，会让人越来越敬而远之。

当你熟练地掌握了一项技能，或发现可以把某些事情做得非常好的时候，这种感觉确实很好。如果你要提高某项技能，或许你会喜欢和人竞争，如果不做得太过火，那么这样做确实有助于你的能力的提高，有助于提高效率。但这种激励要控制在一个合理的范围内，太过火了，把自己的喜悦建立在别人的痛苦之上，你就无法获得安宁和祥和。恒久的幸福，很少是从谋取极大的成就和征服中得到的，相反，你只能从中得到无限膨胀的欲望和越来越大的野心的折磨。

当你为了获得第一名而和别人争斗不已甚至不择手段时，请你仔细想想这样做到底有什么意义？就长远而言，为了争取成功，不择手段而伤害别人，让别人失败，难道是明智之举吗？这样做对你有益吗？你会为此而开心吗？其实大多数时候，你费尽心机抢来的东西根本就不适合你，或者你根本就不需要，而它可能是别人的至宝，那你抢来又扔掉，不如不抢而让别人拥有呢！

为了使我们都能获得最适宜的心灵上的安宁与幸福，我们必须向弥漫于社会的输赢观念宣战，我们也必须打败我们心中的嫉妒和欲望，而以互相合作的观念来取代。只有互相合作才能发挥人生最大的价值。

如果你也是个赢瘾患者，你需要不断地对自己说：

“击倒别人也无法获得你所需要的真诚和爱。”

“想赢的需求，通常是出于不安和压制别人的欲望。”

“赢了不能说明伟大和高尚，只能证明你的野心和欲望。”

“宽容、慷慨、亲切和信赖才能经得起考验，它们能使我们获得别人的钟爱，而不是嫉妒和怨恨。”

“互相合作远比竞争来得好。”

“和别人一起做事、为别人做事，通常比为了获得成就而暗中打击别人更能使自己得到进步和提高。”

处世哲理038

迷中不执着，悟中有受用

人在迷惑的时候，往往会有许多心结打不开，这通常都是因为自己钻牛角尖，固执己见，听不进别人的逆耳忠言所致。所以当我们遭遇不顺、陷入烦恼的时候，无论迷惑、愚痴或邪见，只要不执着，就有办法化解。所谓“穷则变，变则通”，能够不断寻求解决之道，就会有所觉悟，有了觉悟就会有受用，此即“迷中不执着，悟中有受用。”

——星云大师

一个青年人背着一个大包裹千里迢迢来找无际大师。他说：“大师，我是那样的孤独痛苦和寂寞，长期的跋涉使我疲倦到极点；我的鞋子破了，荆棘割破了双脚；手也受伤了，流血不止；嗓子因长久的呼喊而喑哑……为什么我还不能找到心中的阳光？”

大师问：“你的大包裹里装的是什么？”青年说：“他对我可重要了。里面是我每一次跌倒时的痛苦，每一次受伤时的哭泣，每一次孤独时的烦恼……靠了它我才能走到您这儿来。”

无际大师带这个青年来到河边，他们坐船过了河。上岸后，大师说："你扛了船赶路吧！""什么，扛了船赶路？"青年很惊讶，"他那么沉我扛得动吗？""是的，孩子你扛不动它。"大师微微一笑，说："过河时，船是有用的，但过了河，我们就要放下船赶路。否则，它就会变成我们的包袱。痛苦、孤独、寂寞和眼泪，这些对人生都是有用的，它使生命得到升华，但须臾不忘，就成了人生的包袱。放下它吧！孩子，生命不能负重太多。"

青年人放下包袱，继续赶路，他发现自己的步子轻松而愉悦，比以前快得多。原来，生命是可以不必如此沉重的。

"执着"是好是坏，各有各的说法，星云大师说"择善固执，未尝不好；执非为是，执邪为正，那就不好了。"执着是要看对象的，如果你走的是一条绝路，那就赶快回头是岸，不要再执着下去，正是因为许多人一味盲目的执着而造成了诸多的悲剧。

一位身高不足170公分的小伙子，在他18岁的时候深深地迷上了篮球运动，为此他立志要做一名职业篮球运动员。他几乎每天都泡在篮球场上，平时看的、谈的、干的几乎都与篮球有关。经过两年的苦练，他成了学校篮球队队员，然而在报考专业队时却被淘汰了下来，就因为他个子太矮，主考人为此劝他不要再做篮球梦了。个子矮这个无法克服的障碍，给了他巨大的打击，在很长一段时间里，他夜不能寐，茶饭不香，他为无法实现自己的梦想而产生了自卑心理。从此以后，他无法容忍别人说自己个子矮，见了比他高的同学也不由自主地生出一种嫉妒……

"忽视自身缺陷和不足的人，常常要受到这种缺陷的惩罚。"这位篮球迷后来成为了影坛巨子，他就是张艺谋。在十年后他回想起这段经历时，由衷地说出了开头那句话。是的，遭受创伤的人，常常是由于"扬短避长"而造成的。

在生活中，这种为实现不切实际的目标而盲目坚持的人确有不少。他们被成功所迷惑，认为"只要付出努力，就会有回报"。他们在锲而不舍追求目标之前，根本就没有考虑自己的缺陷，最终的结果只有失败了。张艺谋的经历告诉我们：当一个人生理上或心理上有缺陷时，我们就要学会选择，懂得放弃，不要去扬短避长，要找出自己的优点，不能只顾着"锲而不舍"、"坚持就是胜利"，还要考虑坚持的是否正确，否则只会失败、遭遇挫折困境。

一个人的失败常常发生在对自我无知的时候，因为对自己没有一个客观评价，就不会发现自己身上的真正优势和缺陷，也就无法做到扬长避短，那么挫折及挫折所带来的烦恼、沮丧和绝望也就紧随而至。这样的人，不管怎样努力，即使是卧薪尝胆，也不可能取得成功。

中国有一句谚语:“没有金刚钻，不揽瓷器活。”尽管“三百六十行，行行出状元”，但是一个人行行都得心应手是不可能的。人的能力是有限的。就体育比赛而言，你可能成为一名游泳健将，却可能无法成为足球的最佳射手；就写作而言，你可能写得出漂亮的新闻稿，却无法完成长篇小说的创作。当然这并不是说人的能力是静止不变的。当你还没有足够的力量去完成长篇小说创作的时候却硬要去拼，去钻这理想化的死胡同，就可能带来心理上的压力，就会遇到挫折，最终就会在自我烦恼中自暴自弃。

所以，我们说客观评价自己很重要，盲目锲而不舍不可取。

不要再为不可能做到的事而孜孜不倦，不要为无意义的事去“抛头颅，洒热血”，不要再在绝路上坚持到底！

适时放弃是一种睿智。人的精力是有限的，任何人不可能在各个领域内都获得成功，也许在你放弃的同时，成功的彼岸已清晰地映在了你的眼前。

处世哲理039
你早晚会相信，金钱不是最重要的

有句话说:“万贯家财不如一技随身。”有的时候技能重于财富，如果我们不但有学问，更拥有慈悲、人格、道德，那就远胜于财富了。我们要了解，财富、金钱有时用处不当，反而会招惹出麻烦，因此不如有道德反而能带给我们安全。

——**星云大师**

明朝朱元璋建国后，赐给五台山碧山寺方丈金碧峰禅师一个玉钵，很珍贵，禅师非常喜欢。

金碧峰禅师自从证悟以后，能够放下对其他诸缘的贪爱，唯独对这个吃饭用的玉钵爱不释手，每次要入定之前，一定要先仔细地把玉钵收好，然后才安心地进入禅定的境界。

有一次，阎罗王因为他的世寿已终，应该把业报还清，便差几个小鬼来捉拿禅师。但金碧峰预知时至，想和阎罗王开个玩笑，就进入甚深禅定的境界里，心想，看你阎罗王有什么办法。几个小鬼左等右等，等了一天又一天，都捉拿不到金碧峰；眼看没有办法向阎罗王交差，就去请教土地公，请他帮忙想个计谋，使金碧峰禅师出定。

土地公想想，说道:“这位金碧峰禅师最喜欢他的玉钵，假如你们能够想办法拿到他的玉钵，他心里挂念，就会出定了。”小鬼们一听，就赶快找到禅师的玉钵，拼命地摇动它；禅师一听到他的玉钵被摇得砰砰地响，心一急，赶快出定来抢救，小鬼见他出定，就拍手笑道:“好啦！现在请你跟我们去见阎罗王吧！”

金碧峰禅师一听，了知一时的贪爱几乎毁了他千古慧命，立刻把玉钵打碎，再次入定，并且留下一首偈曰:

“若人欲拿金碧峰，除非铁链锁虚空；

虚空若能锁得住，再来拿我金碧峰。”

故事中的玉钵就好像金钱，他总是在无形之中牵绊着我们，你应该明白一个道理，金钱永远不是最重要的，在这个世界上还有很多值得我们关注的东西，不要把钱摆在第一位，因为这样并不能给你带来任何利益，反而会徒增许多的烦恼，我们应该抱着淡泊名利的心态来对待世间万物。

美国《时代》周刊创始人亨利·鲁斯有句名言：“赚钱引以为荣，赚更多的钱更加引以为荣。”这已经成了许多梦想发财的人的座右铭。

有了钱，确实可以得到许多物质上的满足，也可以给空虚的精神注入一针兴奋剂。有报道说，中国的成功者，如富豪、社会名流已经不再满足于在国内上演“富有秀”了，早就与国际接上轨，他们经常在国际舞台上大长中国人的“脸面”。他们要奥斯卡奖、超级名模、名人的称号，上福布斯排行榜。无论是在美国拉斯维加斯的赌城还是在澳门特区，原先出手阔绰的日本产业大鳄早已不算什么，取而代之的是一掷千金的中国富商及名人，中国超级富豪出手的阔绰及豪气让外国人大为折服。据说2004年北京亚运村汽车展，从国外进口了一辆价值888万元的名车，在京城一亮相，一天内竟有几十人预定，其他人咋舌还来不及就被人以高价买走了。

这就是有钱的好处，有了钱，你可以穿得富贵，可以吃一餐几十万元的黄金宴，可以坐洋车，甚至还可以更奢侈。有了钱，你敢于烧钞票、砸人头马。这样看起来，真是有钱就有了一切。

但有了钱，有了这“一切”之后，烦恼也就随之而来。“树大招风”、“权大势危”、“钱多招祸”。人一旦处于高位，危险与祸害就来了。而人有了钱，就常常会提心吊胆，出门怕人偷，在家怕人抢，放在柜底下怕老鼠给咬了，还得提防穷亲戚来借钱。

因此，可以说成功者有了名利、权势、财富，也就同时拥有了不安全感。这不安全有两方面的含义：一是担心自己的地位财产安全没有保障；二是担心自己及家人的人身安全没有保障。为此，现代的名人、权贵、富人需要雇佣保镖，需要保安，需要养狼狗，需要安牢固的防盗门窗，需要装监视器……总之，弄得草木皆兵，人心慌慌。

正如一位哲人所言：“钱里面有钱，但钱里面也有刀。”那么，我们也不妨这样说，无论是金钱、权势，还是地位、名利都是刀，那刀，就隐在金光之中，里面含着隐秘之血；那刀带着微笑，像一把透明的利器，它的两面刃像美女唇边的笑纹，它们向你招手，如同美国电影里的杀手一样，不断地向你挤眼睛。

2003年3月，香港一位名人坠楼自杀身亡。他生前是亿万星迷的偶像，身家数亿。据知情人说，这位名人的自杀原由是不可排遣的精神压抑痛苦所致。这位名人人前风光，身后是常人见不到的精神荒漠，他觉得自己活得不幸福，因此，他选择了逃避人生——自杀。常人的幸福、自由，非名人能体验。一般社会上的成功者大都生活在众人瞩目的视线中，比如即使名人自杀了，也会引起社会舆论的轰动。而一般人却远离众人视线。他们衣衫平凡，随坐随卧，他们可以捡一张撕半截的旧报纸读得津津有味。他们吃饭香，腮帮子鼓得溜圆。

金钱没错，错的是人，人可以创造财富也可以摧毁财富。“黄金最是非常物，丧尽天下儿女心”。当你为拥有太多的钱而压力重重祸端不断时，还不如选择一个普通人的生活。

处世哲理040

永远记住，出来混迟早要还的

一般人大多明知多行善事会得善报，多行恶事会得恶报，可是往往因为无明惑障而只见一时不见长久，容易被眼前情况蒙敝。看到善者穷困，恶者享福，就忿懑不平，以为天理隐晦，动摇了对因果的信心，甚至随俗浮沉，起作无明惑业；看到人家偷盗作恶而没有受到天理国法的制裁，就行险侥幸的也随之作恶，一次两次之后陷溺恶境难以自拔，到最后自食恶果悔之莫及，这才知道善恶应是必有必至的。

——**星云大师**

一个僧人惊慌失措地从树林中跑过来，刚好碰到两个非常要好的朋友在林边漫步。他们问僧人说："你这样惊慌失措是为了什么？"

僧人说："太可怕了，我在树林中挖出了一堆黄金！"

两个人心里暗暗地说："这个傻瓜！挖出了黄金，这么好的事他居然说太可怕了，真是天大的傻瓜！"于是他们问道："在哪里挖出来的？你告诉我们吧！"

僧人说："这么厉害的东西，你们不怕吗？它会吃人的！"

那两个人不以为然地说："我们不怕，你就告诉我们在什么地方能够找到它吧！"僧人说："就在树林最西边的那棵树下面。"两个朋友立刻找到那个地方，果然发现了那些金子。

一个人对另一个人说："那个僧人真是太愚蠢了，人人都渴望的黄金在他眼里居然成了吃人的东西！"另外一个人也随声附和地点头称是。

他们于是讨论怎么把这些黄金拿回去。其中一个说："白天把它拿回去不太安全，还是晚上拿回去好一些，我留在这里看着，你去拿些饭菜来，我们在这里吃完饭，然后等到天黑了再把黄金拿回去。”

另外一个人就照他说的去做了。留下的那个人心想：“要是这些黄金都归我该有多好呀！等他一回来，我就用木棒把他打死，这些黄金就全是我的了。”

回去拿饭的人也在想：“我回去先吃饱饭，然后给他的饭里下毒药，这些黄金就全是我的了。”

他刚一到那里，另一个人从背后狠狠地用木棒将他打死了，然后说道：“亲爱的朋友，是黄金逼迫我这样做的。”

然后他就拿起那个人送来的饭，狼吞虎咽地吃起来了，没过多久，他感觉肚子像火烧一样，他知道自己中毒了，临死的时候他说道：“僧人说的话真是太对了！”

都是贪念惹的祸，欲望把最亲密的朋友变成了敌人。在美丽的诱惑后面，往往是灾难。不要总是去算计别人，因为也许最终尝到恶果的就是自己，有句话叫：出来混，总是要还的。无论是对待名还是利，都是一样的。

君子爱财，取之有道。

所谓君子，即古时的“士大夫”，知书达理有德行之人也。作为凡夫俗子，他们对于金钱的爱好也不例外，但是君子爱财，取之有道也必定是遵纪守法、符合原则和德行的。

人，追求金钱没有错，财是养命之源，为了生存，我们谁也离不开它。不过君子爱财，取之有道。这里的道是指正道，而很多人却总把这里的“道”想成歪门邪道。如果你选择了正道，努力拼搏，遵纪守法，虽事倍功半，只能发发小财，不过日子却可过得心安理得。如果你选择走歪门邪道，以身试法，钻法律空子，在短时间之内可能横财冲天，但最终的结果是法网恢恢，疏而不漏，难逃法律的制裁，落得个悲惨的下场。下面我们看一则走歪道发横财受法律制裁的故事。

2003年9月，福建某地的张文镇和张青山从老家以每个15元至30元不等的价格，花6000多元购进了大量形状各异的塑金工艺品拿到杭州去卖。看到这些小工艺品做工精美，惟妙惟肖，俩人便起了贪念。

2003年11月11日，张文镇打电话对房地产公司身居高位的刘总说有好多挖土方挖出来的古董，正找买主收买。

刘总平时对古董有一种偏好，这次有人主动打电话上门，当然不想错过。一见面，张青山与张文镇便绘声绘色地描述着挖土方挖出的巨大“财富”:“这个古墓中，好像一个博物馆，什么瓷器啦、宝剑啦、古画啦，应有尽有。棺材旁边有四个箱子，里面装了弥勒佛、小狮子、金元宝，全是真金的！”说完后拿出一个小金佛。

张青山用钳子将小金佛熟练地夹到了地上，用菜刀在小金佛屁股上切下一个小三角。

“不能切！”一旁的刘总看了直心疼。

“没关系，切下来您好拿去鉴定，我们大家都是生意人，讲的就是诚信。”其实，张青山和张文镇早已趁着刘总怜“金”惜玉时，将切下的假金与真金进行了调包。刘总拿走去鉴定的那一小片其实已是真金。

果然不出所料，刘总为了买到便宜货，主动打电话求见。天上掉下天大的馅饼，刘总早已冲昏了头脑，他决定放手一搏。毕竟每克只需花25元啊！见面后，刘总开门见山:“我要把你们这些东西全买下来。”

……

11月22日下午四点，张青山、张文镇坐着出租车到了位于沪青平公路上的交易地点。刘总递上了12大叠人民币，张青山、张文镇则卸下三大箱的“金狮”、“金佛”和“金元宝”。112万元的巨款骗到手了，两人当夜便花天酒地，肆意挥霍，花去了1万元，接着又还债、赌博……

为了进一步行骗，他们故伎重演。2003年12月9日，张青山和张文镇在莘庄西环三村一民居内，欲以每千克3万元的价格向夏老板推销假黄金制品时，被接报、布控的公安人员当场人赃俱获。

2004年4月15日，他们被上海市闵行区人民法院以诈骗罪各判处有期徒刑12年，剥夺政治权利两年，并处罚金10万元。

追逐财富，期盼发家，这是人之常情。在一个成熟的商业社会里，个人对创造积累财富的努力，也是有益于社会发展进步的。即便在儒家传统占统治地位的中国古代，老祖宗也肯定“爱财”的一样可称“君子”。不过，君子爱财，取之有道，但这个道指的是正道，而不是触律犯科求横财。

当然，说起来轻松，要自始至终遵守这个原则却并不简单。面对财富的诱惑，有些人定力不足，便利欲熏心，进而不择手段。我们看到社会上的一些害群之马犯下抢劫、盗窃等罪行，还有不少人为了赚钱，不惜放弃人格，也视国格于不顾，无所不用其极，这些都是“取之无道”的表现。

处世哲理041

别怕难堪，拿自己开涮是智者

成熟，表现在嘲笑的火候上。首先是丰富的自嘲，愈能拿自己开涮，愈具圆融的智慧。到了这个岁数，生命的局限、自己的窝囊、无聊、丑陋，几乎摸清，于是得以把“自我”放到

——星云大师

一日，苏东坡与好友佛印禅师一起坐禅。

苏东坡问佛印：“大师，你看我的样子如何？”

佛印说：“在我眼中，居士像尊佛。”

接着佛印问苏东坡：“居士，你看我的样子又如何？”

苏东坡揶揄地说：“像堆牛粪。”

佛印听了，并不动气，只是置之一笑。说：“居士所言极是。”

苏东坡回家后，得意地把这事告诉他妹妹苏小妹，苏小妹听完说：“哥哥，你输的好惨啊。一个人心里有佛，他看别的东西都是佛。一个人心里装着牛粪，什么东西在他眼中都是牛粪。”

人的内心决定人的视野和行为，什么样的人看到什么样的世界，所以能够勇于拿自己开涮的人是智者，这样的人看起来也许普普通通，可是却是最有所作为的。心中装着牛粪的人，看到的只有肮脏，看任何人都不顺眼，就会不开心；只有心中充满阳

光，勇于拿自己开涮，照亮自己也照亮别人，生活才会快乐。

在生活中，我们总是扮演着很多个角色，因此我们很有可能要去应付不合理的要求、令人不快的行为或者闹得不像话的场面。有时候为了化解困境，没有任何合适的方式，只有依靠幽默的力量，不幽别人的默，有时候也要拿自己开刀，幽自己一默，这是做人的豁达心境。

一个作家就曾拿自己开涮而摆脱了一个窘境。他在他的一本书中，写到了美容大王卢宾丝坦女士。后来在一次他自己举行的新书签售会中，一个读者不断地批评他，说他不应该写这种女人，因为她的祖先烧死了圣女贞德。其他读者都觉得很窘，几度想改变话题，但是都没有成功。谈话越来越令人受不了，最后作家自己说："好吧，那件事总得有个人来做，现在你差不多也要把我烧死。"这句话马上使他从窘境中脱身出来，随后他又加上一句妙语："作家都是他的人物的奴隶，真是罪该万死！"

听了他的话，在场所有人都笑了，包括那个"找茬"的读者。大家都开始觉得那个人很无聊，却觉得这个作家很幽默很风趣，又很大度。

能做到这一点是很不容易的，因为人们往往喜欢把好笑的事情放到别人的身上，却很少有人愿意把笑话放在自己身上，那样做是很容易让自己受窘的。而事实上，只有那些敢笑自己的人才有权利开别人的玩笑。

有句话说得好："笑的金科玉律是，不论你想笑别人怎样，先笑你自己。"笑自己，拿自己开涮是一种幽默的高境界，也是一种做人的艺术。学会笑自己的观念、遭遇、缺点乃至失误，有时候还要笑一笑自己的狼狈处境。每一个迈进政界的人得有随时挨人"打"的心理准备，如果缺乏笑自己的反馈功能，那么他最好还是干自己的老本行去。

有人对一位公司董事长颇反感，他在一次公司职员聚会上，突然问董事长："先生，你刚才那么得意，是不是因为当了公司董事长？"

这位董事长立刻回答说："是的，我得意是因为我当了董事长。这样我就可以实现从前的梦想，亲一亲董事长夫人的芳容。"

董事长敏捷地接过对方取笑自己的目标，让它对准自己，于是他获得了一片笑声。连那位发难的人也忍不住笑了。

许多著名人物，特别是演员，都以拿自己开涮来达到双方圆满的沟通。他们利用一般认为并不好看的外貌特征来开自己的玩笑。如舒淇的“大嘴巴”。还有一位发胖的女演员，拿自己的体态开玩笑说：“我不敢穿上白色泳衣去海边游泳。我一去，飞过上空的空军一定会大为紧张，以为他们发现了新大陆。”

这样敢于拿自己开涮的人，不仅不会让大家嘲笑和鄙视，相反，人们往往没有理由地喜欢这样的人。如果今后别人拿我们开玩笑时，我们最好就是点头认同他们的观点，然后同他们一起哈哈大笑。或是有时候，我们就主动开自己的玩笑，笑自己的长相，或是笑自己做得不太漂亮的事情，这样你会在别人的眼里变得越来越有个性和吸引力，这也会慢慢变成人们喜欢你的理由。

如果你碰巧长得英俊或美丽，要感谢老天的赏赐。同时也不妨让人轻松一下，试着找找自己的缺点。如果你真的没有什么大缺点，就去虚构一个，缺点通常不难找到。只要你有一种敢于拿自己开涮的精神，那就没有什么窘事可以难倒你，大不了就笑一笑，没什么难为情的。

处世哲理042

你没那么重要，把自己当小丑才明智

有道的人，听到侮辱的话语，他丝毫不以为意，一点也不以为耻。因为他行得正，他知道自己的所作所为，所以不必计较外来的侮辱、毁谤。

——**星云大师**

守端禅师的师父是茶陵郁山主。

有一天茶陵郁山主骑驴子过桥，驴子的脚陷入桥的裂缝，禅师摔下驴背，忽然感悟，吟了一首诗：

我有神珠一颗，

久被巨劳羁锁。

今朝尘尽光生，

照见山河万朵。

守端很喜欢这首诗，牢牢地背下来。有一天，他去拜访方会禅师。方会问他："你的师父过桥时跌下驴背突然开悟，我听说他做了一首诗很奇妙，你记得吗?"

守端不假思索，完整地背诵出来。等他背完了，方会大笑一阵，就起身走了。

守端愕然，想不出什么原因。

第二天一大早，他就赶去见方会，问他为什么大笑。

方会问："你见到昨天那个为了驱邪演出的小丑了吗?"

"我见到了。"

方会说："你连他们的一点点都比不上呀。"

守端听了吓了一跳说："师父什么意思?"

方会说："他们喜欢人家笑，你却怕人家笑。"

守端听了，当场就开窍了。

如果你不能接受一次嘲笑，将会受到别人更多的挑剔和攻击。人生中如果你不能忍一时之痛，那么你的痛苦将是长久的。

小丑是这样一类人，他们在舞台上忘情地表演着自己的笨拙和可笑，也许他们并不开心，但是他们从来不怕别人笑，那不过是一份谋生的工作而已。但是这足以让台下的人笑得前仰后合。对于小丑来说，人们的嘲笑，或轻蔑，都有什么关系呢?别人的不理解并不会对自己的生活造成多大的影响，只要自己明白自己在做什么就是了。

但是，生活中就不一样了，谁不害怕自己成为别人眼里的小丑呢?所有的人都希望得到别人的理解和认同，而不是自己在那里自说自话的表演。如果没有人理解和欣赏那就太糟糕了，仿佛这个世界你一点都沾不上边，人们普遍的心理都是希望自己能成为生活中的主角。

但是，人生不是一场以某个人为中心而进行的演出或是电影，从实质上看生活中的每一个人都在独自表演，除了那些公众人物的行为会给别人造成一些影响，普通人都是在自说自话，没有人会十分关注你的想法和心理。这又跟台上的小丑有什么区别呢?我们每个人其实都是小丑，你必须接受这一点。要想做到这一点并不容易，但你要是遵循粗做人的原则，这一切就会变得清晰明朗，就会变得容易很多。

但是这个世界上有太多人不懂得粗做人，因此他们害怕自己成为小丑。

一个政法大学的女孩，毕业后她的同学都去做与律师有关的“体面”工作，可她却毅然从事了保险行业。在中国，保险业的名声并不好，很多人一听到保险，首先就会想到卖保险就是骗人的行当、人员流动性大不稳定、毫无技术含量可言……可女孩认为中国的保险业正在蓬勃发展的阶段，有很好的发展前景。

所有的人都反对她从事这一行，无论是她的父母还是亲戚朋友，还有她的同学都说她是在吃一碗没有什么发展的青春饭。面对别人的不理解和不支持她开始怀疑了，开始动摇了，开始有些气馁了。她觉得如果她继续坚持下去，只能成为别人眼里喜欢做白日梦的小丑。

其实这又何苦呢，你的人生之路只能是你一个人走下去，并不是别人能替代的，因此他们的话有那么重要吗?他们的支持和理解有那么重要吗?

就像一个人要和他爱的女人结婚，有必要因为别人都不喜欢这个女人就放弃结婚的念头吗?要知道，幸不幸福自己最清楚，是找一个跟自己过一辈子的人，而不是跟别人的评论过一辈子。因此何不做个“粗人”，不去在乎别人怎么看怎么想，就让自己做一回小丑吧。

身为一个凡人,我们何尝比得上一个小丑呢?很多时候我们都被困于别人给我们的评价之中。别人的语气、眼神、手势……都可能搅扰我们的心，消磨了我们往前迈进的勇气，甚至成天沉迷在白云式的愁烦中不得解脱，白白损失了做个自由快乐的人的权利。

我们知道，身边的芸芸众生，知心者无几。但我们相信别人所做的一切一定是快乐的。我们尽我们最大的心胸去容纳、宽容、忍耐他们不理解的一切。因为这样，在必要的时候也就接纳了、理解了自我。

人海茫茫，心各有属。每个人都有自己的生活方式。何必为那一份没有得到的理解而遗憾、而叹息、而无措呢!

不要刻意去寻找理解的答案。永远留住潇洒的人生，不也是一种辉煌么?

就当自己是一个“小丑”吧，没什么不好的。

处世哲理043

不怕被利用，就怕你没用

我们不必斤斤计较谁利用谁，因为世间一切事相都是互相缘起，而愿与众人一齐享有互相利用的成果，就能发挥利用的最高价值了。

——星云大师

自然界中，有一种动物叫绿虾，他的一生都是生活在扁鱼的嘴里，这听起来是一件非常危险的事。但令人惊奇的是，扁鱼绝不会把绿虾吞进肚里，因为绿虾会以自己的晃动来吸引其他小鱼为扁鱼充当食物。于是，绿虾成了扁鱼生活的一部分。扁鱼本能地知道，它不但不能吃掉绿虾，还要好好地保护绿虾，夜晚把绿虾含在嘴里，让它留宿。只是绿虾一旦老了，或是不能再为扁鱼引诱食物，扁鱼便会把它赶走，再换另一条年轻有用的绿虾。

其实它们的关系说白了，不过是在相互利用，这在自然界是一件很平常的事。不管是动物还是植物，一旦有一方没有了利用价值，便会被另一方抛弃。它们互相弃之的原则，就是有用还是没有用，简单得泾渭分明。

仔细想想，人类社会何尝不是如此呢？人与人的关系中很重要的部分就是互相利用。你的利用价值高，也许就是别人的知己；利用价值一般，那也就是普通朋友；如果一点利用价值都没有，那你什么都不是。

可见，被利用何尝不是一件好事呢？有人利用你，说明你是一个有用、有价值的人。

秦朝的李斯被秦王利用，才能做秦国的丞相；秦国人质子楚被吕布韦利用，才能称王，也使其子嬴政被后人称为秦始皇；司马迁被利用，才能写出那千古不朽的《史记》。还有《射雕英雄传》里的郭靖、《神雕侠侣》里的杨过、《倚天屠龙记》里的张无忌，哪一个不是被许多人、许多门派利用后方成大器的呢。可见，被别人利用不是坏事，反而是一件好事，没了这好事，有武的人就无用武之地了，且荒废了一身的好武艺不说，还埋没了志向，岂不要遭人笑话。

总之一句话：不怕被利用，就怕你没用！

人活在这世上，就是为了实现自我价值而存在的。若不被人利用，就永远也找不到自己的存在价值。只有在被人利用的平台上，学会磨砺自己，学会提升自己，学会为自己创造机会，才能学会生存之道，否则的话，就会被社会的游戏规则淘汰出局。

如果一个人有本事、有能力，即使被人利用，也会在被利用的困境中成就自己，走出属于自己的辉煌人生！

处世哲理044

自曝其“丑”不是害

世间一般人都希望我好你不好，只追求自己的快乐，置他人的痛苦于不顾。由于只知自扫门前雪，不管他人瓦上霜，所以纷争不断。如果我们能秉持另一种观念，你好他也好，让我来承担不好的，譬如我们经常在人前承认自己错误，并且改进自己的态度，凡事过错在我，那么那种纷争就能消弭于无形。

——星云大师

“家丑不可外扬”，自己身上的“丑”就更不能让人知道了，这是生活中很多人的想法。暴露缺点让人难以承受，是一种天大的愚蠢吗？

生活中的每一个人都是有缺点和不足的，因为人无完人。但是敢于把自己的缺点袒露于世的，却是少之又少，每个人都想在周围人的心里留下一个完美的好印象，都害怕某一天出现一个人，把自己的所有的“丑”都抖落给众人看，那绝对是一种致命伤。

其实，事情往往不像很多人想的那么严重，谁没有一点缺点呢。与其战战兢兢的过日子，倒不如糊涂一点做人，敢于把自己的“丑”让大家都看一看，这样反而能让别人都认为你也是一个凡人，也没有什么了不起的，这对你的个人生活和交际都是有好处的。

事实上，呈现自己的缺点有时候是一件好事，缺点并不是一个难看的疤痕，缺点也是一种有缺憾的美丽。

一个小和尚决定挑着两只木桶下山打水，但是这两只木桶一只是完好的，而一只却有缺陷——桶底漏水。那只有缺陷的木桶知道自己有问题，如果用它打水，走到山上肯定只能剩下一半水。但它不敢告诉小和尚，因为它怕小和尚把它扔掉。

后来它终于忍不住对小和尚说:“对不起，我是只没用的木桶，我的桶底漏水，你还是不要用我了，把我扔掉吧……”小和尚微笑着说:“没关系，你能告诉我你有缺陷就已经很不容易了。我有个好办法。”

小和尚知道了一切以后，不但没有扔掉那只桶，还把他挑在靠近路旁的一侧，并且在那一侧的土地上播了一些种子。几个月过去了，一天，那只有缺陷的木桶在上山的时候无意地往身后看了一下，它惊呆了，路的这一旁开满了五颜六色的鲜花，一直延伸到山下的水井……

一个多么美丽的小故事，却是那样发人深省。自曝其“丑”不但没有让这只有缺陷的木桶成为永远的垃圾，还让它成为一个有贡献的“功臣”，那一路的鲜花就是最好的例证。

缺点又算什么呢?只要你肯粗做人，能正视自己的缺点，然后认真地加以分析，你就会发现，其实缺点也可以变成优点。这一切改变就要看你是否有一个好的心态对待缺点，是否会利用你的缺点。自己爆料自己的“丑”不仅不会像你想的那样毁了你的人生，还很有可能成为你挽救危机的好办法。

尼克松曾经被人在《纽约时报》上抨击他在竞选中秘密受贿。为此，下午六时半，当尼克松在电视屏幕上出现时，整个美国都安静下来了。他采取了一个在政治上罕见的行动，把自己的财务史全部公开。从自己的家产，一直谈到他的债务状况。紧接着，话锋一转，详细说明自己的经济收入情况，连如何花掉每一分钱都告诉观众——从操心为孩子矫正牙齿到改装锅炉等款项。他还告诉大家，这次竞选提名之后，确实收到一件礼物，这就是得克萨斯州有人送给我的孩子一只小狗。

当他讲完走出广播间时，到处都响彻欢呼声。他胜利了，他采用的公开一切的方法在通常是很危险的，因为很容易被人抓住把柄。但当他面对秘密受贿的指责时，以极大的勇气公开真相，以证明自己清白又恰恰是最安全的方法。

这里表现出来的人生智慧真是令人惊诧，这种智慧是精明做人的艺术的体现。

看来自曝其“丑”也没有我们想的那么可怕，这种粗做人的方式远比那些为了种种目的，千方百计地隐瞒自己的缺点，唯恐别人会因为他的缺点而影响自己的形象的人，生活得幸福快乐得多。

如果有人想拿你的某个缺陷来取笑你，不妨粗做人一回，来个“自暴其丑”，自己把它们说出来。这是很多名人应付尴尬局面、个人缺陷以及遭受攻击时的一条重要经验。如果自己把它们说出来，就等于把他人可以用来攻击你的炮弹抓在了自己手上，只要保管得好，这些炮弹又怎么能伤害到你呢？

处世哲理045
世上没有绝对的公平

有些人很喜欢拿自己和别人比较，诸如我有痛苦，为何你没有?为何你这么好?为何我如此差呢?一有了比较、计较的心，就会造成心理上的不平衡与烦恼。凡是不与人比较、计较，就好像“你骑马来我骑驴，看看眼前我不如;回头一看推车汉，比上不足比下余”。有这种平等心、满足感，就不会痛苦了。

——星云大师

早晨五点，悦净大师出去为自己庙里的葡萄园雇民工。

一个小伙子争着过来。悦净大师与小伙子议定一天十块钱，就派小伙子干活去了。

七点的时候，悦净大师又出去雇了个中年男人，并对他说:“你也到我的葡萄园里去吧!一天我给你十块钱。”中年男人就去了。

九点和十一点的时候，悦净大师又同样雇来了一个年轻妇女和一个中年妇女。

下午三点的时候，悦净大师又出去，看见一个老头站在那里，就对老头说:“为什么你站在这里整天闲着?”

老头对他说:“因为没有人雇我们。”

悦净大师说:“你也到我的葡萄园里去吧!”

到了晚上，悦净大师对他的弟子说:“你叫所有的雇工来，分给他们工资，由最后的开始，直到最先的。”

老头首先领了十块钱。

最先被雇的小伙子心想:老头下午才来，都挣十块钱，我起码能挣四十块。可是，轮到他的时候，也是十块钱。

小伙子立即就抱怨悦净大师，说:“最后雇的老头，不过工作了一个时辰，而你竟把他与干了整整一天的我同等看待，这公平吗?”

悦净大师说:“施主!我并没有亏负你，事先你不是和我说好了一天十块钱吗?拿你的走吧!我愿意给这最后来的和给你的一样。难道你不许我拿自己所有的财物，以我所愿意的方式花吗?或是因为我对别人好，你就眼红吗?”

在生活中，我们经常会听到这样的抱怨:“这不公平!凭什么他能得到那么多?”我们整天要求公平合理，每当发现公平不存在时，心里便觉得甚是不爽。应当说，要求公平并不是错误的心理，但是，如果因为不能获得公平，就产生一种消极的情绪，那就是不成熟的表现了。

实际上绝对的公平是不存在的，这个世界不是根据公平的原则而创造的。有的人不费力气，却赚着最多的钱;有些人可以因为运气一步登天，而有的人付出了再多的努力还是不得志;有的人家世好，不工作也有钱花，而有的人辛辛苦苦也赚不了多少钱……所以说，很多事情从根源上就没有公平可言，任何公平都是相对的，你必须接受这一点，才不至于活得那么不开心。

我们在生活中受到公平的心理影响。当公平没有出现时，我们会感到愤怒、忧虑。但是，过去不曾有过绝对的公平合理，今后也不会有。

不公平是常有的事，但是你可以运用自己的智慧向不公平进行挑战，从而调节好你的心理平衡。

“要求平等”在我们的生活中处处可见，无论是在自己或别人身上都不断发生。下面就是一些常见的例子:

总是希望别人对待你的方式应该同你对待别人的方式相同。

别人对你有些好处时，你就想立刻报答他。如果你请我吃饭，我就欠了你的人情，意味着我也要找机会回请。这种情形一般被认为是懂得待人处事，其实，这表明你希望公平的对待。

对自己所熟悉的人或与自己干同样的工作的人产生抱怨心理，认为他们赚的钱比自己多，这太不公平了!

各方面条件与你相差不多的人得到提升或重用，你却守着原来的位子没有动，于是你认为这太不公平了，他们在很多方面还不如你呢！

你的邻居买了一辆新车，而你仍旧用那辆10年前出厂的车，你认为这个世界根本没有公平。

对于事情总是坚持一致性。实际上，这是一种不成熟的反映。

如果你总是希望事事都依照“正当”的方式进行，那么，你的这种心理本身就是狭隘的表现。

生活在充满竞争的时代，当他人超越你的时候，你便从内心感到自己受了冷落，受了不公平的待遇，这在人性上是可以被理解的。

对一切都要求公平，这会使你失去许多与人交往的机会。你的一句这不公平就会让人与你产生隔膜。既然你认为自己受到了不公平的待遇，一定是把自己与别人相比较：认为别人能做的事你也能够做到，别人不该比你占优势。这样思考的结果，必然是用别人的情形来判定自己，让别人支配你的情绪，是别人造成了你的不悦，这便意味着你把自己的控制权、支配权以及主权、人格统统交给了别人。你还是在为自己而活吗？

对于一个人来说，如果不停地要求公平，就会把自己的注意力放在外界，这是一种不肯对自己生活负责的态度。采取这个态度会妨碍你的选择。你应该决定自己的选择，不要顾忌别人。你不如积极地纠正自己的观点，把注意力由外界转向自身，舍去“他能那么做，我为什么不能跟他一样”的愚蠢想法，这才是你创造成功人生的可行之路。”

处世哲理046
不要用爱心纵容邪恶

不要用爱心纵容邪恶：邪恶是不正当的，如果你用爱心去包容邪恶，那就铸成大错了。

——星云大师

同情他人可以说是一种美德，但是，如果不分情况就乱用你的同情心，就很容易被人利用。很多骗子就是依靠人类普遍具有的同情心来行骗的。

曾经，在北京街头发生过这样一件怪事。

前几年，一位家在北京的好友回老家省亲，他走在大街一旁的人行道上时，突然看到前面不远处围着几个人在那里争执不休，你喊我嚷，互不相让。他走上前去定睛一看，原来是一盘未下完的残局。

这位好友对于摆棋局骗人这样的骗局已经有所了解，所以极力想避开。

不过，他刚一靠近，他们争辩的声音就变得更响了。

其中一位个子弱小的人拉住他说："小兄弟，你别走，先来看看到底谁赢了。非得评出个公道出来才行。"

好友拗不过他，更主要的是很同情那位弱小者。于是，他走上前去看了一看，一眼就看出弱小者的棋局属于劣势，但并非就一定会输，仍有挽救的可能。

他就对两个下棋人说："输赢尚无定论，你们再继续下着看吧！"

弱小者还没有显得怎么样，而另一位下棋人却很不服气，说："明明是我赢了，你偏说胜负未定。你看看，他（指那位弱小者）根本就没棋可走了嘛！"

好友顺手给下了一颗棋子，马上有反败为胜的趋势，棋局顿时大为改观。

这一下，弱小者显得喜不自胜，他的对手也啧啧称赞说："还是你厉害！" 跟着马上走了一步棋。

他一走，好友也跟着又走了一步。

结果，一来二去，在棋盘上对弈的人俨然已经变成了好友与另一位下棋人了，那位弱小者则成了旁观者。

好友的棋技应该算是不错的了，但最后却还是惨败。很明显，棋局的布置是有问题的，事实上对方早知道自己会赢了这局棋。

不过，他并没有在意，因为在他来说，只是在替别人走几步棋而已，输赢都无所谓。所以，在棋局结束后，他转身便要离开。

但这时候，和他过招的那个下棋人却说："你输了，赶快给钱。" 好友感到很不解，那人继续说："我们说好的，输的人要给100块。" 好友把头转向那位弱小的下棋人，想从他那里找到解释。然而，他却发现那位弱小的下棋人也在对他诡秘地笑着。见此情景，他才恍然大悟，自己已经不自觉地落入了别人设置的骗局之中了。

可是，无论怎么说，估计谁也不愿掏这一百元钱，否则的话，简直是亏大了——明明是在替别人解围，可是自己却因此而陷入了别人的包围之中。

所以说，有同情心是好事，但是同情心千万不要乱用，否则上当受骗的只有你自己了。

处世哲理047

知足者常乐

所谓“知足”就是个人对物质的要求要能节制，对自己的爱欲要能自我驾驭，对世间的诱惑要有力量克制。欲望像一匹野马，知足宛若一条疆绳，必须靠知足的疆绳来驾驭贪欲，才不会成为欲望的奴隶。

——星云大师

有一个樵夫，每天上山砍柴，日复一日，过着平凡的日子。

有一天，樵夫跟往常一样上山砍柴，在路上捡到一只受伤的银鸟。银鸟全身包裹着闪闪发光的银色羽毛，樵夫欣喜地说：“啊！我一辈子从来没有见过这么漂亮的鸟！”

于是，樵夫把银鸟带回家，用心地替银鸟疗伤。

银鸟在疗伤的日子里，每天唱歌给樵夫听，樵夫过着快乐的日子。

有一天，邻人看到樵夫的银鸟，告诉樵夫他看到过金鸟，金鸟比银鸟漂亮千倍，而且，歌也唱得比银鸟更好听。樵夫想着，原来还有金鸟啊！从此樵夫每天只想着金鸟，也不再仔细聆听银鸟清脆的歌声，日子越来越不快乐。

有一天，樵夫坐在门外，望着金黄的夕阳，想着金鸟到底有多美？此时，银鸟的伤已康复，准备离去。

银鸟飞到樵夫的身旁，最后一次唱歌给樵夫听，樵夫听完，只是很感慨地说：

“你的歌声虽然好听，但是比不上金鸟：你的羽毛虽然很漂亮，但是比不上金鸟的美丽。”

银鸟唱完歌，在樵夫身旁绕了三圈后告别，向金黄的夕阳飞去。

樵夫望着银鸟，突然发现银鸟在夕阳的照射下，变成了美丽的金鸟。他梦寐以求的金鸟，就在那里。只是，金鸟已经飞走了，飞得远远的，再也不会回来了。

知足是我们每一个人都应该具有的品德。懂得知足的人，才会领略得到生活中的美好。古人云："要出烦恼须成佛，各有来因莫羡人。"一个人要想生活得幸福、愉快。千万不要这山望着那山高。民间流传着这样一副对联："事能知足心常乐，人到无求品自高。"

贪婪是一种顽疾，人们极易成为它的奴隶，变得越来越贪婪。人的欲念无止境，当得到不少时，仍指望得到更多。一个贪求厚利、永不知足的人，等于是在愚弄自己。贪婪是一切罪恶之源。贪婪能令人忘却一切，甚至自己的人格。贪婪令人丧失理智，做出愚昧不堪的行为。因此，我们真正应当采取的态度是：远离贪婪，适可而止，知足者常乐。

处世哲理 048
能在人前持低姿态，自然不争不怨。

每个人都希望别人认为自己伟大，我们就尊重他，尊你为老大，尊他为老大。你们个个伟大，唯有我最小，能在人前持低姿态，自然不争不怨。

——**星云大师**

在人生的旅途上，几乎每个人都会遇到一些让人难堪的场面。会做人就要在别人没有嘲笑自己的时候自己嘲笑自己，简单地说就是装傻充愣扮痴人。但是就是你的这种痴劲才让你转被动为主动，让对方放松了警惕，而你这时就有机会快速修复自己的心理平衡，虽然不能成为难堪场面里最大的赢家，但至少打了一个平手。

难堪场面里的心理平衡修复能力很重要。心理学家认为，一个人的身体状态是受其心理和精神因素影响的，大约有一半以上的疾病是由心理和精神方面引起的。因此，保持心理平衡对人的健康是非常重要的。

自嘲就是一种主动修复心理平衡的好方法。它是一种鲜活的态度，可以使原本很沉重的东西刹那间变得轻松无比，会让别人砸过来的重拳落在棉花上。

但是能做到自嘲并不容易，谁又肯在众人面前自己揭自己的短呢？这就需要你敢于自己来“破坏”自己的面子。而事实上，当你敢于自己揭自己短的时候，别人已经开始转嘲笑为佩服了。所以，貌似你表现得很痴，可大家不得不佩服你是一个真正聪明的人。

有一个朋友，自从大学毕业后就一直浑浑噩噩，没有一点建树。一日酒后，终于从心灰意冷中醒悟，昂首挺胸，对天发誓：“我从此要站起来了！”但落座后即明白自己这块料的深浅厚薄了，自嘲道：“中国人民1949年就站起来了，只有我现在才晓得要站起来！”

其实在最后一句话没说之前，大家都准备嘲笑抨击他一番了，但是听了他的最后一句话，所有人都笑了，转而开始安慰他。事情就是这样在“粗人”的自嘲中得到了很好的解决，没有脸红，没有酒后的生气和大骂，只有友谊的暖流缓缓的流动在朋友之间。

自负的人为了遮掩自己的弱处，于是心虚地吹嘘，但结果却让他人小看；而自嘲的人干脆将自己的弱处袒露无遗，那不仅自己坦然，别人倒也尊重。

当然自嘲不仅仅可以对付自己的难堪和尴尬，还会缓解自己的压力，通过自嘲而使得自己的身心得到了放松。

一个基金会的工作人员讲他们基金会的人员构成很有意思，十个职工中有七个是属鸡的，喘息时大家在自嘲：整日如鸡觅食，似鸡啄米地忙碌，所以才叫“鸡精会”呀！

听了这话，工作人员都会心的笑了，紧张严肃的工作环境顿时变得轻松和愉快，人们的工作效率也在放松中有了显著的提高。自嘲是一剂减压和松弛心态的良药。

有一个大学生，大三的时候就发誓不考上中科院的研究生誓不为人。结果时运不济，屡试不中，受尽别人讥笑。但他并不在意，他总是自我解嘲地说，考一次就离中科院近了一步。他在这种自嘲的心理状态中，一连考了三年终于考上了。为此，他还写过一首诗来嘲笑自己的愚蠢和低智商，让大家哭笑不得之余，都多了几分敬佩之意。

其实生活中很多时候我们就该自我解嘲一下，虽然不能从根本上解决问题，但至少我们拥有了一个好心境，再面对问题、解决问题时就轻松愉快多了。自嘲是一剂自我调整心理平衡的良药，我们的生活离不开自嘲。人们在遇到窘境，对付尴尬和难堪局面时，多一些风趣生动的自嘲，就能及时调整心态，对自己的身心健康都是有益无害的。

“提得起，放得下，想得开”，自我解嘲，平慰心灵，使自己愤懑的情绪得到缓解，为心灵增加一层保护膜，还能使别人对你有个新的认识。学会自嘲，不为名利所累，不为世俗所扰，不以物喜，不以己悲，心怀坦荡，以豁达的心对待人生，会使你生活幸福，身体健康，事事顺意。

第五章

无贪无痴无嗔，方至无上境界

——用佛家思想成就大器

如何成就大器，佛家告诉你，要经得起诱惑，要受得了委屈，要忍得下苦难，要耐得住寂寞。人格的可贵，是在功名富贵之外；物质的可爱，是在赠者情义深长。人格，建立在“不自私”三字；成功，奠基于“不苟且”一语。

无贪无痴无嗔，方能至无上境界。

处世哲理049
跳槽是机遇也是陷阱

职场中，有的人嫌这家公司不好，要换到那家公司去，嫌这个机关不好，要转到那个机关去，这就叫做“跳槽”。转换工作本来并无不好，可惜有的人“此山望见彼山高，到了彼山没柴烧”。

——星云大师

“跳槽”这个词近几年在我国特别得宠，许多年青人都把“跳槽”挂在嘴边，只要别的单位的待遇比现在的好，就立马“跳槽”。

其实，“跳槽”的风险也很大，若无大决心、大魄力，最好不要轻率为之。很多人的第一个工作是在匆忙之中选定的，为了生活，顾不了那么多。这个工作一日一日地做下去，一年、二年过去了，人混熟了，经验也有了。有的从此安安分分地上他的班，以求生活稳定；有的为了寻求较好的待遇和工作环境，运用已经学到的经验，自己创业当老板；有的则转行，到别的行业中试试运气。

“跳槽”的想法百分之九十以上的人都有过，光是想当然没什么关系，如果不只是想，还真的要跳，那就要把握好机会再行动。

我并不是说“跳槽”的人必定失败，天底下没有这么绝对的事，而事实上，“跳槽”后更发达的人也不少；但话说回来，“跳槽”后成就不如老本行的人也很多。这些人有的还不死心地期待“明天会更好”，有的则早已向后转，回到老本行去了。也许你会说：“我没有看到‘跳槽’后失败的人”真相是：人都好面子，他“跳槽”失败会告诉你吗？

那么，“跳槽”之前要“三思”，“思”什么呢？

(1)我的本行是不是没有发展了？同行的看法如何？专家的看法又如何？如果真的已

无多大发展，有无其他出路？如果有人一样做得好，是否说明了所谓的“无多大发展”是一种错误的认知？

(2)我是不是真的不喜欢这个行业？或是这个行业根本无法让我的能力得到充分的发挥。换句话说：越做越没趣，越做越痛苦。

(3)对未来所要转换的行业的性质及前景，我是不是有充分的了解？我的能力在新的行业是不是能如鱼得水？而我对新行业的了解是否来自客观的事实和理性的评估，而不是急着要逃离本行所引起的一厢情愿的自我欺骗。

(4)“跳槽”之后，会有一段时间青黄不接，甚至影响到生活，我是不是做好了心理准备？

如果一切都是肯定的，那么你就可以把握这个机会“跳槽”了。

不过，有很多事情常出人意料，事先的评估和判断都很好，真正做下去才发现不如预期的那么顺利和乐观，转行也是如此。因此，除非真的迫不得已，我劝你还是别“跳槽”，其理由如下：

(1)做事靠经验，经验则是累积来的，而不是可以从速成班学来的，速成班教的都是皮毛而已。如果你跳的是和本行毫无关系的行业，等于是把过去所累积的专业经验全部丢掉，那不是很可惜吗？而且在新的行业里，你又要花很多时间从头学起，这种时间和精神的浪费相当惊人，何况还不一定学得好。

(2)做事要有成就，冲劲也很重要，而人一到了特定年龄，冲劲就会减少；在要收成的年龄“跳槽”，就算有冲劲，也会少了许多，守成的心态反而会让你在新的行业进退不得，于是一转眼，四十岁了，五十岁了，光阴虚度，不堪回首，何必呢？

话虽这么说，但并没有让你委屈自己死守本行的意思，但“跳槽”的风险毕竟太大，若无大的决心和把握最好不要轻意去冒这个险，尤其不能听别人说那个行业如何地好，就嫌弃起自己的本行，心动又行动。这种哪边好哪边跑的心态会让你一辈子都在“跳槽”，一辈子不得安宁。

如果非要“跳槽”，不如从老本行出发，看看与其有关的行业有哪些，等了解清楚了再跳也不迟，这样可少花很多力气。另外要从本行的经营形态来考虑，例如不喜欢“生产”，那么可改做“批发”或“零售”，这样灵活处理的话，虽然形态改变，但并没有损害你对该行业的认识与累积的基础。

处世哲理 050

不要显得比上司高明

有的人深懂处世哲学，知道不该出头的时候不能强出头，不该显露锋芒的时候不要锋芒毕露。平时总是表现出愚笨的样子，其实他冷眼旁观、分析局势的变化，必要的时候总能一语点醒梦中人，这种人就是大智若愚。

——**星云大师**

很多人都认为，在领导面前显得聪明能干，就一定有被上司器重的一天。但是，你也许会心存怀疑，因为你身边很多有能力的人就是因为他们表现得太聪明过人了，而一直抑郁不得志，甚至最后不得不离开公司。

其实聪明并不是他们的错，错就错在他们的聪明没有用在合适的对象身上。聪明可以，但是不要显得比你的上司还要聪明，在上司面前你最好会装，做一个有点愚笨的人。

是的，所有的老板其实都希望自己的员工聪明能干，但是在他们的心里，你的聪明能干不过是为了给他创造价值，因此他想看到的只是你所做的结果，而不是你是否聪明。

如果你误会了这一点，认为老板们喜欢的是你的聪明，那就大错特错了。当你在他面前表现聪明的时候，尤其是还有别的员工在场，而你还表现得比他还聪明的时候，他不但不会高兴地认为他有一个智慧过人的好员工，相反，他心里会有一种不舒服的感觉，因为你表现出的聪明危及到了他的权威，会给他造成一种压迫感。这种压迫感一旦爆发，结果就是你有“小灶”可吃了，你不是聪明过人吗，那你亲爱的老板就会让大家都见识一下你的聪明，他会压很多棘手的、困难的任务在你肩上，直到你在他面前低头承认自己不够聪明他才会高兴地罢手。但事实上，没有几个人能在那样的重压下漂亮地完成工作，因为你的老板就是想让你出丑，然后有借口让你走人。

是否觉得你表现聪明的可怕后果了呢?所以记住:聪明可以，但是不要在老板面前聪明，要给你的上司留一点空间。

小张刚上班的时候遇到了这样一个难题。他的领导非常喜欢下围棋，每天在空闲的时候都会找他的部员下一盘，单位就没有人能赢得了他。一天领导非要和小张下一盘。下到最后，小张觉得自己十拿九稳地赢了，不过只差了一步的“神之绝招”，他心想，到底是赢还是不赢呢?不赢就会被老板鄙视。最后他还是选择赢了，但是，老板虽然嘴上说小张真厉害啊，后来对小张的态度很是糟糕。小张刚走上社会，这路真是越走越难。

一走入社会就当主管当领导的人并不多，因此，和上司相处就成了一门很重要的学问，如果运用得好，可以少受很多气，少走许多弯路，也有助于事业的开展。和上司相处，各人有各人的门道和方式，但无论送礼也好，拍马屁也好，都不如会做人，掩藏自己的小聪明，留一点空间给他好。

每个人工作的目的之一都是为了生活，当主管的也不例外，你怕被“冰冻”，怕丢工作，怕被“穿小鞋”，怕不受信任，主管的心情其实和你完全相同，只不过他怕的和你怕的有一些不大相同，因为他还要带领属下，而属下就是他怕的原因之一:你能力不好，他怕事情做不好他要承担后果;你能力太强，做起事来完美无瑕，他又怕管不住你，动摇了他的领导地位，更怕你抢了他的“差事”。当你的能力太强时，当主管的为了“安全”，也为了他的江山，他会不断地打击你，挑你的毛病，搁置你的计划，阻断你向上沟通的渠道，甚至恶意地挑拨你和其他同事的关系，最恶劣的还有栽赃、夺权等手法。

总而言之，如果他受到他的主管的支持，那么他要找你的毛病总是有办法的。如果你根本没有取他而代之的野心，被这样子对待不是很冤枉、不值得吗?

因此，在上司面前一定不要显得很高明。时时向上司“请教”。明明你懂得比他还多，你还是要尊重他的职位，和他讨论某项计划，请他给你一些“指点”。主管看了你的这种行为，当然就放心了。

其次就是事情不要做得十全十美。别以为十全十美会得到主管的赞美，有的时候那是“祸水”。能找出毛病来“指点”，表示主管的能力还是高过你，那么他就放心了。

不管怎么说，切忌在工作岗位上目中无人，尤其当你能力很强的时候，留下一点空间让你的上司立足，给他一些“帮助”、“指点”你的机会，这是与上司相处的艺术，也是求生存的方法。

处世哲理051

相信“男怕入错行”是真理

机会就是机缘、机遇，人生总希望能遇到好的机会。机会好，能考上好的学校；机会好，能进入好的机关服务；机会好，能够得到贵人相助；机会好，很多的因缘机遇都会接踵而来。所以，人的一生当中，有好机会，是非常重要的事情。

——**星云大师**

有一句话说“男怕入错行，女怕嫁错郎”。很多人都在怀疑这句话，因为在现代社会跳槽换行是件很平常的事，入错了行业没有什么大不了的，大不了换就行了。但事实证明，换行可没有大家说的那么容易。

在古代，“嫁错郎”似乎比“入错行”更严重，因为女人嫁错了人又不能离婚，而“入错行”若是改行则不会有道德和社会规范的顾虑；不过现代社会恐怕是倒过来了，女人“嫁错郎”大不了离婚，追求第二春甚至第三春的女人多得很；而男人“入错行”，虽然可以转行，但是真要做起来并不那么容易。

据一家报社报道，一位大学毕业生毕业后在一家运输公司做搬运工十几年。这个报道确实有点令人吃惊。当记者采访他时，那位大学毕业生解释说他当年从学校毕业，一时找不到工作，便经人介绍到运输公司当临时工，赚点零用钱。没想到工作一段时间后，因为已习惯了那个工作和周围的环境，也就没有积极去找别的工作，于是一做便是十几年，现在年近四十，也不想换工作了。他说：“换工作，谁会要我呢？我又有哪些专长可以让别人用我呢？”

看了上面的例子，也许有人会说：转行有什么难？说转就转呗！

也许你是可以说转就转的人，但恐怕绝大部分的人都做不到，因为一个工作做久了，习惯了，加上年纪大了些，有了家庭负担，便没有勇气去面对新的行业了。另外，因为转行要从头开始，怕影响到自己的生活，也有人心志已经磨损，只好做一天算一天，有时还会扯上人情的牵绊、恩怨的纠葛，种种复杂的原因，让你有“人在江湖，身不由己”的感觉。

其实行行出状元，并没有哪个行业不好，哪个行业才好，那为何又提醒人们“千万别入错行”呢？

这就告诉我们，找工作一定要擦亮眼睛，找适合你的工作，找你喜欢的工作，找有发展前途的工作，千万别因一时失业，怕人耻笑而勉强去做自己根本不喜欢的工作。人总是有惰性的，不喜欢的工作一旦做习惯了，就会被惰性套牢，不想再换工作了，一日过一日，转眼三年五年过去了，那时要再转行，就更不容易了。

另外一点是，找工作千万别涉入非法行业，这种行业有可能让你致富，但事实上是在刀刃上行走，警察的追缉、法律的制裁、同行的火拼、陷害，不吃牢饭不送命，也要被人看不起。浪子回头金不换，足以说明涉黑后再回头的艰难。大部分的人都因为黑饭吃惯了，最后还是回到本行。

如果你真的“入错行”，也有心转行，那么就要铁了心，毅然决然地转行，否则岁月是不饶人的呀！

不过，在转行之前，一定要考虑清楚以下几个问题。

第一，你的本行是不是已经没有发展前途了？同行们如何看待？专家的看法又如何？

经过反复对比、衡量，如果真的已无多大发展前途，你就要另找出路。

第二，你是否真的不喜欢这个行业？这个行业是否根本无法让你的能力得到充分的发挥？

对自己所从事的行业，如果你觉得已经是阻碍你前进的绊脚石时，换句话说：你觉得越干越没趣，越干越痛苦时，就应另辟蹊径。

第三，对所要转换的行业的性质及前景，你是否有个充分的了解？你的能力在新的行业是否能如鱼得水？

决定改行前，你一定要对新行业客观的和理性的评估，而不是急着要逃离本行所进行的一厢情愿的自我欺骗。

第四，转行之后，会有一个适应阶段，甚至经济上青黄不接，可能影响你和家庭的生活，你是否做好了心理准备？

因为转行并不像我们想象的那么容易，在转行期间，由于对新行业的业务不太熟悉，可能会好长时间找不到具体工作，没有工作，也就没有经济保障。因此，必须要做好足够的思想准备。

如果你对上述问题都能妥善地解决，那么你就可以转行了！不过，有很多事情常出人意料，事先在评估和判断时都很好，真正做时才发现并不像预期的那么顺利和乐观，转行也是如此。因此除非真的迫不得已，否则还是劝你别急于转行。

当然，话得说回来，我们这里并不是教你委屈自己死守本行，只是提醒你转行的风险太大，你最好要有坚定的决心和非凡的魄力，否则，你一生的希望和幸福可能都会倒在里面。所以，最好不要轻易转行，尤其不能听别人说哪个行业好，就嫌弃自己的本行！这种“这山望着那山高”的心态会让你一辈子都在转行，一辈子都不得安定！

处世哲理 052

实力决定一切

机会属于有能力的人所有。你想有机会，先要把自己的能力充实好。你若有能力，可能不必你去找机会，机会自然会来找你。在这个社会，机会都是给有用、有专长的人。只要你有能力，到处都是机会。

——**星云大师**

小李刚从学校毕业，很顺利地进入一家小型公司担任职员，说好试用三个月，期满调薪。

公司人不多，小李自认为工作胜任愉快，和学校的生活并没有多少差别。有次同学聚会，一比之下才发现自己拿的薪水和别人差很多。

“你的能力不应该拿这么少的薪水！”同学劝道。

小李如梦初醒，忿忿难平，终于按捺不住，找老板“谈判”。她向老板表示自己有能力，不应只拿这样的薪水。老板不置可否。小李认为自己“胜券在握”，谁知五天后，她的薪水并没有调整，小李十分尴尬，觉得进退两难，耐了半个月，终于辞职了。

职场虽然复杂，但在复杂中还是有不变的铁律，这些铁律在任何人身上、在任何时间及场合都不太可能会改变，而小李很明显地触犯了这些铁律，因此也可以说，从这些铁律来观察，小李的要求落空，根本不用等到发薪日就可以确定的。

小李触犯了哪些铁律？

第一，“资历”的铁律。

资历不代表能力，但却代表了“力量”，它可以让人在某些时机、场合取得优势。换句话说，资历深的人声音大，有“分量”；资历浅的人不要说声音大小，甚至连发声的机会都没有，就算主管或老板给你“发声”的机会，其他人也会有意见，哪怕他们的学历能力都不如你。这种人性的特质，连老板或主管也无可奈何，而这也就是有些初来乍到的人不随便开口，一开口就表示“我是来学习”“请多指教”的原因。小李来公司不到三个月，还在“试用”期间，而且刚从大学毕业，一般事都难开口，更何况“薪事”呢！

第二，“贡献”的铁律。

人眼看高不看低，有成就有贡献，自然可以获得别人的尊敬与“臣服”；在一个单位里，“贡献”更是奠定个人地位的重要条件，也是谈判时的重要筹码。有“贡献”，说明了你是个有能力的人，也标明了你的“价值”，老板需要你的能力，你的要求，他应当会接受。若没有丝毫贡献就去谈判，老板是不可能基于“善意”而答应你的，因为他不了解你的能力，而且他若答应你，他将如何面对他人？小李才到公司，工作还不算熟练，这么草率就去找老板谈，实在是不知天高地厚。

第三，“平衡”的铁律。

一个无资历、无贡献的人是没有权利要求什么，也不可能得到什么的。这是因为一个团体里需要平衡。不仅老板或主管会主动去制造、维持平衡，同事之间也会去制造、维持平衡，能有平衡的状态，则每个人都可受到“平衡”的庇护，而不致失去立足的根本。另外，老板也需要和下属维持一种平衡的相对关系。也就是说，老板不希望他的下属爬到他头上去，因为一旦这种平衡遭到破坏，老板将会在领导统御上产生困扰：一旦属下壮大，他将失去统御的力量，成为被挟制者。以小李为例，如果老板轻易在各种条件没成熟的情况下答应小李的要求，以后怎么办？对其他员工又做如何交代？

小李不自觉地触犯了这三条铁律，期望落空势所必然。其实，小李理想的做法应该是：先做满三个月，看老板是否调薪，如果没有，再去“了解”，确定试用是否“及格”，如果老板并无不用你的意思，那么在工作上多表现，再去要求调薪。

总而言之，没有力量，是没有谈判的权利的，这是职场中的铁律。

处世哲理053

不为薪水所累，要为抱负而活

一个人没有理想，没有抱负，就没有未来，没有未来希望的青年人，能有什么成就呢？

——星云大师

看那些成大事者，他们当初工作，并不仅仅为薪水而工作。在他们的眼里，薪水固然重要，但更重要的是实现自己的抱负和理想，所以他们在工作上从不偷懒，兢兢业业。因为如此，他们成就了自己的事业，创造了自己的辉煌。

一个人如果只为薪水而工作，没有更崇高的目标，那么只能用碌碌无为来形容他。最终受害最深的不是他所在的那个公司，而是他自己。

有一些刚走出校门的年轻人，壮志凌云，总对自己抱有很高的期望值，希望一到工作岗位上就得到重用，就应该得到相当丰厚的报酬。他们在工资上喜欢相互攀比，工资成了他们衡量一切的标准。但事实上，刚刚踏入社会的年轻人缺乏工作经验，是无法委以重任的，薪水自然就难以如他们所愿，于是他们的怨言自然也就比较多。

也许是耳闻目睹父辈或他人被老板无情解雇的事实，现在的年轻人往往将社会看得更冷酷、更严峻，因而也就更现实。在他们看来，我为公司干活，公司付我一份报酬，等价交换，仅此而已。他们看不到工资以外的东西，曾经在校园中编织的美丽梦想也逐渐破灭了。没有了信心，没有了热情，工作时总是采取一种应付的态度，能少做就少做，能躲避就躲避，敷衍了事以应付他们的雇主。他们只想对得起自己挣的工资，从未想过是否对得起自己的前途，是否对得起家人和朋友的期待。

之所以出现这种状况，原因在于他们对薪水缺乏更深入的认识和理解。他们感觉自己所得的薪水太少，就是怎么努力好像与自己的要求相差也太远，与其勤于工作，还不如得过且过，反正只要不下岗，每月能拿着钱就行。

不要为薪水而工作，因为薪水只是工作的一种报偿，虽然是最直接的一种，但也是最短视的。一个人如果只为薪水而工作，没有更崇高的目标，他将失去一切前进的动力。

一个以薪水为个人奋斗目标的人是无法走出平庸的生活模式的，也从来不会有真正的成就感。虽然工资应该成为工作目的之一，但是从工作中真正获得的更多的东西却不是装在信封中的钞票。

一些心理学家发现，金钱在达到某种程度之后就不再诱人了。即使你还没有达到那种境界，但如果你忠于自我的话，就会发现金钱只不过是许多种报酬中的一种。试着请教那些事业成功的人士，他们在没有优厚的金钱回报下，是否还继续从事自己的工作？大部分人的回答都是："绝对是！我不会有丝毫改变，因为我热爱自己的工作。"想要攀上成功之阶，最明智的方法就是选择一种即使酬劳不多，也愿意做下去的工作。当你热爱自己所从事的工作时，金钱就会尾随而至。你也将成为人们竞相聘请的对象，并且获得更丰厚的酬劳。

不要仅仅为薪水而工作。工作固然是为了生计，但是比生计更可贵的，就是在工作中充分发掘自己的潜能，发挥自己的才干，做值得振奋的事情。如果工作仅仅是为了面包，那么生命的价值也未免太低俗了。

人生的追求不仅仅是满足生存需要，还有更高层次的需求，有更高层次的动力驱使。不要麻痹自己，告诉自己工作不仅是为了赚钱，人应该有比这更高的追求。

工作的质量决定生存的质量。无论薪水高低，工作中尽心尽力、积极进取，就能使自己得到内心的平衡。工作过分轻松随意的人，无论从事什么领域的工作都不可能获得真正的成功。将工作仅仅当作赚钱谋生的工具，这种想法本身就让人蔑视。

处世哲理054

职场不能太实在，会做人两头瞒

妄语就是谎言，说谎是佛教五戒之一。谎言有善意的谎言，有护己的谎言，有恶意的谎言。对自己的利益一直用假话来保护；对自己的过失一直用假话来粉饰，这就是护私的谎言。明知有损别人的利益，却以造假的心意让别人听信你的话而受了损失，这就是恶意的谎言。

——**星云大师**

当我们找到了工作，满怀信心走进办公室时，一定要注意说话的分寸，有时为了生存，有必要说说谎话，这不是教你使诈，而是提醒你实话实说有时也会害己害人。实话实说并不代表真诚，只代表着上司给你的一道好菜——炒鱿鱼！

刘泉在一家商贸公司上班，一天下班后，他和同事刘佳走在一起。刘佳这些天心里很郁闷，和上司的关系十分紧张。二人边走边聊，刘佳控制不住自己的情绪，指出上司对待他的种种不公平，还把上司的无知、浅薄及一些丑事统统信口说了出来，最后，怒犹未尽，忍不住又大骂了一通。

过了些日子，上司在刘泉面前也谈起了刘佳，言语之间非常不客气，怒斥刘佳的不顾大局、平庸无能、不思进取、不善开拓等诸多缺点。末了，上司问刘泉，可曾听见刘佳在他面前说过自己什么坏话？

刘泉是一个诚实的人，此时，他该怎么办呢？

无疑，刘泉面临两种选择：一种选择是不把刘佳的话告诉上司，另一种选择是十分诚实地把刘佳的话原原本本地告诉上司。

如果刘泉选择前者，上司的气慢慢地消下来，有一天当他冷静下来后，会比较公正合理地处理好与刘佳的关系。但如果刘泉选择后者，上司会对刘佳记恨在心，一定会找个机会教训刘佳的。

如果上司是个非常精明的人，他会进一步设想，你刘泉在我面前讲你同事的坏话，你肯定会在其他人面前讲你同事的坏话，你甚至还会在其他人面前讲我的坏话。因此，对你这种人也不可信任，至少要留两手。

通过上面的这件事，我们发现，使用谎言，能使三方面都得到好处，而讲实话，却让每个人都受到损害。可见某些善意的谎言在职场人际关系中也有其特殊的作用。

人性是具有各种各样的弱点的，完美的人只有在童话或神话中才存在。现代生活中的人都是些凡夫俗子，都有自己的喜怒哀乐，每个人对自己、对他人都常常有各种各样的不满，任何人在一起，都难免会东家长西家短地议论一下别人，议论的过程中，稍不留神就会把自己的一些情绪带出来。这些发自个人情绪的评价并不见得是客观公正的，如果人们在彼此交往中又把这些带有情绪的话东传西传，到最后，这些飞短流长一定会让大家的感情都受到伤害，人与人之间的关系变得空前紧张，每个人都生活得特别疲惫。

因此，在职场交往中，适当地用一些小小的谎言，可以使人际关系更融洽，更亲近一些。

正如上面的例子所显示的那样，对上司说实话是火上浇油，促使上司与刘佳的紧张关系更加紧张，而如果不说实话，撒一点小小的谎，假设刘泉这样对上司说：

“刘佳的人挺好的，他从没有在我们面前说过什么闲话！相反，他倒是挺佩服上司的魄力的，最近他有点不开心，他说可能是在某些事情上闹了点小误会，他说您会很好地处理的。您放心，刘佳不是那种爱嚼舌根的人。”

这样一来，上司的怒气不仅会马上消下来，而且他还会立刻反躬自省，认真地考虑对待下属的问题。一场本来可能导致两人大动肝火，甚至让上司难堪、同事失业的争端就此化干戈为玉帛了。而且，即使有一天上司发现刘泉讲的不是实话，他也不会怪罪刘泉，他会认为刘泉为人厚道、心地善良，会处理事情，根本想不到什么说谎了。

在我们的生活中还有一句俗话，叫做“会做媳妇的两头瞒，不会做媳妇的两头传”，说的也是同一道理。人们在职场里一起相处，有些鸡毛蒜皮的小事，就是不能以简单的原生态去对待，适当说一些假话，应付应付，什么都会过去的。

所以，在职场中，面对特殊局面，我们不一定非讲实话，因为实话有些时候对人、对己、对事无益。既然真话会伤害别人，我们就要考虑改变方式了。

处世哲理055
工作上要有主见

现今社会上也有许多盲目跟从的人，既没有自己的主见，也不了解自己的需求，一味跟随附和别人的意见，甚至人云亦云地瞎起哄。

——星云大师

归宗寺智常禅师和弟子们在园中种菜，禅师临时有事情出去。

走之前，禅师围着一棵树画了一个圆圈，把菜放在圆圈里，指着菜告诉大家：“你们都不准动这个。”弟子们尽管心里很好奇，但真的谁也不敢动。

一会儿，禅师回来了，见到原封不动的菜。生气地拿起杖敲打弟子们，说道：“你们这一群人，没有一个有智慧！”

难道对老师唯唯诺诺、言听计从的学生就是好学生吗?禅宗告诉我们不一定，虽然现在讲究尊师重教，但是即使在老师面前，学生也应该有自己的独立见解。不能对什么事情都是言听计从，学生们应该有想法，应该有主见。

主见不能仅仅表现在平常学习生活中，在职场上，更需要有主见，如果一个人总是飘忽不定，对领导唯唯诺诺，言听计从，那么这样的人终将一事无成。因为这种人给人的感觉便是，难当大任，不可能创造性地开展工作，独当一面地成为领导的“台柱子”。

岳超从美国回来，就任一家美资跨国公司中国区总经理，一群死党聚到一起叙旧。

谈笑间，众人对岳超的成功都赞叹不已，有人问岳超，让他在美国取得成功的关键是什么？岳超沉思片刻，说起他到美国之后的第一次求职……

那是一家大型零售连锁公司人事经理的招聘。经过重重考试，岳超成为最后三名决赛者之一。三选其一，岳超将预备工作做得一丝不苟，他期望能够凭借这一次应聘的成功迅速在美国站稳脚跟。面试是三个人同时进行的，考题异常简单：把一份紧急公文送到公司对面的一家酒店的公司谈判代表手中。三个人拿着相同的公文走出总经理办公室，向公司大门疾步走去。公司和谈判代表所在酒店只隔着一条马路，但在公司大门和马路之间是一片草坪，而公司大门恰巧对着草坪的中间部位。岳超出了公司大门，沿着草坪旁的人行道向前跑去，他想用最快的速度绕过草坪，将公文送到酒店的谈判代表手中。一名竞争对手几乎并驾齐驱地和他一同向前跑着。跑出大约十几米，岳超回头，发现另外一名竞争对手正穿越草坪向对面跑去。见状，岳超改变了方向，也踏进草坪。最后的结果，那名一开始就横穿草坪的人第一个将公文送达，岳超第二个送达，而一直坚持绕过草坪的人最后送达。

聘用结果很快就出来了：绕过草坪的人被聘用为人事部经理，总经理的解释是，虽然他是最后送达公文的人，但他能够坚持原则，这种原则第一的观念是人事经理最应该秉承的；让岳超诧异的是，穿越草坪，第一个将公文送达的人同时被破例聘用为公司经销部经理，总经理的解释是，这种打破常规，不按部就班的精神能够为公司带来另外的收获；三个人中只有岳超落败。

岳超讲述完，感慨道："一个人能坚持什么不是最重要的，最重要的是不能飘摇不定、缺少主见。这一次失败校正了我此后处理问题的准则，我才有了今天的收获。"

我们说，下属能够取信于领导，能够为领导所重视和尊重，最重要的是不仅要有实力还要有方法。聪明的下属会在领导面前表现自己的才干和魄力，替领导解决问题，领导才不会忽视你。而唯唯诺诺靠的则是领导的怜悯，一旦他不再需要你时，你便会变得一无是处，而且，你的软弱表现还会助长他的侵害性行为。

缺少主见，会使你的才干被埋没，得不到领导的赏识。领导说什么，就是什么，不敢提出反对意见，即使你的想法很好也不为人知，才干自然也就无法充分发挥出来。没有对你工作能力的欣赏，领导是绝对不会看重你的。

缺少主见，会使领导对你的能力产生怀疑。缺少主见，是一种消极的行为方式，表现的是人的性格中不求进取、不够强大的一面。而许多工作的开展，则特别需要人的勇气、毅力、坚韧、果断、积极主动的态度和创造性精神。显然，没有主见者不会让领导感到放心并把重担交付给你。一个下级，不能替领导做大事，又怎么能为领导所重视呢?一旦领导对你留下缺乏才干、没有气魄的印象，你将会失去很多宝贵的机遇。毕竟，每一个下级都是不想一辈子碌碌无为，永远停留在被领导的位置上的。

缺少主见，会使你创造不出使领导满意的工作成绩。缺少主见者有一个特征，就是比较依赖，不能够脱离开领导的直接指挥和明确指示而独立地开展工作，工作中也是谨小慎微，胆小怕事，不敢有所创新，不敢越雷池半步。试想，领导之所以把一部分工作交给下级去做，是因为他觉得自己的下属能很好地完成它，如果你仍旧需要事事得到上级的确切命令才能行事，这就等于把他分配给你的工作又踢了回去，他一定是不会高兴的。而且，事实上，要做好任何一件事，都离不开人的勇气和胆识，许多工作还需要人的创造性，没有或缺乏这方面的素质，就难以出色地完成工作任务。而一个没有工作成绩，在领导眼中是无能之辈的下属，想获得领导的欣赏和重用，可能性实在是很小。

如果你不幸是个没有主见，不敢拿主意的人，从这一刻就改正吧，这样的性格就像生命之船上的蛀虫，有百害而无一益。

处世哲理056
良禽择木而栖，把握住属于自己的机会

机会并非都操控在别人的手里，只要自己有理想也可以创造机会，你理想中有人，人就要你；你理想中有事，事就要你；你理想中有慈悲、道德，慈悲、道德的行业就会要你。

——星云大师

中国有句老话叫作："忠臣不事二主，好女不嫁二男"。其实，从人的思想角度来看，持这种观点的人未免太过迂腐。常言道："良禽择木而栖，良臣择主而事。"倘若遇到一个丝毫也不赏识你的上司，整天度日如年处于水深火热之中，尽管你使尽浑身的解数也永无出头之日。

在这种情况下，弃暗投明、改换门庭也并不是什么难堪的事。或者你所遇的上司，根本就是那扶不起来的阿斗一个，那又何必跟着他活受罪呢？"男怕入错行，女怕嫁错郎，""入错行"与"嫁错郎"都不可怕，最可怕的是知错不改。天下之大，为什么非要在一棵树上吊死？"入错行"跳槽重新选择就是了；"嫁错郎"赶紧离婚另寻如意郎君亦为明智之举。

中国古代最著名的谋略家姜子牙，既是一位善于出谋划策的谋略大师，也是一个"朝秦暮楚"之徒，在当时那种以当"忠臣"为荣的时代，姜子牙才不管什么"忠"与"不忠"，在他眼里根本就没有什么能不能"事二主"，而是巧用计策，果断地投入"二主"的怀抱，并且鼓动和帮着"二主"毫不手软地夺了"先主"的江山社稷。

姜子牙，本名吕尚，是我国上古时期最为著名的政治家和军事家。姜子牙生活在商朝末年，当时纣王无道，荒淫无度，社会矛盾急剧激化。与此同时，商王朝周围各诸侯国迅速崛起，特别是西伯姬昌(后为周文王)励精图志，大有取代殷商之势。

姜子牙生逢乱世，虽有经天纬地之才，无奈报国无门，潦倒半生。他曾在商王宫中做过多年小吏，虽然职低位卑，但却处处留心。他看到商纣王整天沉湎酒色，荒废国政，几次想冒死进谏。一则想救民于水火，二则可以因此受到商纣王的赏识，求得高官厚禄。然而姜子牙后来见到大臣比干等人皆因直谏而送了命，商朝气数已尽，商纣王已无可救药，自己不愿糊里糊涂地陪着无道的商纣王殉葬。于是，便决定另攀高枝，改换门庭。

当时，姬昌立志复兴周国，除掉纣王，求贤若渴，正是用人之时。姜子牙为了引起姬昌的注意，一开始便能获得姬昌的器重，便采取欲擒故纵的策略，在渭水之滨的兹泉垂钓。这个地方风景秀丽，人迹罕至，是个隐居的好地方。当然，姜子牙并非是要在这里老死林下，而是在此静观世变，待机而行。

这一天，姜子牙听说姬昌要来附近行围打猎，便假装在兹泉垂钓。这时候，姜子牙还是个无名之辈，身为西伯的姬昌当然不会认得他，但姜子牙却见过姬昌。为了引起姬昌的注意，他故意把鱼钩提离水面三尺以上，而且钩上也不放鱼饵。这种荒诞的举动，果然让姬昌觉得奇怪，便走上前充满好奇地问道:“别人垂钓均以诱饵，钩系水中。先生这般钓法，能使鱼上钩吗?”

姜子牙见姬昌对人态度谦和，对自己这个年迈的老者，没有一点“伯爵”的架子，果然是个非凡人物，便进一步试探道:“体道钩离奇，自有负命者。世人皆知纣王无道，可是西伯长子就甘愿上钩。纣王自以为智足以拒谏，言足以饰非，却放跑了有取而代之之心的西伯姬昌。”

姬昌闻听此言，大吃一惊。心想:这位老人身居深山，何以能知天下大事?更为不解的是，他怎能把我姬昌的心迹看得如此透彻?肯定不是凡人!便赶紧躬身施礼，态度诚恳地说道:“愿闻贤士大名?”

“在下并非贤士，乃老朽吕尚是也。”

“刚才偶听先生所言，真知灼见，字字珠玑，不瞒先生，在下就是你说到的姬昌。”

姜子牙此时才装出一副吃惊的样子，诚惶诚恐地说:“老朽不知，痴言妄语，请西伯恕罪。”

姬昌连忙诚恳地说道:“先生何出此言!今纣王无道，天下纷乱，如先生不弃，请您随我出山，兴周灭商，拯救黎民百姓。”

姜子牙假意客套了一番，即随同姬昌一起乘车回宫，一路上纵论天下大势，口若悬河。姬昌如鱼得水，相见恨晚，回宫之后，立即拜姜子牙为太师，视为心腹。从此以后，姜子牙官运亨通，飞黄腾达，并且为灭商兴周出了大力。

俗话说“姜太公钓鱼，愿者上钩”。姜子牙，在商纣王这棵大树即将倒下，无法再行依靠的时候，只略施小计便攀上了姬昌这棵长势茂盛的大树，果断地弃暗投明，“事二主”做了周朝的太师。倘若他愚顽地报定“忠臣不事二主”的陈腐观念，恐怕到老死也不过是商纣王宫中一个叫不上名字的小官吏，永无出头之日。

姜子牙的“择主而事”并不为过，事实证明他的举动无论是对于自己，对于武王，还是对于商周子民都是有利的。

所以在职场拼斗的人们，要懂得择主而事，机不可失，时不再来这样，既对“二主”有益，也对自己和事业发展有利。

处世哲理057

做工作的主人，而非奴隶

人对自己的喜怒哀乐，应该操之在我；对自己的成败得失，也应该操之在我。人生何去何从，应该操之在我；成王成寇，成圣成贤，更应该操之在我。

——星云大师

工作努力是对的，但夜以继日地工作，无休无止地工作是错的。对大多数人来说，特别是年轻人，生怕是“少壮不努力，老大徒伤悲”，为了“老大不伤悲”，他们拼命地工作，为了将来“少干活”或“不必工作”，为了有朝一日能游山玩水，享清福，他们把工作当饭吃，在工作中奋斗不息，甚至在工作中无法自拔，像一台高速运转的机器一样，完全无法让自己停下来。

或许你不愿承认，并且辩称：“我这是热爱工作，不是什么工作狂。”那么，我们不妨看一下，“工作狂”与“热爱工作”有什么不同。根据心理专家的解释，一个热爱工作的人，不见得就会对工作上瘾；相反，一个工作上瘾的人，未必就是热爱工作。如果一个人不论吃饭、睡觉、读书、聊天、玩乐的时候，心里都每时每刻地想着工作，那可以肯定，这个人100%是工作狂了。

心理专家分析，每一个工作狂都有不同的工作动机。如有些人嗜好工作中的侵略性；有人依赖井然有序的工作来满足被动心态；也有人是想借工作来麻痹自己；还有的人则是因为激烈的竞争需求，用工作代表胜利，觉得自己高人一等。

工作狂虽然面目各异，举止互不相同，但是仍有一些共性可寻。

(1) 工作狂偏好技能，并且尽量避免无需用到技能的场合。像表达感情、想象力这一类的事，通常他们比较畏怯。

（2）工作狂的心中充满定义、原则、目标、方法、步骤、策略等等，遇到难以理解的事，他们绝对无法接受“笔墨难以形容”这类的说法。

（3）工作狂决不轻易放过任何事，总是引导攻击每一件事。即使他在看一部电影或者一本书的时候，恐怕心里也是想着：“如果换成我来演、来写，就会如何如何不同。”

（4）工作狂无法享受“现在”的感觉，完全受制于工作的目标、成果和终点。

（5）效率是工作狂的信仰之一，而且近乎吹毛求疵，任何浪费、损失都令他们勃然大怒。

对照上面的几点，你心里也应该有个谱了。你是不是工作狂，只有你最清楚。你要不要变成工作狂，也完全由你决定。但是你必须相信一件事，虽然有很多的书籍以及专家教导我们要热爱工作，但你不要错误领会，那绝对不是要我们变成工作的奴隶，完全被工作操控，而是要我们去做工作的主人。

热爱工作自然是一件好事，但若对工作沉迷上瘾，并不是件好事。

按理说，我们人类都有好逸恶劳的弱点，但事情常常都有例外，有些人对于工作本身沉迷上瘾，从工作的本身、工作的过程中他会得到无穷无尽的乐趣，而对于工作的结果、工作的效率却并不是特别关心。这种人我们就称其为“工作狂”。

你可能会说，这还不好吗，一天到晚工作那么长时间，把所有的精力都放在了工作上，对工作痴迷到一种忘我的程度。这种人还不成功，真是天理难容！

首先我们要搞清的一个问题——工作时间长并不意味着就一定是工作效率高。大凡成功人士都有过工作时间超长的记录，在事业到了关键时刻，在研究项目到了紧要关头，在事情到了火烧眉毛的情况下，通宵达旦工作的事情会常有。但这些人注重的是工作效率而不是工作本身，因而不能说工作时间长的人就是工作狂。真正成功的人士，与工作狂的区别是，前者合理地运用时间来达到自己的目标，而不是单从工作本身得到乐趣；同时，他们不会让工作干扰到自己生活中非常重要的事情，诸如会朋友、与家人团聚，还有其他的业余生活，等等。

无论造成工作狂的原因是什么，在这种状况下的人显然只关注“忙碌地活动着”的工作本身，而不是把问题解决或是把事情办好的“成就”。说得严重一些，绝大多数工作狂实际上有着不同程度的不健康的心理。如果真的这样，如果自己还无法从痴迷状况下解脱，就不妨去瞧瞧心理医生。

处世哲理058

努力工作，用汗水换来成果

世间有很多人都想拥有万贯家财，那么如何才能获得呢？致富之道是什么？就是工作再工作。不劳而获的财富并不可贵，唯有流自己的汗、发挥精神、用尽力气赚取的财富，才是最可贵的。

——**星云大师**

鬼逼禅师，本来是个专门赶经忏的和尚，每每忙到三更半夜，才踩着月光归去。

某一晚，他刚赶完一堂经忏，回程中路过一户人家，院子里的狗不断地向他咆哮着，他听到屋子里传来女人的声音："快出去看看，是不是贼？"接着听到屋子里的男人说："就是那个赶经忏鬼嘛！"

他听了羞赧地想着："怎么给我这么一个不好听的名字呢？我为亡者念经祈福，他们却把我叫做鬼！"这时候，正巧下着雨，他便跑到桥下避雨，顺道也打打坐养养神，就双盘而坐。

这时真正来了两个鬼，一个鬼说："这里怎会有一座金塔？"另一鬼说："金塔内有佛舍利，我们快顶礼膜拜，以求超生善道！"于是二鬼便不停地顶礼。

这个出家人坐了一会儿，觉得腿痛，于是放下一条腿来，改成单盘。一个鬼就说："怎么金塔忽然变成银塔呢？"另一鬼说："不管是金塔、银塔，皆有佛舍利在内，礼拜功德一样是不可思议！"于是继续膜拜。

过了一段时间，这位和尚，感到腿痛难忍，于是把另一条腿也放下来，随便散盘而坐。这时两个鬼齐声大叫："怎么银塔变成土堆呢?竟敢戏弄我们，真是可恶!"

和尚听到二鬼生气了，立刻又把双腿收起来，双盘而坐。两个鬼又叫："土堆，又变成了金塔，一定是佛在考验我们的诚心，赶紧继续叩头啊!"

这时雨停了，这位和尚自忖：我结双盘，就是金塔；结单盘，就是银塔；随便散盘坐，就变成了泥巴，这结跏趺禅坐修行的功德真是不可思议!

从此之后，他再也不赶经忏了，只管专心、精进修行，不久便智慧大开，获得神通，自号"鬼逼"，因为是鬼逼而成就自己的修行。

一分耕耘，一分收获，不管追求的是什么，都只有踏踏实实苦练，竭尽全力的做，用辛勤和汗水换来成果，此外并没有真正的捷径可走。

据英国广播公司(BBC)报道，经过节假日休息后，人们最不愿意做的事也许就是工作。但最新的研究显示，工作是让你感到生活幸福、心情快乐的关键因素。

瑞典哥德堡大学的研究人员对"如何才能快乐"这个问题进行研究发现，努力工作会让人感觉快乐。他们认为，为达到目标而进行的工作比达到目标本身更能让人感到快乐。当然，他们也认为良好的人际关系也非常重要。对于他们的研究结论，英国的专家也表示同意，但同时指出，工作一定要与个人的实力相当，否则工作起来就会有累的感觉。

哥德堡大学的研究小组对几百个人进行了采访，试图找出让人感到充实快乐的因素。他们发现，彩票中奖以及工作中达到了目标最能让人得到一时的快乐，但却不能持久。相反，他们发现为达到目标而努力工作的过程更让人充实。该大学哲学系的本特－布鲁尔德领导了这一研究，他说："重要的是要保持积极性。从我们的研究看，积极的人最快乐。到海滩放松一下看起来非常诱人，但如果你在海滩上呆久了，你的满足感也就消失了。"

英国心理学会的专家埃维里尔－雷蒙说："努力工作让人产生一种满足感，但只有做适合的工作你才会有这种感觉。工作必须与一个人的能力相一致，否则会让你情绪低落。研究发现，如果你的能力适合你的工作，那么你从工作中得到的乐趣与因为工作得到的回报之间没有太大的联系。不过，人际关系也对人的心情有很大影响，与家人、朋友或工作伙伴建立牢固的关系，你就不容易情绪低落。"

处世哲理059

凡事量力而为，不可逞强

所谓觉悟的生活是要自己承担生活的责任，不要将责任推卸给别人；不是把有利的事情都归于自己，把对自己不利的事情都推给别人。

——星云大师

有一位武术大师隐居于山林中。

听到他的名声，人们都千里迢迢来寻找他，想跟他学些武术方面的窍门。

他们到达深山的时候，发现大师正从山谷里挑水。

他挑得不多，两只木桶里水都没有装满。

按他们的想象，大师应该能够挑很大的桶，而且挑得满满的。

他们不解地问："大师，这是什么道理？"

大师说："挑水之道并不在于挑多，而在于挑得够用，一味贪多，适得其反。"

众人越发不解。

大师从他们中拉了一个人，让他重新从山谷里打了两满桶水。

那人挑得非常吃力，摇摇晃晃，没走几步，就跌倒在地，水全都洒了，那人的膝盖也摔破了。

"水洒了，岂不是还得回头重打一桶吗？膝盖破了，走路艰难，岂不是比刚才挑得还少吗？"大师说。

"那么大师，请问具体挑多少，怎么估计呢？"

大师笑道："你们看这个桶。"众人看去，桶里画了一条线。

大师说："这条线是底线，水绝对不能高于这条线，高于这条线就超过了自己的能力和需要。起初还需要画一条线，挑的次数多了以后就不用看那条线了，凭感觉就知道是多是少。有这条线，可以提醒我们，凡事要尽力而为，也要量力而行。”

众人又问:“那么底线应该定多低呢?”

大师说:“一般来说，越低越好，因为这样低的目标容易实现，人的勇气不容易受到挫伤，相反会培养起更大的兴趣和热情，长此以往，循序渐进，自然会挑得更多，挑得更稳。”

做事情要量力而为，不可逞强，打肿脸充胖子，否则到头来什么也得不到。一个人拥有远大的理想和目标，是一件好事情，但重要的是要对实现理想的过程和方法有清醒的认识，如果完成这件事在自己的能力之外，就不要逞强，逼着自己去完成不可能的任务。

北京的一个很有名的大学，有几个才华横溢的年轻人。在读本科的时候，他们就给中关村的一些软件公司编写程序。大三升大四的暑假，他们几个人一起商量怎么发财。一个想法被认为是一个很好的主意，经过一番讨论，他们决定趁暑假两个月，努力编好这个软件程序，大赚一把。

于是他们整个暑假都在努力地工作。可是，暑假结束了，完成这个软件还是差一点，他们相信再有两个月就能写完，于是他们继续努力地打拼。两个月后，其中一个家在北京的同学的父母很担忧，其他人的父母也很关切，自己的孩子为什么不好好读书?但是他们自己相信这次有了突破，确信再有两个月就可以完成了。于是他们又努力地拼搏了两个月。

其中一个人的父亲实在看不下去了，一天他敲开他们宿舍的门，说:“我可不可以给你们提个小建议?”那位家长继续说道，“你们搞这个东西，到底什么时候完成呢?如果还早，不如先放一放，等你们完成了学业再说。”但是他得到的回答却是，再给我们两个月。

两个月又过去了，这时候，他们几个人的父母都开始发怒了。他们自己的压力也越来越大，每天都在担心。

但他们是名牌大学的高才生，认为自己完全有能力把这软件拼出来，由于都在全力忙这个计划，于是其中的两个人休学了，想再来两个月拼完，反正这个学期的课程已经耽搁了。

两个月又过了。这次他们还是觉得只要再有两个月就好了，软件已经快编完了，离成功真的很接近了！

虽然父母们会比较反感，但是同学们听到他们的计划，都会说："好呀，不知道你们能拿出什么好玩的东西，快点搞出来也算给我们学校争了光。"

而到最后，连同学们也一个一个开始远离、不相信他们，因为他们每次被问还要多久才完成这个计划？答案都是"两个月"。

到后来他们的同学都开始嘲笑他们，说："该换台词了！"

在这种越来越大的压力下，他们还是很坚决地相信这是个很好的点子，他们将要完成这个点子，然后发大财、念完大学、找份正当的职业。

一年过了、二年过了，他们的同学都已经毕业了。

处世哲理060
能力强于靠山

一等员工:敬业乐群，忠勤作务;二等员工:认真负责，无愧操守;三等员工:偷懒怠惰，胡混时光;劣等员工:制造事端，损人利已。

——**星云大师**

如果你的领导、你的老板，只是因为你的阿谀奉承、拍马逢迎而赏识你，那他就注定不是一个好领导、好老板。跟着这样的人，你将来的日子也好不到哪里去。

很多人认为:在职场生存，就要懂得奉承拍马，干得好干得坏不重要，重要的是深得领导的信任，找准一个好靠山，这样就不怕饭碗保不住，日子不好过了。

的确，很多人这样做也短暂地成功过，他们依附在某个领导身上，做领导身边的忠诚走卒，在单位“吃香的，喝辣的”，混得还真不赖。有些人甚至还爬上了领导岗位，反过来领导那些辛勤工作的人。

“存在的就是合理的。”我们不否认这些人的这种“注重关系的活法”有其可取之处。他们如此做也许是经过深思熟虑的:自己的资质平平，工作能力一般，不找个靠山，这日子还怎么过?

这种人可能在短暂的时间内活得滋润自在，但他的靠山一旦倒台，他的一切丑行陋习就会成为众矢之的。不仅在本公司本企业呆不下去了，就是重新跳槽找别的公司，也会成为千夫所指。

同时，从个人角度讲，你现在一天到晚巴结领导，说好听点是与领导走得很近，说难听点是整天对领导摇尾乞怜，这样做人哪里还有尊严?

再说了，你的领导是这样一个人，他恐怕也不是凭着自己的能力走上领导岗位的，跟了这样的人不会有什么出息。

有一个年轻人，毕业之后把所有的精力都用在巴结领导上，整天有事没事都跟着领导跑，自己的业务却一塌糊涂。因为跟领导靠得近，作为他“靠山”的那个领导也的确想提拔他，甚至已经到了内定的分上了。可消息传出后，下面的人不答应，因为各行各业竞争都异常激烈，换上个业务水平很低只会巴结领导的干部，会直接影响员工的利益，甚至难保他们不下岗。由于员工的强烈反对，领导只好采取“舍车保帅”的方法，提拔的事只好作罢。年轻人的如意算盘打错了，人生的希望破灭了。后来，那位年轻人终于在一次醉酒后对着领导大骂：“他妈的！这几年我像条狗一样跟着你，像条狗那样忠诚你，到头来你他妈的把我给甩了。”这就是巴结领导的最终下场。

当然，我们并不反对与领导多沟通，我们也鼓励员工在工作上和领导、老板走得近些。所谓“近水楼台先得月”，你与领导走得近，领导对你的业务能力、你的为人、你的领导能力等等都会有一个更深入的了解，这样你升职的机会就更多。这当然是好事。只是，我们与领导走得近，不一定非要像一只摇尾乞怜的狗，而应该做一个堂堂正正的人。

所以我们强调，把你的精力放在工作上，只要工作干出成绩，比你费尽心机地找个靠山要强得多。尽管我们在工作中难免会遇到给你穿小鞋的领导，但那毕竟是少数，大多数领导还是根据你的工作成绩去评价你的。而且，就是有人专门给你穿小鞋，如果你工作做得好，他也拿你没办法。

第六章

朋友是人生的一大福报

——用佛家智慧体悟交友之道

在禅的世界里，没有高高在上的佛菩萨与师父，只是平等不二的显现，佛是无量的光明，菩萨乃智悲之心地，师父是心灵的朋友。常有人慨叹："相识满天下，知心有几人？"朋友不但是我们情感、生活上的伙伴，也是激励自我、相互扶持的助力。在短暂的生命中，能得到至交好友，有福同享、有难同当，相互扶持、共同成长，实在是人生一大福报。

处世哲理061
朋友应当"以德相交"

交朋友应当要"以德相交"，拿出慈悲、真心、义气来交往，在紧要关头时才会互相扶持，患难与共。要"以诚相交"，朋友之间讲究诚信，摒除利害关系，才能成为知交……

——**星云大师**

生活中，有人认为，既然是朋友，就应该为朋友两肋插刀，对于朋友的帮助自己也不会当一回事，问他为什么这么做的时候他会说："朋友嘛，帮个忙还需要谢吗?!"其实这是错误的观点，因为朋友没有帮你的义务，帮你是因为情分在，不帮你也是天经地义的。因此，朋友的帮助，点点滴滴都是人情，不但要心存感激，还应该表达出来让他知道，这样你的朋友才会越来越多，求朋友帮忙一次就少一个朋友。

有一位法国朋友曾说，他很喜欢中国的女孩子。因为，西方的女孩子都把男士们的"绅士行为"视为理所当然:男士们帮女士提重物、搬东西，"理所当然";男士帮女士开门、拉椅子，"理所当然";同时在西方的教育下，他们男士也视这些绅士作为是他们应该做的。

有一次他们公司扩大营运，他们部门从5楼搬到8楼，每个人必须把自己的东西和一桌一椅搬上去，当那位美国朋友搬了那张椅子，发现真的挺重的，他担心一个女孩子如何搬得动，于是他告诉女同事，椅子交给男同事搬就好。结果一路上，女同事陪他们聊天，搬好了，还忙着倒开水、泡咖啡给他们喝。

"如果在我们国家，力气活'理所当然'是男人的工作，没有人会陪你聊天，没有人会感激地倒开水、泡咖啡，也许是中国人没这个观念，但是中国女孩体恤别人的作风，可爱得多，我们帮她们，不但乐意，而且开心，这种受人尊重的感觉很好。”

很多时候，我们会把别人对自己的好视为理所当然，尤其是朋友之间，认为他们当然不介意被我们“麻烦”，一些小事情，举手之劳，不必言谢。

可是俗话说得好：“受人点滴，涌泉相报。”对待朋友也是如此。要知道，谁都不喜欢自己的好心被人当做驴肝肺，一次两次也许还可以忍受，十次、二十次就会渐渐用光朋友的交情，到时你会发现，朋友似乎不再那么喜欢和你交往了。

也许有人会说，找朋友帮忙，给几个钱或是请他吃顿饭、送个东西，像是把友谊贱卖了，把友情看俗了。这样的想法是不对的，适度地表达我们的感激是必要的，也许我们不懂得比较“高尚”的做法，但吃顿饭、送个小礼物，也仅能表达我们感谢的万分之一，它的作用不在于“礼”的轻重，而在于心意的表示，让朋友晓得他这个忙帮得多么具有“价值感”，多么受朋友的重视，也许在他而言是举手之劳，却可能是朋友攸关生死的大事。

不管他是否接受我们的感激之法，最重要的是，让对方知道你心里清楚和明白他所做的一些，知道我们有多在乎这件事，就像那位法国朋友的女同事，一路陪他聊天，事后还倒开水、泡咖啡的，没花什么钱，却十足表现了她们的感激之情，而那位法国朋友也感受到了，同时还说：“很愉快。”其实朋友在乎的不过是这么一点点的回馈罢了。

总之，与朋友相处我们应当牢记一句话：“天底下没有谁帮谁是理所当然的，朋友之间也是如此。”

处世哲理062
朋友之间要“亲密有间”

我们看佛陀坐在大殿里，信徒向他礼拜，他总是淡淡的，但是彼此心中的那一份情，却是亘古绵长的，所以说君子之交淡如水，淡淡的人情更长远，更隽永。

——星云大师

我们身边不乏被朋友利用和欺骗的人，当然，这不是说让我们从此不再交朋友，不再相信友谊。这里想提醒的是：朋友还是要处的，但是，处朋友也要有分寸，不能很傻很天真地把整颗心都掏出来，亲密可以，但要做到心里有数，以防被最亲密的朋友算计。

小霞是小雪大学的校友，比小雪早两年进公司，因为部里就她们两个年轻人，又是校友，她一直很照顾小雪。平常有项目她经常带小雪一起做，让小雪积累经验并教了她许多应付各种难题的技巧。仅仅三年，小雪就做到了经理助理的职位，成了部里升职最快的新人，就在小雪庆幸自己运气好，遇到这样一个肯提携新人的师姐时，小雪却收到了小霞送来的意外之“礼”。

那次小雪和小霞负责共同筹办一个美国客户在北京的产品发布会。因为事前对客户提供的新产品资料做了详尽了解，小雪提出的方案得到美方客户的赞赏并被采纳。小雪虽然隐隐感觉到小霞的尴尬与不悦，仍安慰自己：“师姐是个好人，她应该能够理解。”

当晚，就发布会的细节问题她们又和客户谈了很久。因时间紧迫，客户要求小雪连夜随他们去酒店布置会场。当听到自己不在布置会场的工作人员之列，小霞的脸色当场就变了。不过到底是多年的“好姐妹”，在发现小雪手机没电，四处找电话通知男友时，她又恢复了当初大姐姐的姿态，主动说：“快去吧，你男朋友那里，我帮你通知吧。”甚至在小雪临走前，她还满脸堆笑、关心体贴地让小雪多加件衣服出去。天真的小雪着实为有这样一个情深意重的“好姐姐”感动了一番，直到看见男朋友红着张脸、气急败坏地冲进酒店将自己大骂一通时，小雪才明白那笑容背后的含义。

原来在小雪走后，小霞打电话到她家，紧张兮兮地问;“小雪在吗?我们都很担心她啊!听同事说她晚上跟个美国客户进了酒店，怎么直到现在她还没回来呀?”于是乎，就出现了先前上演的那出“闹剧”。而那则小雪跟客户去酒店彻夜不归，引得男朋友与客户争风吃醋,两人在酒店大打出手的谣言在办公室盛传了一个多月后才渐渐平息。虽然事后大家明白了事情的真相，但这则故事还是让我们见识了朋友的“厉害”之处。

尽可能善待所有的朋友，但没必要跟朋友过分亲昵，保持距离，不仅可以让友情保鲜，还可以让自己在友情里免受无谓的伤害。要知道，被最亲近的人利用所产生的伤害才是最深也是最难防的。

处世哲理063

熟人是你最该提防的人

人们经常感慨世态炎凉、人情冷暖。满面的笑容、满口的赞美，未必真心;一副严肃的态度、不很中听的语言，未必是假。男人可以装扮成女人，女人也可以装扮成男人。

——**星云大师**

生活中，买东西托熟人，是相信熟人重交情，可这正好被熟人利用，被熟人“斩了一刀”，你还不好意思大叫大嚷吵上门。

小周的同事婚礼快到了，他翻箱倒柜找不到一套得体的礼服，他妻子在一旁说：“还是去买套西装吧。”

妻子的话很中听，小周便乐颠乐颠地和妻子去逛服装商场。但商场西装的价格高得令人咋舌。所以逛了一圈下来，没有买的兴趣。

不过，还是妻子脑子灵活，想起其弟与弟媳在一家小商场承包柜台，做的就是服装生意，求他让点儿价，买件又称心又便宜的西装肯定没有问题，于是便兴冲冲赶去。

弟媳说:大店卖的是名气，价格当然贵，我这儿便宜，出同样的价格，可以买到全毛料子的西装，保证不吃亏。

这对夫妻便眉不皱、心不跳地挑了套就走，心满意足。

世界上有许许多多的巧事。在小周同事的喜酒席上，竟有人穿一样的牌子、一样质地的西装。他妻子充满自信地一问价，这回轮到她吃惊了，竟然比自己弟弟卖给丈夫的便宜40块，而且自己的根本不是全毛料子，分明是被弟弟和弟媳“宰了一刀”。

怎么办?总不能为这40块钱，扯下面子去和弟弟理论一番，只好吃个哑巴亏，这叫“打掉门牙往肚里咽”。

在我们的日常生活中，这类“快刀手”经常都在“挥舞大刀”:隔壁刘老太到楼下熟人摆的水果摊上买西瓜，活生生地被“斩”去两斤分量;楼上小李托同事买件羊毛衫，结果也被“斩”去了十几元;一位朋友托熟人买了条外销“中华烟”，拆开一抽，觉得味道不对。细看包装、过滤嘴，方断定是假货。

细细想来，也许不怪人家，也许是求人的人自己错了，因自己的心理素质有缺陷，被别人利用，拿着了你的短处，才朝你“下刀子”呢!

于是，“快刀手”磨刀霍霍，见熟人便瞅准机会大刀阔斧地“斩”下去，斩得心情舒畅，斩得游刃有余，斩得干净利索。

对付这种专斩熟人的“快刀手”，办法只有一个:离他远点儿!首先，不要指望买便宜货，其实便宜没好货，此乃古训也。其次是“亲兄弟明算账”，言明无须便宜，但求货真价实，是多少钱就付多少钱。再如被斩，坚决找上门去，决不含糊。他不顾情面，你又何必把情面看得太重呢?

处世哲理064

友情不求益我

与人交朋友，不要处处想到要别人帮我、有利于我，用这样自私的心态交不到知心的好朋友。与朋友交，要想到我怎样给人快乐、给人欢喜、给人利益。如果一味要求朋友有利于自己，就会亏损道义。所以，“交情不求益我”。

——星云大师

在与朋友交往中，我们都要互相帮助，今日他来求你，明日你还会去求他，友谊就是在这一来一去中孕育和发展起来的。当然，友谊需要我们舍得，舍是一种帮助，而得是一种求助。在这中间你要把握好尺度，才能让你们的友谊地久天长。如果不小心得的太多而“透支”了，那可就不像信用卡那样还了利息就好了，搞不好还会赔上珍贵的友谊。

作为朋友，作为一个聪明的朋友，与自己的友人交往就要像消防队救火一样，做到“救急不救穷”，要求朋友“救穷”，可就是在“透支”友情了。

小李和小张一直是好朋友。但过了10年后，小张成了一个有钱人。而小李却仍然两袖清风。小李是好吃懒做的类型，大钱赚不来，小钱又懒得去赚，还经常喝酒赌博，日子拮据也不奇怪。

一次小李管小张借钱，小张二话没说就借给他一笔。但是，后来就越来越复杂，小李打麻将总是输的一干二净，还会欠下一屁股债，他就去找小张“帮”他，小张就总给他钱。情况愈演愈烈，因为有“靠山”，小李在赚钱上更加“不屑一顾”，在赌博上也愈加变本加厉，在小张那儿借的钱也越来越多，他的日子也越过越差劲，老婆孩子都走了。

这一来二去的，小张的老婆不高兴了，她算了算这两年多来的账，小李在这儿拿的钱可以买一套房子了，小张心里也开始不舒服。后来小李再来借钱小张就找理由拒绝了，小李心里也不是滋味，认为小张嫌他穷，觉得小张真是不够朋友。

后来，这十几年的友谊就这样不了了之了。

有人说这都是钱惹的祸，但你仔细想一想这跟钱并没有多大关系，根源就在于这两个人在友情里没有处理好舍与得的分寸。一个人得的太多，方式又太过分，另一个人舍也舍的有问题。人们常说的好，帮朋友，帮急不帮穷，这是老祖宗几千年总结的经验，是有一定道理的。

在朋友交往中，最好要用情来帮人，用钱来救急，而不是一味地用钱来“施舍”。吃人家的嘴短，拿人家的手软，用钱来“施舍”很容易让朋友误会正有人在贬踏他的尊严，难免会产生不服、忌妒、自卑的心理，一个没有自尊的人是什么事都能干得出来的，很可能将好朋友的身份变成了仇人。

天有不测风云，人有旦夕祸福，谁没有马高凳短的时候，人活在世上，总会需要别人的帮忙。一则是要明白，需要别人帮忙是难免的，但谁又能帮别人一辈子，谁又能一辈子都靠别人帮忙过活呢?一个办事有“手腕”的人是不会事事都求朋友帮忙的。

要知道事物的发展在于内因，外界的有利因素和不利因素只能影响事物发展的过程，而最终起决定作用的仍然是事物本身。

朋友其实就像“消防队员”，只有在你遇到紧急情况时你才可求助他们，而自己能办到的还是要靠自己。朋友不是你的影子，随时随地地跟着你;朋友不是你的老师，发现你有错误就能及时指出，有问必答;朋友不是你的父母，可以无私地包容你的一切;朋友能做的，只是在你有困难而他们能帮得上忙时，伸手拉你一把。

请记住，朋友是一种资源，应该在最需要的时候用。朋友是“消防队员”，只可用来“救急”不可“救穷”。这里有两层意思，一是指如何利用朋友资源，何时应该请求朋友的帮助;二是指应如何帮助朋友，有求必应说的是天神，而非朋友。

聪明的人应当明白，朋友是一笔资源，可以使用却不宜透支——朋友之间交往最现实最常见的往往就是金钱问题。

救急不救穷，不只限于金钱方面，而是指帮朋友时，应该给朋友一根拐杖，让他自己站立起来，而不是一直扶着他。小时候，小孩学走路，父母不是一直用手牵着他们，而是在他们要摔倒时，赶紧上来扶一把，做朋友也应如此。

即使你们是很好的朋友，你也不可事事都向朋友求助，事事都想在朋友那里“得”一点。朋友间少不了舍得，但这舍与得你一定要把握好分寸，该舍的时候舍，该得的时候得，且不要舍的不是时候，得的也过火，那样对友谊有弊而无益。

处世哲理065

谨防乡人“窝里斗”

人体的各部位，要能互相照应，眼看耳听，耳闻目视，彼此合作，则所办易成；如不合作，各行其是，即如残疾人也。

——星云大师

中国人历来重视籍贯。直至今日，中国人的档案材料中，一直都有“籍贯”一栏。人类文化的历史表明：不同地域的人，会有不同的文化气质，当然也就“同声相应，同气相求”了。于是同乡之间，也有一种特殊的情感关系，叫“乡谊”。如果都是背井离乡、外出谋生者，则同乡之间，也必然会互相照应的。

正如费孝通先生在《乡土中国》中所言：“每一家以自己的地位做中心，周围划出一个‘圈子’。”这个“圈子”，可以说是街坊、邻里，还有亲属，扩大一点，就是“乡里”，再扩大一些，同一县，甚至同一省，都是“老乡”。“老乡见老乡，两眼泪汪汪”，感情自然非比寻常。

可见，我们很多时候，总是把老乡放在第一位，以为老乡是最值得信赖的人！

不过，现在也常听人说“老乡见老乡，背后放一枪”。因为他是你老乡，所以你对他不加防备，他为个人利益害你时，你还蒙在鼓里；因为他是你老乡，你的一切内幕他都一清二楚，他为个人利益要捅你，一捅就捅到你的心窝里，这就叫“窝里斗”。

小明和小刚是老乡，他们同在一个私营公司工作，由于是老乡，彼此互相帮助，工作干得都很不错，老板对他们也很赏识。可是不久，两人同时被老板炒了鱿鱼。什么原因呢?

由于小明与小刚都是好强之人，老板想提拔一个人当经理助理，他们俩是最佳人选，可经理助理只有一个，这就说明一个人要落选，而他们俩又都想得到这个位置，所以两人成了“窝里斗”，在工作中相互拆台，最终使公司蒙受了几十万元的损失。老板一气之下，把他们俩都开掉了。

从上述例子可以看出，“窝里斗”有着非常不好的影响，同乡之间相互帮助是很聪明的做法，但是除了彼此“帮助”之外，一定要避免老乡之间发生冲突，避免“窝里斗”。既要防止“窝里斗”，就要了解“窝里斗”的特点。

“窝里斗”作为“传统节目”，有其独具的特色，一般说来有以下几条：

一曰“阴”，即“不公开”。在公开的场合，大家都是感情不错的老乡，背地里则不尽然，做小动作、打小报告，“当面说好话，背后使绊子”;“当面叫哥哥，背后摸家伙”;“当面握手，背后踢脚”;“当面是人，背后是鬼”。

二曰“软”，即“不硬来”。因为是内部斗争，硬来有敌我之嫌，所以只能“阴”。“阴”则“柔”，“柔”则“软”，“软工夫”往往比“硬工夫”更厉害。其常规办法是“踢皮球”、“打太极拳”、“磨蹭纠缠”等，或者“皮里阳秋”地说“风凉话”。

三曰“小”，比如“小动作”.“小报告”、“小纠纷”，似乎只有“小”字才能体现“窝里斗”的能耐。

四曰“粘”，即“没完没了”。“外部战争”一是一，二是二。一仗打完，要么胜利，要么失败，要么讲和，终归有个了结。然而“窝里斗”则不然，粘粘乎乎，拉拉扯扯，永无休止，这就实在可怕。因为如果不“阴”，便可“当面还手”;不“软”，便可“毅然动手”;不“小”，便可“大打出手”;不“粘”，则可“及时住手”。现在可好，还手找不到对象，动手下不了决心，打又打不得，收又收不了，岂不只有默默忍受其折磨?所以，这种斗法只有两个结果，一是把人变成“两面派”，二是把人逼成“精神病”。

如此看来，老乡在一起属于“窝”的一种，要避免其“斗”就要看这中间个人的意识了，既要避免“成堆”出事，又要避免“树倒猢狲散”。

处世哲理066

无利害考验的友情是脆弱的

世间上很多的不如意，很多负面的逆境，在一个有作为的人看来，并不是障碍，反而是一种助缘。等暴风雨过后，经得起考验的树木就会更加的青翠，乃至地震、泥石流等一些天灾以后，可能建设更美好的家园。

——星云大师

从前有一个国王，名为萨恕檀。这个国王心地善良，怜悯贫穷孤寡之人，经常对人们周济和布施，只要他们有所需求，国王都尽量满足他们，因此国王的善名远扬，超越了国界，而且传到了上天的众神耳中。

文殊菩萨得知人间有这么一个慈悲的国王，心里很高兴，同时也想亲自试一试这个国王到底是不是诚心行善。

有一天，文殊菩萨摇身一变，变成了一个少年婆罗门，从邻国进入萨恕檀国，并来到了王宫门前，乞求布施。

国王听说从异国来了一个少年婆罗门找他，很高兴地接见了来者，并非常关切地问道:“少年人，你是从何处来呀?有什么需要我为你效力帮忙的吗?”

少年婆罗门回答，“我在异国听说您的功德善名，故不远万里前来，想得到您的布施。”

国王听了高兴地说:“好呀!你有什么要求，需要得到什么布施，尽管说好了，别犯难。我的臣民向我要求布施我都会答应，何况你还是异国的客人呢。”

文殊菩萨见状心想：果然名不虚传，既然如此，我就大胆地试试他吧。

于是就说："大王您可是君子一言。我提的要求也许有些过分了，我想让国王给我做奴隶，让王后给我做婢女！"

国王听了，并没有发怒、生气，反而非常痛快地答应说："好吧！你让我个人做奴隶，我现在就可以答应你，我很愿意从现在起就听从你的使唤，服侍你。但是王后本来是一个大国王的公主远嫁到我们国家来的，她是不是能做你的婢女，我做不了主，我应该去征求征求她的意见。"

于是国王就到内宫，把少年婆罗门要求施舍的要求向王后说了，并问她能不能做他的婢女。王后也是心地善良、一心想普救众生的女子，何况在国王的身边，耳濡目染，她不愿拂国王之意，就同意了少年婆罗门的要求。

国王和王后一起从内宫走出来，对少年婆罗门说："我们商量好了，愿意一起做你的奴仆和奴婢！"

婆罗门这时就说："既然同意给我做奴隶，那你们就应该把鞋子脱掉，要和真的奴仆一样。"

国王、王后一齐说道："是的，主人，我们应该与所有的奴仆一样，他们什么样，我们也什么样。"于是就把鞋子脱掉，把衣服也换成了奴仆穿着的粗布衣服。

文殊菩萨只是为了考验国王、王后。为了不给这个国家添麻烦，文殊就找了另外两个人，用法力将他们变成国王、王后，和往常一样处理朝政。而真的国王、王后就加入了去异国当奴隶的人的行列。

再说国王的夫人天生贵人，原来是别国的一位公主，从小娇生惯养，嫁给国王后更是豪华尊贵，哪里受过光着脚长途跋涉的苦楚！又正赶上身孕沉重，行动不便。因此随众奴隶一起行走，累得气喘吁吁，全身酸痛，脚心早被杂草和石头刺破，疼得钻心，真是一步比一步难行，便渐渐落在了队伍的后面。文殊菩萨早已将这些都看在眼里。本来就慈悲为怀的菩萨虽然于心不忍，但为了考验国王、王后的真心，他仍然装出一副恶狠狠的样子，一边回头吼道："快走啊快走！"一边责骂王后说："你现在是我的婢女，就要像个婢女的模样，按照奴婢之法行事。你现在还像当王后一样，娇里娇气的给谁看！"

王后听了，心中委屈不打一处来，于是长跪地下，泪流满面地诉说道："主人啊主人，我实在是不敢怠慢，实在不敢偷懒，我现在真是累极了，稍稍休息一会儿再走，请您可怜一下吧！"

没想到这个婆罗门是个铁石心肠，不但不为所动，反而对着王后说："得啦得啦，你快起来，跟我走吧。这样的奴婢以后我也没法使唤，干脆把你卖了吧！"

于是，就把王后带到人市上，高声叫卖："都来瞧，都来看，有个奴婢我要卖！价钱便宜人漂亮，谁买到手谁福气！"

王后原来是一人之下、万人之上，整日生活在王宫里，哪见过这个场面。但现在不同了，自己是个奴婢，奴婢就是这样买卖的。而她的丈夫国王，此时也和她落得同样的下场，被一起卖掉了。

本来国王、王后还在一起。这样一卖，两个人分别被人买走了，相隔数里，不能互相照应。国王被一位老者看中，买去以后当作一个坟墓的看门人，专门负责收埋死人的安葬费。这个地方又寒冷，又荒凉，特别是每到深夜，鬼火乱窜，狼嚎犬吠，弄得不得安宁，难以入睡。那老者还时不时地检查他是不是收费以后有所私藏。但国王心里并无怨言。他想：既然为奴，就尽到为奴的责任，我这才是真心布施，修炼功德。

王后的处境比国王更惨。王后是被一个大家买走。这个大家的夫人好像母夜叉一样，见王后面容娇美，非常嫉妒，经常给王后使坏，故意把脏活累活派给她。一大早天还没亮，她就吵吵嚷嚷地把王后叫起来干活，一直干到日落西山，而且不能有丝毫的怠慢，稍有不是，非打即骂。

又过几个月，王后分娩了，生了一个又白又胖的男婴。这家女主人本来无后，见婢女偏偏在她跟前生了个漂漂亮亮的男婴，不禁妒心似火，十分恼怒，对着王后叫骂道："你这个臭婢女，也配生孩子吗？"然后就逼着王后把儿子杀掉。

那时婢女即为奴，就要完全听凭主人的吩咐。主人叫你死，你就不能活。王后此时没有办法，于是硬着心肠含着泪杀死了新生儿子，然后带着死婴去墓地埋葬。

王后去埋死婴，正好与看守墓地的国王相见。相见之后都有千言万语，但他们并没有流露出任何委屈和不满，没有任何抱怨。他们正在说话的时候，须臾之间，真是恍惚如梦，刚才还在冷清的墓地，现在却回到了本国，身上着的是国王和王后的服装，坐的是正殿宝座，一切又恢复到原来的模样。更令他们喜不自胜的是，他们所为之惋惜、日夜思念的已经被埋掉的儿子，此时却活生生地出现在他们的眼前，正在伸着小手，甜蜜地向他们微笑呢！

国王、王后正在惊疑之间，正不知这是怎么回事，只见文殊菩萨端坐在空中的一朵大宝莲花上，现出五色真身，向他们夫妇二人称赞说：

“善哉！果然名不虚传，你们普救众生，广为布施，可真是至诚至信，真心实意，真是了不起啊！”

国王、王后这才悟到，原来这一切都是菩萨显灵，在考验他们是否真诚。他们此时不禁为自己经受住了考验感到由衷的喜悦，连忙向文殊恭敬行礼。

“至诚至信，真心实意”是菩萨对国王、王后的评价，他们做到了，所以又回到了当初的幸福宫殿里。国王和王后经过菩萨的考验，日后会更加坚定的一心向善的慈悲心怀。

同样朋友之间也是这样的道理，只有经过考验，朋友之间的情谊才能真正体现出来，情义无价是做朋友的最高理想，但是，自私是人的通病，如果你因为帮助了别人就以为别人受你滴水之恩会当涌泉相报，那你对友情本身的理解就是掺杂着利益关系，所以很脆弱。

我们周围的朋友很多，没有经过利害考验的友情是脆弱的，只有经过考验并且受得住考验的友情才是我们一辈子的财富，使我们应该珍惜的朋友。

而有许多的友情在经过考验的时候，露出了包裹在里面的杂质，这些友情是脆弱的，其实人们也没有必要对此行为进行指责，虽然违反了朋友间的道义，但却符合了求生存的要素——以自己为中心。

人们常把朋友之间的关系用“情义无价”予以涵盖。但很多时候，人不是因为有了情义才有了朋友，而是因为有了朋友才有了情义。在阿奎那的《神学大全》中曾有过这样一段话：高境界的朋友“的确不是为了利用他们，因为他自己的能力已绰绰有余了；也不必从他们之中寻找欢乐，因为他在富有美德的行动之中已经得到了尽善尽美的欢乐。他需要朋友，只是为了行善，即，他可以为朋友做好事，在朋友快活时自己也感到欣慰，并再次用善行帮助他们”。阿奎那说这番话的目的是为了宣扬朋友之间应该达到“情义无价”的那种境界，于是他将一种理想的“不必从他们之中寻找欢乐”的思想来指导天下人的交友观。

这毕竟是理想，距离现实世界太远。在现实世界里，情义是有价的。价在何处?在于彼此对对方的实绩评估。实绩是具体的、看得见摸得着的东西。比方说有人问身边的人某某人值不值得交，周边的朋友所能提供的参照意见不外乎两个方面:一是品德，二是实绩。品德是公说公的道、婆说婆的理的东西，只有实绩才是人与人处世交友中实实在在的可触可摸的价值体现。

现在很多人强调交友要交得“有所值”，所谓“值”，实际上就是衡量对方的付出以做交友取舍的标准。可你也应该想到，你讲究“有所值”，别人就不考虑“有所值”?

由“有所值”引伸到朋友的情义。可知人与人之间根本就不存在无缘无故的交情，因此也就没有无缘无故的情义。在彼此结成朋友之前，情义根本是不存在的。只有交情深了，才构成了以友谊为基础、人情为桥梁的情感。这种友谊和情感的交融就是朋友的情义。

处世哲理067
人生的河流要靠礼貌才能通过

语云“有理走遍天下，无理寸步难行”，同样，有礼貌的人，到哪里都会受人欢迎;没礼貌的人，到处让人回避。礼貌是人与人之间的桥梁，也是国与国之间的桥梁;世界上的河流那么多，要靠桥梁才能通过，人生的河流要靠礼貌才能通过。

——星云大师

很多人认为，跟朋友在一起就要坦诚相见、开诚布公、毫无掩饰， 就没有必要拘于小节。但是有一句话说得好:越亲密无间的朋友越容易反目为仇。这是为什么呢?主要原因就是太亲密了，以至于相互之间都不再在意小节，而往往事情最容易毁在小节上。不拘小节就是不给友情留下余地，不留余地，友情又怎么继续发展下去呢?

一个农村长大后来到城市生活的人，总是在老婆面前夸赞小时候的朋友，致使他的家人都对这几个朋友抱有好感。有一天，他的好久未见的乡下朋友应邀来他家做客。因为从小关系密切无间，所以个个都不拘小节：在他家住了好几天，进了房门从来都不换鞋，走的时候还留下一大堆瓜子皮、啤酒瓶和臭袜子。这个人的家人纷纷谴责他说的是假话，并声称绝不欢迎这些人来访。而他对朋友的印象也大打折扣。他从那以后再也没有联系那些“亲密无间”的乡下朋友。

其实，在日常生活中，说一个人不拘小节是体现这个人有豪爽的一面，说明他在一些小事上不太注意。这种人往往能够得到较多的朋友，给他人的感觉是容易相处，人缘好。然而，如果要是过于豪放，而不站在对方的角度去考虑问题，那么小节也会断送掉平时好不容易结成的友谊。

特别是在某些关系重大的朋友的交往上，恰恰更要拘小节，也许正因为你的不拘小节，而出现了朋友关系上的危机。

在今天这个时代，人们越来越注重交友的质量和情趣，不拘小节的人将会逐渐失去朋友对自己的好感，而会使自己遭受到更大的损失。所以，作为朋友的一方，在处理朋友关系时不妨注意以下几点：

首先我们要认识到交朋友不是一件随随便便的事，因此要注意和注重交友的质量和情趣，就是只有注意与注重相结合，才会有所行动，而行动中才能真正体现出“拘”的含义，“意之责于思，重之责于行”，两者的完美结合，循序渐进，才会有好的结果出现。

其次，就是在与朋友交往的过程中要注重小节，不要嫌其小。小节，其中心就在于“小”字上，就是平时不为别人所关注的问题上，但正是这些小问题，会反映出许多东西来。以小见大，积少成多，只要你去做了，就会有闪光点出来，就必定会为别人所关注。“勿以善小而不为，勿以恶小而为之”，不正是说明了“小”的关键所在吗?与朋友相处也一样，你以为你做了一件事情是微不足道的，但在朋友心里说不好是一件很严重的事情。因此在这中间你不注意的话，很可能伤害到朋友的感情，最后让你们的友情付之东流。

最后，你千万不要歪曲“小”的含义。也许有人会有这样的问题，拘小节就是不分青红皂白，在任何事情上都要“拘”。其实，拘小节不等于斤斤计较，拘小节要拘到点子上，拘在刀刃上。那种在一切事情上都要分清楚，一切事情上都要讲原则是最为人所不齿的，而朋友也不喜欢这样的人。

以上就是交友方面我们必须要注意的几点。事实上，在与朋友相处的过程中我们需要注意的还有很多，而且多数都是一些很小的细节问题，还需要你在日常生活中细心归纳和总结，并能在交友和与朋友相处的过程中加以运用。

处世哲理068

别和“铁哥们儿”共事

每一个人都需要朋友，但是我们交朋友也须经过选择。古人说：“友为五伦之一，慎于择友，惧其损也”，好的朋友可以患难同当，不时给我们忠言，不当的朋友是酒肉朋友，只想利用我们，甚至出卖，背叛我们。

——**星云大师**

随着这个社会上浮夸者的增多，朋友的价值也不断地受到污染，这时候唯一具有可信性的或者说能够给人以信心的就剩下“哥们”，更保险点说是“铁哥们”。一个自称有很多“铁哥们”的人日子必定过得很舒心，如果他不是吹牛的话。

铁哥们的诱惑在于朋友之间的那种心心相通，在于“有福同享，有难同当”，在于“两肋插刀”的气魄。有这么多诱人的东西摆在面前，仿佛只要有了铁哥们一切问题就都不是问题了。但铁哥们究竟能做什么呢？

你没钱的时候，苦闷的时候，有钱的时候，高兴的时候找到铁哥们，都是最好不过的事，但唯一有一件事是不能找铁哥们的，那就是需要一起共事的时候。

铁哥们就像恋人，同事就像老婆。恋人就可以有许多美好的想象在里面，隔着一层美丽的面纱，有一种“雾里看花，水中望月”的朦胧；而老婆就不一样了，成天在你旁边絮絮叨叨，没完没了，纵使你有多少耐心也得被暴露无遗的对方搞得毫无兴致。而跟铁哥们共事无疑是把恋人变成老婆这样的愚蠢之举。

这得从铁哥们是怎么交下来的谈起，“君子之交淡如水”，这句话的确很有道理，因为假如一开始两个人之间就充满了利益的矛盾，他们是很难毫无芥蒂地走到一起去的，所以铁哥们只能是同学、战友、打小一起和你长大的玩伴。因为没有利害冲突，所以就可以肆无忌惮地说东道西，聊天喝酒，一个星期见一回面或者更久，彼此有一点牵挂，然后更多的时间里是各忙各的。铁哥们只适合做这些。

一旦走到一起去了，按现在的社会衡量能做什么呢？最切合实际的就是赚钱，来路正的钱当然很好，但这里面有一个谁领导谁的问题，哥们之间还可以有一个大哥，但铁哥们之间就难分彼此了，平时觉得意气相投，直来直去惯了，可工作就不能这么样了，总得有人说话更有分量一些，但一个人一个想法，一个人一套思路，憋在心里，日久天长就会产生摩擦，产生隔阂，到最后好说好散还好，就怕弄得钱没赚到，反倒丢了朋友。

一位朋友去旅游结婚，他的一个铁哥们正好也要出去办事，顺路，于是结伴而行，这还不是什么有利害冲突的事，但一路走下去，双方都很失望，只是因为在那个过程当中，双方都不自觉地暴露了太多“淡如水”时无法发现的缺点，于是友谊便大大地打了折扣。当然铁哥们之间也可能去打家劫舍，但这里还有一个分赃不均的问题。

铁哥们之间共事还有一个不成文的定律，那就是大家的素质都很高，那么导致结果就是窝里斗；如果大家的素质不高，甚至还有破坏力很强的人，那么铁哥们共事的结果就是缺点的大综合，把本来能向好的方向发展的事搞得一无是处。好比你爱财，我很喜欢暴力，那么我们就有可能真的去做什么坏事去了。即使不去同流合污，那你如果不是大义灭亲的话，又难免帮着保守一个见不得人的秘密，这是一件多么痛苦的事。

或者就让朋友们甘愿平庸，千万不能指望着有什么奇迹发生。但是，假如你非得与朋友共事，并且坚信不会造成任何有损于友谊的不良后果，那也可以，但你必须有足够的心理准备去承受失败。说一个最简单的例子，比如桃园三结义的刘关张，友谊可谓轰轰烈烈，千古流芳，但他们共事的结果是什么呢?一事无成而已。这里面更可怕的潜台词是刘备太倚重两个兄弟，结果诸葛亮对关、张二位就纵容了，华容道那档子事，以诸葛亮的脾气关羽该斩，但看在刘备的面子上，这事连提也不能提了，耽误多大的事。更不消说关羽日益骄奢，而最终败走麦城了。

一个人有铁哥们多半是为了更好地生存，更好地成就一番事业，而古今中外能够有所作为的人恰恰是那些不单单去依赖哥们的人。还是说三国，曹操一代奸雄，秉性多疑，没有一个朋友，但偏偏是他打下了基业，别人只能望其项背，自叹弗如。结论是:要想成大事不能简单去依赖铁哥们。

铁哥们更像一种信仰，在现世里是没有任何回报的，它只是存在于心里，更确切一点说，在你有铁哥们的时候，你碰到任何事，你心里都有底。就像我们常说的:上帝保佑。

处世哲理069

小人得防，还要会交

古人说“害人之心不可有，防人之心不可无”，有的人太过自信，太过相信别人，也会吃亏。但是，宁可吃亏，也不能先用疑心。只要对自己的志节、道德、人格、信用防守严谨，就不容易被人打倒。

——**星云大师**

新惠禅师在说禅时，把讲堂挤得水泄不通，引起了一个外道的嫉妒，于是他决定到新惠的讲堂找他辩论。

“喂!禅师!”新惠正在说法时，外道突然在外面吼着，并说:“尊敬你的人自会佩服你，但一个像我这样的人就不服你，你能使我服从你吗?”

“到我这边来，我可以做给你看。”新惠禅师指着他的右边答道。

外道昂然地推开大众，走到右边。

“请到我的左边来，比较好说话。”新惠微笑着说，外道走到他左边。

“嗯！不对。”新惠又说道：“你到我前面来，我们也许可以好好谈谈。”

外道又傲然地走到中间。

“你看！”新惠禅师说道：“你已经在服从我了，因此我想你是一位非常随和的人。现在，请坐下来听法吧！”

每个地方都有“小人”，即使是教育界那样强调道德的地方也不例外。

很难说清什么是小人，这里的“小”既不指年龄，也不指身材，小人和小人物是两回事。和“小人”的关系若没有处理好，一般人都要吃亏。

“小人”没有特别的样子，脸上也没写上“小人”二字，有些“小人”甚至长得既帅又漂亮，有口才也有文才，一副“人中之龙”的样子，并且还很聪明。

不过，只要留心观察，用心研究，“小人”还是可以从行为上分辨出来的。

大体言之，“小人”就是做事做人不守正道，以邪恶的手段来达到目的的人，所以他们的言行有以下的特色：

(1)喜欢造谣生事

小人的造谣生事都另有目的，并不是以造谣生事为乐，说谎和造谣是小人的生存本能。

(2)喜欢挑拨离间

为了某种目的，他们可以用离间法挑拨朋友间、同事间的感情，制造他们的不合，他在一边看热闹，好从中取利。

(3)喜欢拍马奉承

这种人虽不一定是小人，但这种人很容易因为受上司所宠而趾高气扬，在上司面前说别人的坏话，只要一有机会就会抬高自己。

(4)喜欢阳奉阴违

这种行为代表他们这种人的行事风格，因此小人对任何人都可能表里不一，这也是小人行径的一种。

(5)喜欢追随权力

谁得势就依附谁，谁失势就抛弃谁，这是小人的一大特点。

(6)喜欢踩着别人的鲜血前进

也就是利用你为其开路，而你的牺牲他们是不在乎的。

(7)喜欢落井下石

只要有人跌跤，他们会追上来再补一脚，在小人眼里，看别人跌跤是最快乐的事。

(8)喜欢找替死鬼

明明自己有错却死不承认，硬要找个人来背罪。

事实上，"小人"的特色并不只这些。凡是不讲法、不讲理、不讲情、不讲义、不讲道德的人都带有"小人"的特征。

小人会交也要会防，我们常说："害人之心不可有，防人之心不可无。"有的时候我们不去招惹小人，但是他也有可能来找麻烦，这时候我们就要学会和小人交朋友或者防小人。

那么，该如何妥善处理和"小人"的关系？

以下几个原则可以供读者参考：

(1)不得罪他们

一般来说，"小人"比"君子"敏感，心里也较为自卑，因此你不要在言语上刺激他们，也不要在利益上得罪他们，针锋相对，只会害了你自己。自古以来，凡是得逞的小人都是心肠狠毒，手段卑鄙。因此小人为恶，让有力量的人去处理，不要自己义气用事。

(2)保持距离

别和小人们过度亲近，保持淡淡的同事关系就可以了，但也不要太过疏远，好像不把他们放在眼里似的，否则他们会这样想："你有什么了不起？"于是你就要倒楣了。

(3)小心说话

说些"今天天气很好"的话就可以了，如果谈了别人的隐私，谈了某人的不是，或是发了某些牢骚不平，这些话绝对会变成他们兴风作浪和有必要整你时的资料。

(4)不要有利益瓜葛

小人常成群结党，霸占利益，形成势力，你千万不要想靠他们来获得利益，因为你一旦得到利益，他们必会要求相当的回报，甚至就像狗皮膏药，贴上你不放，想脱身都难！

(5)吃些小亏无妨

“小人”有时也会因无心之过而伤害你，如果是小亏，就算了，因为你找他们不但讨不到公道，反而会结下更大的仇，所以，能宽容忍耐的就不要放在心上。

与小人相处，就更应该灵活，相信大部分的交际圈里都有小人。一定要和他灵活相处，千万不能因为看不惯而得罪他，这是最不明智的。

“小人”何时何地都有，这种人常常是一个团体纷扰之所在，他们造谣生事、挑拨离间、兴风作浪，很令人讨厌，所以有些人不但敬而远之，甚至还抱着仇视的态度。

仇视小人固然足以显出你的正义，但并不是保身之道，反而凸显了你的正义的不切实际，因为你的“正义”公然暴露了这些小人的无耻、不义。

再坏的人也不愿意被人批评“很坏”，总要披一件伪善的外衣，这是人性，而你特意凸显的“正义”，却照出了不少的原形，这不是故意和他们过意不去吗？

君子不畏谣言不畏攻讦。因为他问心无愧。小人看你暴露了他的真面目，为了自保，为了掩饰，他是会对你展开反击的。也许你不怕他们的反击，也许他们也奈何不了你，但你要知道，小人之所以为小人，是因为他们始终在暗处，用的始终是不法的手段，而且不会轻易罢手。你别说你不怕他们对你的攻击，看看历史的血迹吧，有几个忠臣抵挡得过奸臣的陷害？

所以，和小人保持距离就好了，不必疾恶如仇地和他们划清界线，他们也是需要自尊和面子的。

《呻吟语》的作者吕坤说：“处小人，在不远不近之间。”这和孔子的想法如出一辙。过分地接近小人，对自己而言是一种负担，冷落了他，又会招致嫉恨，不知其心怀何鬼胎。所以，保持适当的距离才是上策。

书中又说：“由于喜欢蛇，而贸然出手去抚摸它，往往会被它咬噬而中毒；倘若因为不喜欢老虎，而动手击打它，同样也会被老虎吞噬。”因此，必须远离老虎和蛇，即所谓的“敬鬼神而远之”。这里的老虎和蛇就是指小人。现实中每个人身边都会有小人，对这种人一定要提防，不要笨拙地出手，以免遭致不必要的伤害。

庄子说："小人之交甘如饴。"是说人与人之间的交往倘若像甘饴一般地粘住对方，时间久了，关系就必然疏远。与朋友相交，需要保持适当的距离，否则容易造成不良的反作用，产生厌烦的心理，友谊无法永久持续。

与"小人"对立的是"君子"。孟子说：君子之所以异于常人，便是在于其能时时自我反省。即使受到他人不合理的对待，也必定先反省自己本身，自问，我是否做到仁的境界？是否欠缺礼？否则别人为何这样待我呢？等到自我反省的结果合乎仁也合乎礼了，而对方强横的态度却仍然不改。那么，君子必然反问自己：我一定还有不够真诚的地方。再反省的结果是自己没有不够真诚的地方，而对方强横的态度依然故我，君子这时才感慨地说："他不过是荒诞的人罢了。这种人和禽兽又有何差别呢？对于禽兽根本不需要斤斤计较。"

处世哲理070

朋友可"多"切勿"滥"

所谓"近朱者赤，近墨者黑"，慎选朋友，与君子相交，会减少很多人我的烦忧。

——**星云大师**

一恬大师小时候是个十分贪玩的孩子，他的母亲常常为此忧心忡忡，母亲的再三告诫对他来讲如同耳边风。

直到一恬十六岁的那年秋天，一天上午，父亲将正要去河边钓鱼的小一恬拦住，并给他讲了一个故事，正是这个故事改变了一恬的一生。父亲讲的故事是这样的：

"昨天，我和咱们的邻居李大叔去清扫南边工厂的一个大烟筒。那烟筒只有踩着里边的钢筋踏梯才能上去。李大叔在前面，我在后面。我们抓着扶手，一阶一阶地终于爬上去了。下来时，你李大叔依旧走在前面，我还是跟在他的后面。后来，钻出烟筒时，我们发现了一个奇怪的事情：李大叔的后背、脸上全都被烟筒里的烟灰蹭黑了，而我身上竟连一点烟灰也没有。”

一恬的父亲继续微笑着说：“我看见你李大叔的摸样，心想我肯定和他一样，脸脏的像个小丑，于是我就到附近的小河里去洗了又洗。而你李大叔呢，他看见我钻出烟筒时干干净净的，就以为他也和我一样干净呢，于是就只草草洗了洗手，就大模大样的上街了。结果，街上的人都笑痛了肚子，还以为李大叔是个疯子呢。”

一恬听罢，忍不住和父亲一起大笑起来。父亲笑完了，郑重地对她说：“其实，别人谁也不能做你的镜子，只有自己才是自己的镜子。拿别人做镜子，白痴或许会把自己照成天才的。”

从此，一恬大师决定离开那群顽皮的孩子们。他要时时用自己做镜子来审视和映照自己。

不久，为了避开尘世的喧嚣，远离见利忘义的市井小人，他出家了。

俗话说：“近朱者赤近墨者黑。”因此，参禅者常常要追求“跳出三界外，不在五行中”的修行环境。这样做也许有些绝对，但是，选择好“自己的镜子”（以你为伍的人）还是有必要的。

常言道：人生得一知己足矣。

有一知己与没有知己相比较，确实令人自豪。但如果有一知己则心满意足，不思另结新友，把有限的时间精力全投入到与一个或少数几个知己鬓发相磨，也是错误的。

人，不能没有朋友，没有朋友的日子是难过的。但是，芸芸众生谁为友，需要慎重选择。现如今，被称为朋友的人大街上到处都是，人们已习惯将过去称为“同志”的改成称呼“朋友”，这样似乎更亲切。其实“同门曰朋，同志曰友。”“同志”之称也有朋友的意思。我们所讲的交友需选择，不是这种泛泛之称的朋友，这里需要说明一下。

一个人结交什么样的朋友，对自己的思想、品德、情操、学识都会有很大的影响。俗话说：“近贤则聪，近愚则聩。”古代名人很重视对朋友的选择。孔子曰：“君子慎取友也。”也有人说：“匹夫不可以不慎取友。”（见《荀子·大略》）品德高尚的人，历来受人推崇，也是人们愿意结交的对象。而品德低劣的人，却常常被人所鄙视，极少有人愿与之结交，当然也不排除“臭味相投”的“朋友”。

实际上，每个人不管自觉或不自觉，他们交朋友总是有所选择的，每个人择友都是有自己的标准的，明代学者苏竣把朋友分为“畏友、密友、昵友、贼友”四类，如此划分便可明白：畏友、密友可以知心、交心，互相帮助并患难与共，是值得深交的；那些互相吹捧、酒肉不分的昵友，口是心非，当面一套，背后一套，有利则来，无利则去，还有的是趁人之危损人利己的贼友，这样的人是无论如何也不能结交的。

都说志同道合，情趣相投，可以作为择友的一个标准，志向不同，情趣有变，友谊不可能长久，早晚会分道扬镳。“管宁割席”的典故就是个例子。管宁热衷读书做学问，而华歆则热衷于官场名利，两人缺乏做朋友的共同思想基础，割席而坐是可以理解的。人类普遍存在着一种“趋同”的心理现象。有一个心理学实验说明了这个现象。心理学家让十几个素不相识的人呆在一间屋里，不与外界交往，只让这些人相处。几天后发现，有共同爱好和追求者大都成了朋友，而没有共同爱好和追求者则形同路人。

交朋友要选品德高尚、心胸宽广者。孔子说：“与善人居，如入芝兰之室，久而不闻其香，即与之化矣。与不善人居，如入鲍鱼之肆，久而不闻其臭，亦与之化矣。”墨子有更形象的比喻，他把择友比作染丝，“染于苍则苍，染于黄则黄，……故染不可不慎也。”也许你说自己“抗腐性”强，那为什么不“择善而从之”，反而自讨苦吃呢？与高尚的人在一起，你也会感染上他的气质，何乐不为呢？

好朋友越多，我们受益越多。学无止境，学问再大的人也有不懂的东西。孔子还谦虚地说：“三人行，必有我师焉。”圣人尚且如此。我们在结交朋友时，也可尽量选择有学识的人，忘年交的存在原因也许正在于此吧。当然，对朋友也不能求全责备。如果人人都要求结交比自己有学问的人，那么到头来只能是谁也没有朋友。正所谓“尺有所短，寸有所长”，朋友相交贵在有所补益，有所予有所取才是“交往”。

古人的交友择友之道，我们可以借鉴，但不能照抄照搬，也不要为其所拘束，对友人过于苛刻。择友的标准各有不同，也应该从个人实际出发，慎重选择，急来的朋友，去得也快，所以朋友可广交，不可滥交。

处世哲理 071

过火的玩笑开不得

不吃过头的饭，不讲过头的话，不走过头的路，不做过头的事。

本分，照顾当下；过头，失去未来。

——**星云大师**

凡是精明的人，在与人开玩笑时都会为自己留有余地，他们能够把握住开玩笑的度，让玩笑成为缓解气氛、消遣娱乐的好帮手，而不是把开玩笑作为攻击他人的独门武器。

生活中很多人开起玩笑来不管不顾，只顾自己开心，而忽视了被开玩笑的人的心情，这种行为是大忌。

某广告公司里有一位女员工小张，她新婚不久就开始发福，原来纤瘦的身材逐渐胖了起来，或许是因为婚姻有了归属、生活稳定的缘故吧！

有一天，单位一位男同事的妻子来公司给丈夫送东西，不料与小张相遇了，而小张恰好与她是旧相识，大家聊了一会儿，男同事的妻子突然对小张说："哎呀，你怎么搞的呀，现在胖成这个样子，脸胖得都看不到眼睛了，再发展下去真的不堪设想啦！"在场的所有人听了都大笑起来。

小张的脸顿时沉了下来，没说一句话，转身离开了。等笑她胖的人都走了以后，小张再也压不住心中的火气，她破口大骂。同事送走妻子回来后，见此情景立即赔不是，场面搞得十分尴尬。后来，小张再也没有与同事的妻子来往。

朋友间开玩笑要讲究个分寸，即使双方关系再好，开玩笑也要注意别太过火，避免恶语伤人的现象出现。

虽有点过但无伤大雅，这样的玩笑还是可以开的，但故事中男同事的妻子与小张开玩笑时的用词，确实太损了些，小张难以接受也是有情可原的，与同事的妻子断绝情分也是预料之中的事情。

生活中，因为一个玩笑而造成的悲剧实在是数不胜数。究其根源大多数是因为玩笑开得太过火，造成了恶语伤人。

所以，开玩笑要讲究分寸，千万不能给他人造成伤害，损害了双方的关系，那才是得不偿失。

当然，不要因为怕把玩笑开得过了火，就不与别人开玩笑，整天一本正经的，这样做没有太大的必要，因为别人会认为你是一个不可爱的人。所以，生活中与人开玩笑是必要的，但是在开玩笑之前，必须加以考虑。

任何人都有自尊心，或许他本人并不在乎别人的嘲弄，可是对他在乎的人遭到嘲弄却不能忍受，如果你没有摸清楚这种人的喜好，就擅自拿他在乎的人开了些不得体的玩笑，即使他当时不会对你怎样，可事后也会把你对他造成的伤害记在心里。一个人不可能被另一个人完全了解，这是不争的事实，更何况每个人的好恶不同，或许你认为好玩的，在他眼里那只不过是小儿科。归结到一点，就是告诉人们，开玩笑时要看人。

许多人喜欢和别人开玩笑或嘲弄别人，可是在不知不觉中就将玩笑开得过火了，伤了双方的感情。因此，在开玩笑之前必须好好动动脑子，管好自己的嘴，以免出口成刀，伤人于无形。凡是有批评味道及涉及敏感或隐私问题的玩笑最好不要开，防止玩笑开过了火，气氛尴尬，不好收场。

处世哲理072

不是只有志同道合才能做朋友

一个社会，无论男女老幼、贫富贵贱，思想不同，观念不同，语言也有差异，都是很正常的；各行各业，各有不同的作用，就像人的各种器官，各有不同的功用，和谐才美。

——星云大师

人们都说“物以类聚，人以群分。”交朋友也要讲究“门当户对”，似乎只有志同道合的人才能成为朋友。其实交朋友是没有条件限制的，身高不是问题，才智也不是重点，关键是要有心。“有心”了，你就能交上许许多多不同层次的好朋友。

小郑的一群朋友要出去玩，他们邀了小郑一道去，当时小郑很兴奋答应了。不过后来却有点后悔，对于这次的邀约他真是既高兴又紧张，深恐自己一个不小心得罪这些硕士朋友，而他仅只是一个连大学窄门怎么也挤不进去的高中毕业生。

他犹豫了半天，终于打电话给主办人说他不去了。他觉得他只是一名高中生，和他们硕士是不同生活领域、不同群体的人。

主办人好说歹说，就是说不动他，结果这件事让小郑的硕士朋友知道了，把他们气炸了，一行人跑到小郑家，把他训了一顿。

“硕士有什么了不起，你这样是把我们看轻了，我们是这种人吗?还是有人规定硕士只能和硕士当朋友，都什么年代了，你怎么还有这种不开化的思想?……”

真不愧是读书人，骂人不带脏字，直把小郑骂得狗血淋头，然后帮小郑收拾行囊，当场把他架走了。所幸这群“知书达理”的好朋友，否则小郑很可能就这样失去这一群朋友，做了人际场上的逃兵。

生活中，有些人觉得自己没别人有钱，没别人有才干，没别人成功，总觉得和那些人站在一起矮了一截，和那些人相处总觉得有隔阂，似乎自己从来也不属于任何一个群体，觉得不管自己讲什么话都是不得体，于是干脆缝起嘴巴不说话了。如此，当隐形人当久了，不仅自己觉得自己隐形，别人也对你视而不见，自然没有人重视你的存在，这样的人生岂不是很痛苦？

那么，如何才能改变过去那种错误的交友认识呢？首先你必须认清，交朋友不是结婚，更何况现代社会结婚都不讲究门当户对了，更不是考试，不是比赛谁的才智高、谁的口才好，该说什么，想说什么，拿出勇气说出来，表达自己的意思，说不好，都有机会再修正，不是吗？

难道说话结巴的，就没有资格交朋友？到了国外，语言不通，可是有些人照样交到了朋友，如果抱着不正确的想法，那么哑巴、聋子岂不是很凄惨？有一个女人，当初认识她男朋友时，男的刚到台湾，国语不太好；她的英语也不怎么灵光，十足的鸡同鸭讲，人家还不是甜甜蜜蜜、轰轰烈烈地谈了一场恋爱！

所以，不要自己给自己出难题了，想交朋友，就大胆地去交，不志同道合一样可以成为朋友，前提是指要你有“心”。

第七章

情不重，不生娑婆

——恋爱就像佛家的禅

爱情来自人们的内心深处，可是你不知道它从何而来，又要到何处去。它无形无体，你抓不住它，却又挥之不去。就算用最美丽的词藻，你也只能说出爱情的皮毛而说不出爱情的真谛。

情不重，不生娑婆。爱情犹如佛家的禅，只能靠自己来慢慢的悟出其中的道理。

处世哲理073

爱念不除去一分，道念不能增加一分

情爱固然令人神迷心荡，却也给人带来不少麻烦，甚至把人推进毁灭的深渊。“情不重，不胜婆娑”，因为爱，才有生死，才有烦恼。“爱念不去除一分，道念不能增加一分”，佛教不是要人舍弃情爱，是要人以智化情。

——**星云大师**

爱情里少不了浪漫，更少不了金钱。因为对于女人而言，钱是让她感受男人体贴、关爱的验证物；但相当多的女人不仅在乎男人能给她多少钱，更在乎在他的能力范围内，他乐意为她付出多少感情。

现在的女子多趋向于“浪漫现实主义”，也就是爱情与物质并重，只有爱情没有物质，喝西北风式的浪漫，她没有办法接受。但仅有钱，没有感情的婚姻，她也犯不着走进去受罪。但如果两者不能兼备时，她会选择“爱情”还是“物质”？

有相当一部分女人都在爱情与金钱之间犹豫不决。更看重现实，看重抓得住的东西，用下围棋的说法是缺乏“大局观”。即使有什么理想，也只局限于“短期存款”，以求能够早日支付；而一旦目标过于长远，她们就放弃了，逻辑是：大脑里想着十个抓不住的东西即使再美好，也不如把握在手中的那一个绝妙。

现代的女人常常说，贫穷的爱情我不要，爱情要通过物质来实现。所以，尽管有的爱情包装得奢侈美丽，但爱情的品质却已改变。有的女人认为，爱情其实是一个多彩的气球，必须注入金钱的氢气才能变得浑圆、完满，没有了金钱的爱情，充其量也只是一块好看的彩色橡皮而已。金钱就这样如此残酷地影响着爱情，金钱的残酷不是用暴力，而是温柔的浸入。颜的恋爱故事，或许昭示了大多数女人在钱与情方面的某种心理状态。

颜与明是朋友介绍进入“恋爱季节”的。颜感觉中的明高大帅气，又是一个白领人士——某外贸公司的部门主管。而在明的眼中，颜热情文雅，大方美丽。第一次约会，明请颜听音乐会，票是朋友给的。音乐会前，他带她到一家小面馆吃晚餐。那面馆脏兮兮的，但颜并未在意。那会儿她看重的是和谁吃而不是在什么地方吃。

情人节到了，看着年轻的女友们都收到了恋人送的红玫瑰或巧克力，颜自然也很盼望明能有所表示。下班后，明却两手空空地来了。颜把先前的想法说给明听，明说：“我到市场看了，平常5元一枝的红玫瑰今年居然卖到了10元一枝。咱何必去赶时髦白费钱呢。”颜想，一枝玫瑰比平日贵5元钱，你买10枝也不过多花50元嘛，犯得着这么计较吗?何况，明每月的收入也有4000多元呢。这以后，类似的事情又发生了若干。在颜的心中，明完全变成了“钱比情重”的小气鬼了。终于有一天，颜提出与明分手。

再以后，对男友花钱似乎挺在意的颜又结识了中学教师顾。顾的月收入不及明，但对颜却情真意切。颜过生日那天，顾用才发的工资为颜买了一枚小号钻戒，这一举动使颜感动不已。因为她知道，就这枚小号钻戒足以耗去顾大半个月的工资!捧着这枚在款哥心目中分量太轻的小号钻戒，颜分明感受到了顾厚重如山的爱意。在以后的交往中，颜更是时常感受到顾“为其所爱，倾其所有”的真情挚爱。结婚那天，朋友同事来“闹新房”，最后一个节目是新郎新娘互道心声。面对颜，顾深情地说：“我可能永远不会大富大贵，但我一定会做到：如果未来生活中只有一碗饭和一碗清汤，我喝那碗汤，你吃那碗饭。”颜心中一热，娇嗔地回道：“你想渴死我呀!那碗饭和那碗汤我俩一起吃，这样才能白头到老嘛!”

可见，现代爱情是以感情为基础，以物质保障为内容的，缺少哪一种，都难以完满。

处世哲理 074

用正念规范感情

爱情本身是个盲者，爱的过分，昏了头，乱了方寸，迷失了方向，不知天高地厚，再怎么美好浪漫，都会出问题。所以，我们要用理智应对感情，用智慧领导感情，用正见处理感情，用正念规范感情。

——**星云大师**

燕子和麻雀是在春天里相遇相识的，缘分使它们很快相爱了，形影不离。它们知心得无话不说。那种互相关心、互相陪伴的爱恋，让它们彼此都感受到了温馨与甜蜜。随着时光的飞逝，转眼春去秋来。燕子就要飞回南方了，它在心里默默地难过，可麻雀并不知道燕子就要离开它了，依旧和燕子谈笑风生，玩耍嬉戏。其实燕子舍不得离开麻雀，它的心里有太多的不舍，可是秋天到了，天气越来越冷了，它再不走就要被冻死了。在它们分手的那天，麻雀非常伤心地哭了。它深情地对燕子说："只要你生活得幸福，就是我最大的快乐，我们今生的相遇，已经是前世修来的福了。"

燕子终于飞走了，但它把麻雀的温柔与美丽留在了心里。

面对缘分，燕子不能强求，否则面临的就是死亡，人的感情也是一样。佛说"各有因缘，莫羡他人"，凡事都为因缘和合而成，顺其自然，随缘而安，缘来时努力珍惜，缘去时珍存回忆，这才是对待爱情的正确态度。

世界上最容易伤人的不是尖枪利炮，而是感情。大家都知道，在"情感的海洋"中淹没了无数的痴男怨女。因此美国著名情感学家鲍尔曾说："情感是一生的大沼泽地。"忠于情感者，值得大加赞赏，但世上还有很多人因自己或对方的原因而不得不将情感这个"火球"扔掉，否则就很难平静心态，去做自己的人生大事。

芳和勇的恋情已有五年多了，芳尝够了恋爱中的酸甜苦辣。因为勇是有妇之夫，通常每周五晚上，勇下班后来看她，她总是做好了饭菜等着。但有时候，经常是到了约定的最后一分钟，勇才来电话，说他不能来了，芳非常伤心，觉得这对她太不公平。芳怎么也想不通，“为什么他爱我就不像我爱他那么强烈呢?为什么他总是三心二意，以至于不履行对我的承诺呢?”

芳真是个傻女孩!

不论什么时候，只要一个人把对幸福的全部渴望寄托在一个虚幻的偶像上，即使这个偶像是个现实的人，也不能保证不会大吃苦头。也许你会得到这个人，但是得到就等于失去。不管什么情况，我们花费在一个人身上的精力毕竟是有限的，如果你把这有限的精力转化为想方设法取悦那些有可能成为你伴侣的人，那么你就会自食恶果。

一些人不断地抱怨合适的人太少了。“我碰到的人不是结了婚，就是正在谈恋爱。”但是，当朋友劝他们参加社交活动时，他们却以种种借口推脱，什么“太穷”啦，“太忙”啦……不一而足。殊不知，是自己根本没有给丘比特射出爱情之箭的机会。

尽管真正的爱情有时候可遇不可求，但你留心看看周围的朋友，那些看起来是“偶然”碰到的或是“缘分”安排的恋人，其实都包含了当局人的良苦用心。

谈情说爱，很多人认为要专一到底，既然接受了对方的爱，不管他（她）对自己是否仍有热情，也要死守着这份感情不放，宁愿在一棵树上吊死，也不愿重新找其他良缘结合。其实这样做只会使自己陷入感情的旋涡中无法自拔。“天涯何处无芳草，何必单恋一枝花”。很多时候，爱情是冥冥中的一种注定，机会总有一天会光顾有准备之人的，只要你主动地去“经营”它，培养它，总有一天你会有爱的回报。

如果你想找一个跟你真心相爱的伴侣，你就得花些精力去发现你的目标。爱情只靠等待不行，还要主动出击，一旦彼此投缘，你就要抓住机会，如果真的发现彼此不合，你也不必太在意。邂逅是一种缘分，分手是另一种缘分，即便成不了夫妻，还可以做个朋友。

处世哲理075

感恩给过你爱的人

感恩的人，是有情有义的人，感恩的心灵，是丰富的宝藏。

——星云大师

在谷地的一座小山包上，住着一户人家。

站在山顶上，能望见山脚下的小河，望见畜栏边上那块玉米地。玉米在扬花结苞，地里间种的豌豆也花开正茂——这可是庄稼人朝思夕盼的丰收前景啊！

这个时候，地里最需要的莫过于水了，下一场大雨该多好呀，不然，下小阵雨也能给庄稼解解渴。老张大叔心疼庄稼，这天他整个早上都搁下活不干，专门仔细地观察东北方向天空上云彩的变化。

"老婆子，我看这场雨可真的下定了。"

老婆子在忙着做饭，附和着说："是要下雨了，那真是菩萨赐的福。"

果然，二十分钟后，雨大滴大滴地下起来了。空气也变得湿润凉爽了。

老张大叔跑出屋外，跑到畜栏里，似乎要找点什么东西。其实，他什么也没找，而是想淋个痛快，使心里更加舒畅。他返回屋里。大声说道："老天爷给咱们下的不是雨，是一枚枚的硬币，大的一元，小的五分……"

突然，狂风骤起，大块大块的冰雹夹杂着雨点从天空中倾泻下来。晶莹光洁的冰雹纷纷落下，这倒真的像天降钱币了。

"哎呀，糟糕！"老张大叔望着漫天冰雹，像挨了重重的一拳，立刻惊叫起来，"这冰雹不能再下了！"

然而，冰雹仍下个不停。它整整下了一个小时，把屋顶、菜园、山坡、田地都盖满了。整个山谷一片白茫茫的，仿佛铺上了一层厚厚的白盐。树木被打成光秃秃的，一张叶子都不剩；地里的玉米全给糟蹋了，豌豆花七零八落。

老张大叔伤心透了。冰雹过去后，他站在他那块玉米地里，对着孩子们唉声叹气地说："如果遭的是蝗灾，也不至于落到这个地步……这冰雹打得庄稼一棵不留！今年，我们连一粒玉米、一颗豆子也收不到了……"

黑夜降临了，这是个多么令人忧伤的夜晚啊！

"累死累活，颗粒无收！"

"没有哪一个人能帮咱们的忙！"

"今年就等着挨饿了……"

在这间处于谷地深处的孤零零的屋子里，人们心中只剩下唯一的希望：菩萨救救我。

"庄稼看来是没有指望了，不过，咱们也不必太难过。别忘了，菩萨是不会让咱们饿死的。"

希望之火在老张大叔的心中彻夜燃烧。他相信，菩萨的眼睛洞察一切，人们心里想些什么，菩萨也会知道。

于是，老张大叔立刻拿起笔来写信，并准备亲自拿信到城里的邮局去投寄。

他写的不是什么别的信，而是一封寄给菩萨的信。

"菩萨，"他写道，"如果您不搭救，我们全家今年就要挨饿。我需要一千元钱买种子，买粮食，以便在地里重新播种，维持生活，因为雹灾……"

他在信封上只写了三个字："菩萨收。"他把信装进信封以后，便带着一种难以平静的心情进城去了。到了邮局，他买了张邮票贴在信封上，把信投进邮箱里。

邮局里有个雇员，他既当邮差，又兼打杂。他从邮箱里取出了那封寄给菩萨的信，被感动了，因为他也一直信佛。

为了不使老张这信仰的奇迹幻灭，邮递员心中升起了一个念头：以菩萨的名义复信。然而，他把信拆开一看，才知道要回复这封信，不是费点纸张墨水、写几句好话就能把问题解决了的。不过，这位邮递员是个意志坚强、绝不食言的人，既说复信，就得复信。

他拿出了自己的部分薪金。但是，他无法凑够一千元这样在当时来说的一大笔钱。他寄给老张的钱只有其所需数目的一半多一点。他把钱装进信封，写上收信人的姓名和地址，并写了一封信。信上什么话也没有，只有一个签名：菩萨。

几天后，老张大叔急着打听他的信件，早早就来到了邮局。把信交给他之后，邮递员站在邮局门口的台阶上看着，心里甜滋滋的——谁做了好事不感到愉快？

老张大叔对菩萨给他寄钱的事是深信不疑的，所以，当他看见信封里装有一沓钞票的时候，脸上一点惊异的表情也没有。等到数清了钞票的数目，他竟生气起来：难道连菩萨也出差错，克扣他所需要的金钱吗？这是绝不可能的事！

老张大叔猛然转身走到柜台前，要来纸张、笔墨，在那张公用写字台上把信纸一摊，又挥起笔来。他眉头紧锁，沉思默想，显然是在搜索枯肠，寻找字句，来表达他那愤激的感情。

信一投进邮箱，邮递员就走过去把它取了出来。信是这样写的：

菩萨：

我要的钱没有如数收到，只收到七百元。请再寄三百元，我急需使用。下次付款切勿邮寄，因为邮局这帮家伙都是盗贼，没有一个好东西。

老张大叔从此再也没有收到“菩萨”的回信。

可悲的老张大叔收到钱不知感恩，反而猜疑给他寄钱的邮局，只得落得一个无助的下场。在生活中，常有那种不懂得知恩图报的人，特别是在爱情方面，认为别人爱自己，为自己付出是理所应当，而自己非但不感恩，还怪罪甚至伤害对方。这样的人，无论何时，都不会得到真正的幸福。

在爱情生活中，得到别人的爱与帮助，是一件非常值得庆幸和幸福的事，即使有时候，你没有能力给予对方同样的回报，也不要忘记感恩对方。

处世哲理 076

婚前性行为几多怨恨几多愁

佛教对感情的看法，并不主张一定要绝对地禁欲，但是也不赞成毫无节制的纵欲。佛教对感情的欲念是采取疏导的方式，比方说培养对音乐、美术或写作的爱好，这些都可以疏导感情……

——星云大师

现代人面对生活似乎多了此许理智，而爱情中那些海誓山盟披肝沥胆死去活来统统留给了“布尔乔亚”，人们不再保留这类爱的誓言：砍下我的头颅，那带血的身子还陪着你呢。人们希望婚姻稳定、白头到老，可又怕跌入陷阱，弄得个“女儿愁，洞房钻出个大马猴”。于是，为了爱，也是为了幸福，试婚——这似婚非婚，令人费解的新提法，竟堂而皇之地出现在婚恋场上。

试婚算不算新生事物，可能不大好说，但试婚作为婚姻的前奏，毕竟有其存在的现实意义。什么叫试婚，这似乎不必下定义，就是在未与某位异性定终身之前，先与对方按照已婚的方式生活在一起，当然也包括性的尝试。如果对方让自己称心如意，方才决定是否可结连理。这样做，有人说是拿婚姻当儿戏，也有人说，若不这样做，才是把婚姻当成了儿戏。两种说法观点相悖，孰是孰非，难做定论。其实，世间的东西很难分出个是非曲直来，所谓存在的就是合理的。试婚有时偏偏不为这“是”与“非”而存在，试婚者自有试婚的理由和乐趣，但乐趣的后面还有难以言状的苦涩。

某杂志社通过全国性文明调查网络对1731人进行的问卷调查显示：38%的人对试婚这种婚姻序曲表示理解，46%的人反对试婚，另有16%的人不置可否。

小艾，上海某学院三年级学生。她的罗曼史挺长，男友是数学系的高才生，他俩从小青梅竹马，现在双双出入同一扇校门，自然相亲相爱。两年前，她同男友租借校园旁的一间农家小屋同居，尽管生活条件、住房设施不怎么样，但他俩却其乐融融。

“学校里知道你们同居吗？”记者问。

“知不知道无所谓，我们又不在学校里住，他们管不着。”小艾不屑一顾。

“你们是有文化的大学生，这样做觉得合适吗？”

“正因为我们有文化，才懂得爱情的可贵和婚姻的重要性。我们不愿像父母们那样为婚姻而生活，也不是为爱情而存在，要知道，婚姻并不等同于爱情。”小艾无所谓地耸了耸肩，似乎充满了勇气和自信。

小叶，上海某大学四年级学生，一个来自大巴山的农家姑娘，和男友同居一年。

“男爱女，女爱男，这是爱情，是情感上的事，而婚姻却又是非常现实的。如果两个相爱的人，不会生活咋办？性格不合又咋办？有情人未必能成眷属，生活便是辩证法。我们现在生活在一起，就是婚姻的序幕，爱情的中转站，生活的试金石，行则行，不行，拜拜！”小叶显得颇潇洒。

“有你这样想法和做法的人，在你们同学中能有多少？”记者问道。

“我所熟悉和知道的同学中，十有八九都这样。”

听了这段对话，我们禁不住为之咋舌。

在试婚一族看来，试婚可以试出双方是否真正相爱，找出个性的最佳“配制”。美在于和谐，和谐就建立家庭，相反就友好分手。这很像桥牌中的叫牌，是打自然，还是打精确，搭档之间总要默契才是。

有人说婚姻本身是一种契约，即双方要有责任和约束力，试婚旨在淡化这种契约，使婚姻变得朦胧——“似花还似非花”、“像雾像雨又像风”。在试婚一族看来，婚姻缺少了这个“朦胧”，或真的朦胧下去了，或加入离婚大军的行列，或弄得个婚姻质量不高的结局。于是，他们比较了父辈的“悲剧”之后，开始小心翼翼地规划着自己的婚姻。

重要的是要认识到在伴侣身上你最需要的是什么。只要你能正确解释自己的感情，那么自己的感情就是恋爱的指南。

如果你婚前与情人发生性关系，你会得到什么？男子得到的是性冲动的即刻发泄，姑娘可能得到的是自己令情人渴望、令情人称心的感觉。他俩都能令自己无节制地发展下去，而无需顾及传统规范的限制。他们至少在婚前就开始试验自己的协调性。他们可能会发现，由于在婚前得到性的表现，他们的爱情比以往任何时候都更加强烈。

然而，对每一种可能的获益，都有一个可能的损失。由于发生婚前性关系，男子可能并且尊重自己的情人；也可能不爱、不尊重自己的情人。他可能发现，由于已经在性上得到了她，他对情人的感情不再那么炽热。他们结合的神秘性质可能会使他感到不称心，甚至可能担心姑娘怀孕。他担心姑娘是在他没有准备好之前，引诱他陷入婚姻之中。也可能他为占有情人的爱情便宜而内疚，尤其当她还是处女的时候。

姑娘可能会因为跨越了贞操的界限而感到称心，也可能会为此而感到担心。她可能会经历巨大的精神冲突，对自己已经做的事情后悔不已。尽管她顺从了情人的要求，她仍可能担心情人最终会抛弃自己。相当一部分美国男子要与处女结婚——很多姑娘已从自己的经验中发现这个趋势。她爱自己的情人，屈从于他的要求，结果发现自己这么做总有一天会失去他。

专家们估计，有40%到50%的同居者最终并未与对方结合。1985年，美国一所大学的研究发现，仅有19%的男性最终与他们同居的女友步入婚姻的殿堂。

在同居者中，由于男女双方的目的不同，结果常常是双方无法了解彼此的期望所在。在1997年的一项研究中，139名有着同居经历的学生在回答他们为何要与恋人同居时，都说同居是迈向婚姻的第一步；而对男性而言，最常见的动机却是“性”要求。有一位男性在回答为什么要与其女友同居时说：“这样就可以随时满足性欲。”尽管这已是过去了许多年的事，而且对艾滋病的恐惧已改变了人们对待性关系的态度，但在同居者中，仍有许多人对同居的目的不甚清楚。

现在，许多年轻夫妇一直以为，同居是了解彼此是否合得来以及避免离婚的最好办法。事实是怎样的呢?一项研究发现，婚前同居者的离婚率要比未同居者高出33%。另一项研究表明，婚前同居时间越长的夫妇，就越容易想到离婚。而且，研究者指出，同居者婚后生活不会很美满，而且对婚姻的责任感差。

爱既不以性行为为满足，也不以婚姻为满足，除非你要找一连串的配偶，否则你是不会一见异性就要匆匆结婚的。喜欢谁就和谁睡觉，即便不是道德沦丧，也是荒谬可笑的。

处世哲理077

女人，别爱上不该爱的人

看到自己喜欢的人，动起爱慕的念头，是人之常情，但是爱慕的对象不当时，不但不能增加幸福，反而凭添烦恼。

——星云大师

作为女人要明白，你的感情很珍贵。每一次付出都要付给值得爱的男人，爱情应带给你幸福和快乐的感觉，并且身心愉悦让你事业上获得成长和提高，生活上让你充实和开心，而不是因为一份爱情，将自己置于一团糟、很受伤的地步。女人一定要留点“心计”，不要爱上不该爱的人，不要拿自己的幸福作任何赌注。

恋爱中的女人容易犯错，而这种失误往往需要你一生的幸福作为代价。

以下几条原则请女士一定要留意：

(1)不要爱上有老婆的男人。

爱上已婚男人，是自找苦吃，几乎是没有结果的，就算你爱他可以不要名分，永远做他的地下情人。想想看，你愿意和另一个女人共有一个男人，而独自忍受很多孤寂的夜晚吗?你能够永远拴住他的心吗?你和他共度良宵时就没有心理负担，担心他的老婆找上门吗?没有人值得你拿自己的名声和一生的幸福去赌，去守候一份没有结果的爱情。如果你执意要提着竹篮去打水，那你就拖着青春的秃尾巴，去来回奔跑吧。

(2)不要爱上看电脑比看你的时间长的男人。

大凡女人，都有目光饥渴症，丑女也不会例外。如果一个男人看电脑的时间比看你的时间长，你会找不到自己的价值观的。那么，让电脑嫁给他吧。

(3)不要相信男人说的：亲爱的，等我×年。

千万别相信男人的老一套，你还有多少青春可以等待?爱一个人，无需等待。

(4)不要爱上有过放纵史的男人。

虽然坏男人讨人喜欢，可是想想吧，就算你现在喜欢他，等到哪一天，爱平淡了，你走在大街上，前后左右的女人，都和你的男朋友上过床。嗯，如果你的肚子里能撑船，你就爱他吧。

(7)不要网恋。

亲爱的，这是少男少女玩的游戏。好男人会有大把的时间耗在网上和你聊天吗?他们大多在为自己的理想和事业打拼，无暇他顾。

(8)不要因为一时情绪低落而对一个男人痛说情史

你以为他是救世主吗?你以为一个男人会把大把的时间花在听你痛说情史上吗?如果他不是看中了你的身体，就一定是看中了你口袋里的钱。即便你运气不错，两者都不错，把自己隐私随便透露也是很危险的。

别和自己过不去，如果找不到一个让自己开心的男人，就自己疼自己吧。

为了自己的幸福和未来着想，女人一定要有“心计”，要理智地把握好感情，快乐地过好自己青春的每一天。把你生命中珍贵的感情付给值得你爱的男人，而不是浪费在不该爱的男人身上。

处世哲理078

分手只是再见，断情不绝情

每一个人都可以为自己带来幸福，也唯有自己才能给自己幸福。“对感情不执不舍，对五欲不贪不拒，对世间不厌不求，对生死不惧不离”，幸福不在遥远的那一方，就在每一个当下。

——星云大师

从前有个书生，和未婚妻约好在某年某月某日结婚。到那一天，未婚妻却嫁给了别人。书生受此打击，一病不起。家人用尽各种办法都无能为力。

这时，路过一游僧，得知情况，决定点化一下书生。

僧人到书生床前，从怀里摸出一面镜子叫他看。

书生看到茫茫大海，一名遇害的女子一丝不挂地躺在海滩上。

路过一人，看一眼，摇摇头，走了……

又路过一人，将衣服脱下，给女尸盖上，走了……

再路过一人，过去，挖个坑，小心翼翼地把尸体掩埋了……

疑惑间，画面切换。书生看到自己的未婚妻，洞房花烛，被她丈夫掀起盖头的瞬间……

书生不明所以。

僧人解释道：“那具海滩上的女尸，就是你未婚妻的前世。你是第二个路过的人，曾给过她一件衣服，她今生和你相恋，只为还你一个情。但是她最终要报答一生一世的人，是最后那个把她掩埋的人。那人就是他现在的丈夫。”

书生大悟，“唰”地从床上坐起，病痊愈了！

凡事都为因缘和合而成，有句话说："缘分是前生就注定的。"姑且不论前世来生的说法，"缘"的存在却是被很多人认同的。

在缘分没有到来的时候，我们或许以为它抽象得难以表述，心里有的也是不甚清明的臆度。倘若真要用实物来形容和说明它，"缘如红线"是恰如其分的。相识是缘，缘如红线，有人依靠这似有似无的线，彼此灵犀相通，执子之手；也有人因一言不合或半点的争执不经意地弄断了线，失去了缘分。缘来缘去，缘聚缘散，看不见，却能感受的到。两个人能够在茫茫人海中相识、相知、相爱这是一种莫大的缘分，我们应该珍惜，然而缘尽了，该离开了，我们也不能强求，因为也许你真正的缘分还没到，你需要耐心等待。

分手实在是件令人伤心和难过的事情，但你要想透的一点是，两性之间没有了爱情还可以有友情，分手不是永别，最好的方式还是做朋友。每个人都有追求自己幸福的权利，我们能做的只能是祝福他，并且尽量与他保持联系。

男女之间的感情，从古以来就常是剪不断、理还乱。一对恋人好的时候常好得像一个人，可是分手的时候却恨不得一下子冲过去，把对方大卸八块。还有一句流行语：两个人分手了就成了最熟悉的陌生人。无论是成为仇人还是陌生人，其实都是不理智不成熟，没有看透爱情的表现。为什么不想透看开，和他(或她)好聚好散呢？

其实，感情的事因人而异，爱得深、爱得浅，只有自己最明白，旁人实无权过问，而且每人处理感情的方式也不同，有的喜欢快刀斩乱麻的明快，有的喜欢藕断丝连的凄美。这些都是方法的不同，实在谈不上什么对、错。但对于分手你最好能看透想开一点，最好能灵活得采取一些技巧，能够分得理智平顺一点，减少一些不必要的后遗症。

一个男学生一直要请一位女生看电影。她对他没意思，不想去，于是回答他："你这么忙，怎么会有空呢？"

可是，那个男学生却认为自己"还有机会"，而不认为是"被拒绝"。在这种情况下，男的还是不断花时间去约这个女学生，等到几经尝试，终于了解自己没希望之后，说不定还会反过来责怪这个女学生让他浪费了这么多青春呢！

另一个女学生的处理方法就比较好。她跟男朋友分手了，男朋友把过去几年来同她合照的照片，按时间顺序挑出几十张，然后一天一封信、一张照片，试图挽回女孩的心。女孩很感动，打电话告诉男孩:“你这样做我很感动，不过我必须向你坦白，这样是没有用的……我真的很抱歉。”女孩在电话中也哭了，但她却成功地让男孩得到了明确的讯息。

必须注意的是，你可以不同意对方，拒绝对方，但必须去分享他的感受，去了解他的苦劳、功劳、委屈、苦水。谈判上有一句话说:“记住，要不断去同意对方，直到对方同意我们为止。”这句话的关键就在把“行为”和“感受”分开，同意他的感受，但不同意他的行为。因为要去同意他的感受，所以男女朋友分手的时候，最好别分得太快。

有的男女喜欢在分手后把话说绝了，不见面、不联系。就要分手的一方而言，能这样洒脱自然干净利落，可是就被“甩”的一方而言，从“有”到“无”，一下子跌落到失望的谷底。这样的分手可以说很没有品味，也是一种对爱情没看透的表现，容易给人造成很大的伤害。

为了避免出现这种情况，可以考虑用渐进式的分手法。

电话还是可以打，但次数可以减少，话题可以逐渐变得只限于日常生活而不再浓情蜜意。比如有的情侣习惯每天晚上9点通电话，久而久之就成了习惯。今天一方忽然叫另一方以后不必打了，他一下子怎么适应得过来?所以只能从次数和话题上改变。写信也是一样，不必把人家的信一古脑儿都退回去，只要把次数减少就可以。见面也未尝不可，但最好找一个人多、而且比较亮的地方见面。

千万记住，男女朋友在分手时因为看不开，就容易缺少理性，甚至有人会歇斯底里地捶胸顿足，自杀或杀人，所以分手谈判不可能会一次了结，然后拍拍屁股走人的。它一定是灵活得渐进式的“淡出”。

当然，在这时候一定要把握住分寸，别一不小心把人家的期待给升高了。所以见面的场地以及肢体语言，都必须特别留意。

分手实在是件令人伤心和难过的事情，但情分已尽，看开些，不必勉强。正像一位青年女作家黄鸿涯所说的那样:每个人都有追求自己幸福的权利!但值得提出来的是，分手要讲究方法，灵活处理。毕竟曾经相爱，有过美好的时光，不要把爱情看破，把事情做绝。给对方一个缓和的过程比较妥当。这样以后回忆中也不会有遗憾。

处世哲理079

表白要胆大，但要在心细的基础上

人，有的天生胆大如天，有的生来胆小如鼠。吾人在世间生存，倒不一定要胆子大。胆大的后面要有道德、良知、智慧支撑……

——星云大师

生活中我们需要一颗细心，很多时候只要你肯细心一点，就有可能成就一桩美事，尤其是在爱情上。

在很多人的想法里，对待爱情我们要做一个大胆的人，大胆地去爱，大胆地去表白爱。但是，大胆归大胆，更多的时候我们大胆的前提是要有一颗细心，也就是在对待爱情的时候，要做到胆大心细。否则你的大胆只能是一种冒失，一种鲁莽，不仅不会收到你想要的甜蜜效果，还会把整个事情都搞砸。

我们身边经常有这样的一些人，他们喜欢一个人很久了，最后终于有一天他们的爱意爆发了，他向他所爱的人表白了，但结果很悲惨，不光是那个人拒绝了他，而且人家说自己已经有了拍拖的对象。有更夸张的事情就是，表白了以后，人家告诉你，他是同性恋，让人哭笑不得。

每个人有一天都会经历向自己所爱的人表白爱意的时候，都要壮起胆子勇敢一次，但是在这之前你一定要细心观察和考究，否则，你的大胆表白很可能让自己碰壁，还会让别人耻笑，更严重的时候就是会受到一场“意外伤害”。

小明是一个性格比较内向的男孩，他暗恋上了一位女同事，却不知道自己该不该向她表白感情，因为他不知道她是否对自己有意，如果遭到拒绝，就太丢脸了，还可能招来别人的笑话。他也会经常留意女同事的举动，希望能看出点什么信息来，却不得要领。小明为此十分苦恼，真希望找到什么秘诀，帮他练就一双慧眼。

她是否对自己有意?这对“脸皮厚”的男士来说，简直不是问题，多跟她接触，自然能看出来。万一不行，问问她就知道了。但对“脸皮薄”的人来说，却是大问题，完全可能因此错过一段良缘。

遇到这种情况，你一定要有一颗细心，有一双慧眼，更要有一对灵敏的耳朵，在表白之前，一定要把这些统统加以运用。比如，要跟她周围的朋友和同事搞好关系，从她们的嘴里套出这个女孩是否有了男朋友，还有就是绕弯了解一下这个女孩的老家在哪里，喜欢什么类型的异性，喜欢吃什么东西等等。这些资料都有利于你找机会跟女孩有进一步的沟通。最重要的就是你的直接观察法：

(1)你要留意看她的视线。

当某位女性喜欢你或对你有好感时，往往会趁你不注意时悄悄地把视线投向你这边，当你把视线移向她时，她就会迅速地把视线移开。据考证，直视乃是受到异性吸引的信号，然而，女人却又害怕对方会察觉到她在偷看他，于是只好采取“快速扫描”的方式。

(2)你要用心感觉一下你们的亲疏。

她有时在你面前会故意装成毫无表情的样子，或者跟你隔一段距离走路，甚至故意当着你的面跟其他男人表示亲近，等等，表现出恰好跟她内心相反的态度。因为女孩在自己喜欢的人面前常是反常的。

(3)要看她的态度。

假如某位女性对你解除了警戒心，以亲昵的口吻跟你交谈，则表示她的心扉已经完全打开了，也许她会暗示你可以向前“更进一步”呢!

通过你细心的观察和了解，如果一个女孩以上三点都有所表现，那就是你该“大胆”的时候了，这时候的表白肯定能收到事半功倍的效果。

对待爱情表白，你一定要做到胆大心细，如果你注重了每个小细节，就很有可能成就自己的一份好姻缘。

处世哲理080

换个角度看分手

一个人的思想模式，不能只有直线的，也不能只是单向的，凡事要从前后、左右、上下、正反等多方面去思考；也就是说，当事情陷入胶着状态时，不妨换个角度来看，往往就会出现转圜的余地。

——**星云大师**

无论是男人还是女人，只要他真心投入到一段爱情里，分手都能成为他人生中一个不小的挫折。这挫折不亚于任何一种挫折，它和所有的挫折感一样，都伴随着痛苦，伤心，难过，失落感，失败感……这些疼痛会像细菌一样，渗透到他的每个细胞里，毛孔里，让他时时咀嚼着这份痛。如果没有一种“良药”，他的痛也许一辈子都不能治愈。

对付分手之痛的良药到底是什么?它不是疗效奇快的西药，更不是上等价值的中草药，它不过是一种不需要你花费分文的心态，这种心态叫——看透不看破。

是的，爱情里是需要看透但不看破的。生活中，得到与失去永远维持着它的恒定。得到了财富却失去了亲情，得到了智慧却失去了快乐，实现了梦想却失去了健康……爱情道路上也是一样，若他先弃你而去，不必伤感，因为只要你学会放手，就能让自己找到更好的幸福。

一个女孩失恋了，哭得昏天暗地，有好几天都不出家门，把自己反锁在房间里不吃不喝。所有的人都以为她不会再像以前那样快乐的笑了。可是有一天朋友们碰到她时，她又变回了以前的光鲜亮丽。她说她想透彻了，既然失去了，就证明那个人不属于她。虽然分手是不好受的，但在分手中她明白了什么样的人不适合自己，她会继续好好的生活，继续寻找她生命中的真命天子，绝不会像有些人那样看破红尘。她说，不管怎么样，爱情都是很美好的，她会永远相信爱情。

没想到，分手也可以是快乐的。

爱情中的双方，如果一个人把失恋看成是自杀的理由的话，那是极其幼稚和愚蠢的；如果一方因对方的拒绝而从此自卑的话，那是最懦弱最不理智的行为。相反，当对方弃你而去时，而你能想得开，看得透，能很快调整好自己的心情继续快乐地生活，那你就成熟了，也在失恋中得到了睿智。对于破碎的感情舍不得放弃的人，往往会失去更珍贵的东西。纵然这是一件让人痛心的事情，也不容易被轻易忘掉，但事实上，忘掉它是唯一理智的解决方法。

其实失去感情的人，忘记对方对他们来说其实就在于是否看透，是否看破。如果你明知道这段爱情已经没有挽回的余地了，却还要让自己的情感扯不断理还乱，把自己关在房间里躺在床上回忆从前的快乐；一个人听着音乐想念着曾经拥有的浪漫；一个人在雨天里等他来为你撑伞……就这样，用无奈、伤感和痛苦吐出丝，做成茧然后把自己包裹起来，究其原因只因为你没有把爱情看透，没明白爱情是可遇不可求了，爱情多数时候都是一去不返的。想开些，忘记那些惊天地泣鬼神的誓言吧；忘记那些耳鬓厮磨的日子吧；忘记那张魂牵梦绕的脸庞吧。毕竟爱情不是生命的全部，没了爱情还有许多更重要的事等待我们去做。

爱情是有生命的，当一段爱情经历了生老病死，该结束时就让它结束吧。因此，要爱就要先把爱情看透，但千万不要把爱情看破。

在没有了爱情之后，依旧可以很快乐，只要你努力充实自己，培养多种兴趣，不断参加集体活动，在活动中展示自己的"闪光点"，待时机成熟，缘分来了，也许就有人悄悄地靠近你，也许你也发现了值得你轻轻地靠近的人。

对待爱情，只要看透不看破，下一站幸福就会在不远处。事实也正是如此，经得起一次情感历练的人会是快乐的，选择忘记曾经幸福的人是幸运的，也许只有这样才能对这世间之爱大彻大悟。

处世哲理081

爱情里需要自信

我们往往不知道自己内心有无尽的宝藏，不求诸己，但求诸人，希望得到别人的关爱，提携和赐予。因为对外境，对别人有所求，求不到的时候，就会灰心失望，这就是内心贫穷，不知道自己的富有。

——星云大师

释迦牟尼有一天在恒河的南岸说法，有一位信徒知道天底下最有智慧的人在那里说法，就从恒河的北岸走了很远的路去南岸听说法。

但是到了恒河北岸之后，他发现无法过去，若要绕路，走到对岸法会可能已经结束了。怎么办呢？

他问旁边的船夫："请问这河水深不深，可不可以过去？"

船夫说："浅浅的而已，差不多到膝盖。"

那个人听了以后很开心，说："那我可以走过去了！"结果他从河面上走了过去。

在恒河南岸听法的人，看到有一个人从河面上走过来，都吓坏了，因为河水有好几丈深。他们就问佛陀："这是不是菩萨的化身？要不然他怎么能从河面上走过来？"

佛陀说："他不是菩萨的化身，他跟你们一样，只不过他对我所说的办法有绝对的信心，所以他从河面上走过来了。"

有自信才有魅力。

有自信的人，才可能像那个过河的信徒一样，创造出出人意料的奇迹。在爱情方面，自信心也是一个人魅力的终极表现。

曾有人用调查问卷的形式问过不少女性，让她们回答男性的魅力应表现在哪些方面，结果发现几乎所有的答案都是相同的——男性的魅力不在于容貌，不在于健壮，不在于高矮，也不在于所谓的“男子气概”，而在于自信。

一位女大学生说道：“只要一看他的眼睛，我就知道我是否应该爱他。”一位女医生也说：“如果他的眼睛老是在转动，那说明他缺乏自信心；如果他的眼睛不敢和我对视，那他就不配成为我的心上人。”

在当代女性眼中，有自信的男子最有魅力。作为女子，谁不希望自己能与一个顶天立地的男子汉共同生活，哪一个不希望自己的终身伴侣是一个坚毅、刚强、不畏任何艰难困苦、敢于面对挑战、不断追求进取的强者？谁又愿意与一个怕苦怕累、对生活毫无信心、悲观失望、浑浑噩噩的男人相依为命？

曾经有一个女孩，在两个男孩之间选择，左右为难，因为他们俩都很优秀。其中一个家庭条件很好，就是为人略显傲气，但他在女孩面前一点儿也不傲；另外一个男孩，家境一般，但人人都说他人品好，能力强。

为了做出不后悔的选择，这个女孩和她正在读心理学博士的表姐聊起了这个话题。

表姐听完她的情况，笑着说：“下次，我和你一起分别与他俩吃顿饭，你就有答案了。”

一周后，她们一起分别和那俩男孩一起进餐。

表姐像考试一般，问了他俩同一个问题。“现在房价这么高，你决定怎样买房结婚啊？”

家境好的男孩很轻松地说：“这个问题好办，让我爸妈替我交个首付，其余的由我来还按揭。如果月供过高的话，我爸妈会帮我一点，总之不会有太大负担！”

表姐对他的回答付之一笑。

家境一般的男孩很平静地说：“这个问题对我而言比较困难，我爸妈恐怕连首付款都帮不了我。但我不会灰心，‘房子是女人的安乐窝’这话没错，但它毕竟是人生的附属品而不是目标。我会努力先发展事业，相信该有的都会有的。如果一个女孩因为我暂时没房而放弃我的话，我想我也不会有什么惋惜的。”

表姐对他的回答肃然起敬。

回去的路上，表姐对她说：“一个男人真正的信心不是表现在他已经取得成就时，而是表现在他两手空空什么都没有的时候。我很看好第二个男孩，虽然他眼下一无所有，但又感觉一切都在他的掌握之中；而第一个男孩总是动不动就想到靠父母，这样的人恐怕经受不起挫折！”

那个女孩听完表姐的分析，心里也明朗多了，最后选择了家境一般的男孩。

五年后，她想要的房子、车子都拥有了，而那个家境好的还在还月供。

因此，一个男人要培养自己的魅力，应当首先从培养自信心开始。若抛开了自信心，一切的风度、品质、钱财、地位都只不过是空中楼阁。一个男人如果没有自信心，就不可能坚强、勇敢、大胆、无畏、积极地追求生活目标和美好未来，也就不可能形成男人特有的风度——男子汉风度。只有当一个男人对未来始终充满信心时，才可能在与人相处时，表现出一种宽广的胸怀、一种敢于担当的责任感以及笑对生活的幽默与乐观。所以有不少女性认为，自信才是男子汉的风度之源。

处世哲理082 恋人间并非越亲密越好

世界上为什么有战争？也都是因为要扩大自己的土地。假如人与人能够保持一定的距离，彼此就没有纷争，就像车子保持距离，行车就会安全。

——星云大师

爱情，会让两个独立的人变得像一个人一样。恋爱的双方，你中有我，我中有你，当然是无可厚非的，但这并不意味着你就是我，我就是你。爱情，特别是现代爱情，在人格上是独立的，如果用掩饰甚至泯灭自己的个性来迎合对方，就会抹杀爱的魅力。最好的爱情是，给彼此留一方绿洲，虽亲密，但“有间”。

爱情虽然是一件很亲密的事情，但也要保持自己独立的人格。爱情，只能产生于两个独立人格的男女之间。有一位女孩的初恋是爱上一位挺不错的小伙子，俩人情投意合。但是，经过一段忘情的陶醉之后，她发现自己已成了对方的盲目崇拜者。在他面前，自己显得那样无知、幼稚，而他说的一切都是那么有道理；他把一切都安排得周到，自己什么都不用操心。她逐渐发现，这样下去，自己独立的意志，独立的思考，甚至独立的人格，都将在这种爱中溶化消失。她思考再三，终于下决心和对方分手。几年后，她重新找到了一位平等的爱人，建立了幸福的家庭。

这个女孩的选择，显示了她对人生的理解和追求。爱情的价值应该在于互相扶持和共同进步。这样，才会赢得更甜蜜、更牢固的爱情和更充实的人生。

留一方绿洲给你爱的人，千万不要让热恋只剩下热恋，因为两个人相处，除了爱情还有别的。现实生活中，我们不难发现，一些恋人由于整日沉缅于两情依依，卿卿我我之中，使自己的生活除了热恋以外，一无所有。这样的爱情其实不是真正的爱情，更不是健康的爱情。因为爱情与许多的东西息息相关，爱情需要很多的因素，如果一味地把自己的空间，都给了爱情，整个地沉缅于爱河之中，那么随着诸多相关因素的消失，爱情注定会像鲁迅先生在《伤逝》中说的那样，无所依附。而且爱情不可能独立地存在，它只是人生的一部分，并不是人生的全部。

所以，恋人也不能一头栽进爱河，眼里再也看不见其他。

爱情，是需要有所依附的。《雪城》中的主题歌唱道："心中有个恋人，心外有个世界，我不知道，我应该属于哪一个。"主人公最终选择了心中的恋人，也勇敢地选择了心外的世界，他为自己留了片绿洲，这种选择，使他们的爱变得更深沉、更博大，更有成熟的魅力。

心理距离"有间"要优于无间，要学着将"无间"调为"有间"。制造一种新的心理距离，显得尤为重要，要不断获取一种对恋人来说是新鲜、陌生的东西；重新拾起原来的兴趣爱好，不要因为恋爱而失去了你的朋友。

恋爱中的人们，一定不要忘记给自己留一块绿洲，要在上面耕耘出更丰富、更深刻的东西，使恋人对你更加依恋，这样感情才会注入新的活力。

由于各种各样的原因，恋人常常会有或多或少不愿旁人触及的秘密，所以给恋人一点属于他自己的空间，会使爱情更朦胧、含蓄，变得婉约、细腻而令人回味。而且还会充分显示你豁达宽广的胸襟。

爱情里，做到亲密而有间，不但不会让爱情变得疏远，相反它会让爱情变得更加浓烈。

处世哲理083

爱情里要清醒，别迷失了自己

我们的生活，有时因为陷在男女情爱里面翻滚而苦恼，没有男女情爱的执着，日子就很平静安然，世间本无事，庸人自扰之。人是因为情爱而到人间，也为了情爱而烦恼终生，死后又因为情爱再去轮回生死。

——星云大师

一只乌龟在沙滩上晒太阳时，几只螃蟹爬过来，它们看到乌龟背上的甲壳嘲笑道："瞧瞧，那是一只什么怪物啊，身上背着厚厚的壳不说，壳上还有乱七八糟的花纹，真是难看死了！"

乌龟听后，觉得很羞愧，因为它自己早就痛恨这身盔甲了，可这是娘胎里带出来的，没法改变，它只能把头缩进壳里，来个眼不见、耳不听，落得个清静。

谁知螃蟹们见乌龟不反抗，便得寸进尺："哟，还有羞耻心哩，以为把头缩进去，就能改变你一出生就穿破马甲的命运吗？"乌龟没有应答，螃蟹自讨没趣地走了。

乌龟等螃蟹们走后，伸出头，迈动四肢，找到一处礁石，把它的背部靠在礁石上不停地磨，想磨掉那件给它带来耻辱的破马甲。

终于，乌龟把背磨平了，马甲不见了，但弄得全身鲜血淋漓，疼痛不堪。

这天，东海龙王召集文武百官升朝，宣布封乌龟家族为一等伯爵，并令它们全体上朝叩谢圣恩。

在乌龟家族里，龙王一眼就瞧见了那只已没有马甲的乌龟，便大怒道："你是何方妖怪，胆敢冒充乌龟家族成员来受封？"

“大王，我是乌龟呀!”

“放肆，你还想骗朕，马甲是你们龟类的标志，如今你连标志都没有了，已失去了本色，还有什么资格说是乌龟?”说完，龙王大手一挥，虾兵蟹将们就将这只丢掉本色的乌龟赶出了龙宫。

丢掉了本色的乌龟，在突然降临的荣誉面前也失去了拥有的资格。那些为了赢得爱情而改变了自我的人，难道不正像这可怜的乌龟吗?保持自我的本色，哪怕一时没有人欣赏自己，也不要放弃自我而盲目改变。相信自己是独一无二的，欣赏自己的人早已在命中注定，只要你耐心地等待，最终一定会迎来幸福的爱情。

返本还原便到家，亦无玄妙可称夸。湛然一片真如性，迷失皆因一念差。

热恋中的女孩智商最低，往往看不清自己的弱点，很容易给以后造成大错。在此，提出一些忠告，希望能使她们清醒。

(1)不要太娇贵

现在女孩大多都很娇贵，因为异性相吸，这些女孩很早就开始受到来自于父亲的宠爱，每次在家中都是有求必应，稍不如意，就吵闹撒娇，母亲有时爱说几句，父亲只有乖乖就范。久而久之，使她们养成娇柔华丽、傲气十足的性格，平时遇到一点困难就唉声叹气。恋爱初期，男友也许看不到这些，热恋过后，她们的这些弱点就会暴露无遗，最终会使男友厌烦。

(2)不要太柔弱

女孩柔弱惹人怜，但过于柔弱的女孩喜欢自恋自叹，爱读一些徐志摩、席慕容的诗。读了《红楼梦》就把自己当作林黛玉，爱怜香惜玉。生活中也自以为是高人一等，平时缺乏体育锻炼，身体柔弱多病。开始，男友也许会喜欢她们的这种病态。但结婚后，就会发现她们对丈夫有太多的依靠，更不用说干什么家务活了，大部分男人都不喜欢自己未来的妻子是这样。

(3)不要太尖刻

有一些女孩很尖刻，这些女孩大都长得很漂亮。但可能正是因为这个原因才使她们长期生活在别人的赞叹之中，心底有一种莫名的自豪感。具体的表现就是看不起别人，整天生活在以自己为中心的天地里。走路时，她们绝不允许男友的目光在别的女子身上游荡。否则，她们会红颜大怒。男友一时会被她们的相貌吸引，时间一久，容颜渐失，她们就没有任何优势。所以，就应该早些学会宽容，多些忠厚，才能把爱留长久。

(4)不要太浅薄

现在的社会诱惑太多，女孩往往很早就涉足社会，自然读书不多。至于思想内涵更不用说，她们常因为一些常识性的问题而让人取笑。和男友在一起，她们不懂幽默，不理解男友语言的精华，她们的感觉很枯燥，没有什么乐趣可言。建议这样的女孩平时应充充电，多看看书。

热恋中的女孩很容易迷失自己，切记不要把自己丢得离现实太远。

越爱越要保持清醒，这样的爱才更有价值。

处世哲理084

恋爱时没必要讨好对方

君子不重则不威，自重以后别人才会尊重我们。例如：说话要说有分量的话，做事要做对人有益的事，才会赢得别人的尊重。

——星云大师

雪窦寺在浙江宁波四明山中，历代高僧频出，都以雪窦为名，但禅宗公案中的雪窦禅师是指正脉的雪窦重显禅师，不可误认。雪窦大师慈悲心切，诲人不倦地传播着佛法真谛，让人彻悟人生的本来意义，在禅林中独树一帜，标新立异。天下的学人士子，衲子奇僧，无不争相趋骛，切磋印证。一时间，其他禅宗派系都显得衰落，唯有云门一枝独盛，所以天下称之为“云门中兴”。

当初，雪窦禅师在淮水旁遇到太守曾会先生。

曾会问道：“禅师，您要到哪里去？”

雪窦很有礼貌地回答道："也许往钱塘，也许往天台方面去看看。"

曾会就建议道："灵隐寺的住持珊禅师跟我很好，我写封介绍信给您带去，他定会好好地待你。"

可是雪窦禅师到了灵隐寺时，并没有把介绍信拿出来求见住持，一直在大众中过了三年。曾会于三年后奉令出使浙江时，到灵隐寺去找雪窦禅师，但寺僧却没有人知道有这么一个人。曾会不信，便自己去云水僧所住的僧房内，在一千多位僧人中找来找去才找到雪窦，便问道：

"为什么您不去见住持而隐藏在这里？是不是我为你写的介绍信丢了？"

雪窦："不敢，不敢，因我是一个云水僧，一无所求，所以不做你的邮差呀！"

随即他从袖里拿出介绍信原封不动地交还给曾会，两人哈哈大笑。曾会将雪窦引见给住持珊禅师，珊禅师甚惜其才，后苏州翠峰寺缺住持时，就推荐雪窦任了住持。

雪窦虽然一无所有，但他仍不肯做"信差"，尽管他知道那能改变自己的生活。命运并没有因此而冷落他，最后雪窦甚得大师欣赏成为了住持。尊严不仅仅是一个人生存发展的根本，同时，它也会带来幸福的垂青。

在南方有一种风俗习惯，把未过门的女婿叫做"毛脚"，"毛脚女婿"由于其地位的不巩固，需要一路讨好与恋爱对象有关的各种各样的人，要给这个买东西，为那个干苦力，对这位请客，对那位送礼，这样才能一路过关，获得众人的认可。

讨好不同于迁就，迁就有时可以成为情感的润滑剂，在双方发生冲突时，能起到缓解冲突，调节人际关系的作用。但是这里有一个分寸的把握问题，过分的讨好，就有丧失自我的危险。一旦没有原则地讨好对方，不仅讨好者内心没有愉快的感受，被讨好的人也会觉得对方没有骨气，他就会不珍惜。讨好是一种自我牺牲，而这种牺牲很难说是心甘情愿的行为，往往是被迫作出的一种让步，久而久之，会导致心态的畸变，就像一个弹簧，压得越紧，反弹就越强烈。在男女人际交往中，相互迁就，相互理解，关系才能正常发展。

有这样一对恋人，王强和李静。王强虽然长相英俊，但由于父亲早亡，家境贫寒，初中毕业就进厂当了工人。李静出生在一个知识分子家庭，大学毕业。在朋友家的一个聚会上，两个人相识了，王强虽然没有像样的文凭，但是他天资聪颖，又对李静百般讨好，两个人很快就建立了恋爱关系。

门当户对是中国人传统的观念，王强和李静的关系马上遭到了李静母亲的反对，于是为了未来的岳母开绿灯，王强使出浑身解数，并且答应了难以承受的苛刻条件。戏剧性的一幕发生在婚宴那天，由于迎亲的彩车在途中出了事故，新郎去接女方宾客的时间比计划中晚了半个小时，新娘的母亲以不参加婚礼为要挟，逼着王强当众下跪赔礼道歉。为了顾全大局，王强毫不犹豫地跪了下去……一年后，这桩大学生嫁给工人的婚姻，却并没有什么好结果，双双走上了法庭。

爱情在很多时候是变幻莫测的，正如一首歌中唱到的："我拿青春赌明天，你用真心换此生……"恋爱中的男女总会有一种难以把握的担忧，于是希望有一块试金石，可以测试出对方的真心。试金石毕竟是童话，而恋爱中女性总是花样百出，盼望通过考验能找到可以以身相托的男人。

她们故意约会，来考验对方是否有耐心；她们故意任性，来考验对方是否有诚心；她们故意制造情敌，考验对方是否有决心；她们投下香饵，考验对方是否专心；她们寻死觅活，考验对方是否忍心……社会学家认为，千考验，万考验，未见得千锤百炼出真金，其实考验只要一条：你们是否可以在婚前守贞。这个条件看似偏于保守，但考验的是一个人的毅力，毅力是现代社会成功的重要条件，是决定一个男性将来是否可以承担起家庭的重任，是否可能在社会拼搏中争得一席之地。

也许这是片面之词，但多少道出了一些对生活的感悟。社会上流行一句格言：男人通过征服世界来征服女人，女人通过征服男人来征服世界。能够征服世界的人毕竟不多，但是存在这种渴望的人却不在少数。女性希望能征服男人，至少是未来的丈夫，所以许多人刻意追求让男人俯首贴耳的感觉。

曾经有一对恋爱男女，在经历了长达五年的追逐与考验之后，终于在亲友的祝福声中走入了洞房。当宾朋散尽，红烛高烧，缠绵之夜开始之时，新郎没有热吻新娘，而是拿出了一条鞭子，说道："我做了五年的孙子，今天我要当老子。"当然，这只是一个夸张的故事，但是不得不让所有的女人反省。

总之，爱应该是一种建立在平等基础上的两情相悦，讨好是要不得的，任何的失衡都会埋下悲剧的种子。恋爱中，你只管做好你自己，只管付出你的真诚和爱意，其他的，就顺其自然吧。

第八章

用真心佛性对待婚姻

——婚姻是人生最美的殿堂

芸芸众生，茫茫人海，能够走在一起，这是莫大的缘分，两个陌生的人从相知到相恋最终到了结婚组建一个自己的小家，在这个过程中彼此经历过很多的坎坎坷坷，彼此经历很长时间的磨合。世间婚姻之所以会有不幸乃至离异，是由于二人各自有太多的贪欲和缺陷，佛家主张我们要懂得知足与珍惜。

处世哲理085
有了家，你会更有奋斗的激情

无论外面的世界多险恶、多复杂，至少有个“家”能让身心放松，有亲爱的家人关心、抚慰和作依靠。

——星云大师

我们在婚姻的教育上似乎存在着一些误区，总以为结婚是事业成功的天敌。很多人都是这一理论的受害者。很多有志者曾发誓要到40岁才结婚，结果到了40岁却一事无成。甚至“银行存款也是负数”。实践表明，真正干出一点事的时候是在结婚以后尤其是有了孩子以后。那时人的心态变化很大，也不会再有任何的虚荣心。也许有人会说结了婚“棱角被磨平了”!其实，人结了婚棱角已经固化，可能永远不会磨平。只是当人面对老婆孩子和家的时候，才不再幻想、不再“浪漫”，而是脚踏实地地去做一些事。当我们要去养家糊口时，才知道这世界是不依自已意志为转移的。想一想，一个小家尚且不容易，那么一个大家(单位)呢?一个国家呢?

俗话说:“先立业，再成家。”现在我们要用“创造性的眼光”来看待这句俗话。在一般人看来，这句俗话是非常对的，但在现实生活中，这句话也害了一些人。这句俗话也许是造成目前社会上的“老姑娘”和“老小伙子”多的原因之一吧!应该是“先成家，再立业”，即“成家立业”!

婚姻是一个非常重要而且有趣的人生课题。之所以说它重要，是因为它是最伟大的造物主最早设立的制度之一;因为它一直以这种或那种形式存在着，而且它还必须存在下去，否则社会就无法延续。

婚姻这种制度特别有趣，就因为它包含有人类幸福的许多因素。我们经常谈到友谊的价值，但是，友谊能够和两性的幸福结合相比吗？

有人说："那些没有结过婚的人永远也不会接受彻底的和完全的教育的。"这句话里面包含着很多道理。

无论你的事业多么重要，你都应当时刻把婚姻列在考虑的范围之内。为了达到这个目的，你要记住，没有你的另外一半，你是不完美的，也不是完善的。 "一个成功男人的背后，总有一个成功的女人"，"一个成功女人的背后也一定有一个成功的男人"，这种现象经常会出现。

很多成功人士，在结婚时几乎都很贫苦。贫苦使夫妻之间更加团结，为生活所迫而更加拼命奋斗，最终成功，患难夫妻情更真。

有一个经营领带的小作坊，一开始全部员工只有三人，他、妻子和母亲，妻子和母亲是生产工人，他则每天背着领带沿街"直销"。他给自己订下规矩，每天必须卖出去多少条，如果卖不出去，就不吃饭，因为他想到的是他的妻子和母亲的辛勤劳动还没有被市场承认，他怎么能吃饭呢？后来他成了全世界的"领带大王"，他就是曾宪梓。

成家与立业并非鱼与熊掌。两者有时是可以兼得的。那些历史上事业有成者往往都拥有幸福美满的婚姻。比如马克思与燕妮的婚姻。有时，美满的婚姻更利于事业的成功。家庭是人憩息的港湾，也是事业成功的催化剂。不可否认，家庭同时也是责任，不幸的婚姻家庭的确会对事业的发展不利，这是问题的另一面。我们应该用积极的人生态度看待成家和事业的关系，尽可能地追求事业成功又兼及家庭幸福。

处世哲理086

别再做梦嫁给有钱人了

就贫富而论，有钱的人，虽然衣食无缺，华盖重裘，但有时候为了人事的困扰，同样日夜不得安宁；没有钱的人，尽管每日难过，依然每日过，无钱一样可以挺起胸膛，安心自在，此即所谓的“人穷志不穷”。

——**星云大师**

前一段时间，最美丽的港姐李嘉欣嫁人了。钻石王老五许晋亨，为自己的新娘订做了价值百万余元的婚纱，然后这个美丽的女子从此就要在上亿元的大别墅里享受她的婚姻生活。真是让所有的女人羡慕不已，尤其是那些没钱的女人，她们开始立志，一定要嫁给一个有钱人。

嫁个有钱的男人，这样的想法无可厚非，也可以说这是所有女人的梦想。但对于没有钱的女人，在嫁个有钱人之前，你是否想过你今后要面对什么样的生活方式？你的个人素质允许不允许你适应那个圈子？作为一个富足人家的女主人，你的品格、智慧、魅力在哪里？简单地说就是，你个人的底气够吗？没有十几年学业的基本功训练，即使进了北大清华，也会被淘汰，同样，没有一个做人的基本素质，即使你终于挤进一个原本不属于你的世界，最终也会被“踢”出来。

所以，从前谈婚论嫁时讲到的“门当户对”这句话，虽然现在听起来有点老土和封建，但是你要承认，老祖宗几千年积攒下来的经验而得出的至理名言不是没有道理的。想想，造房子、门窗都要按照最基本的规格建造，否则房子早晚要塌，组建家庭同样如此。想要嫁给所谓的“有钱人”，你一定要习惯那个阶层的思想和生活方式。没钱的女人，你的生活方式是什么样的呢？当有钱的贵族在品红酒的时候，你是不是在喝几块钱一瓶的饮料，却对品酒一无所知?他们爱吃法式西餐，请问你会做吗?他们爱打高尔夫，你呢?……这就是现实，这就是差距，没钱的你，想融入贵族的圈子简直是难上加难，更别提能嫁给他们。当然，也有没钱的女人最后嫁给了富翁，但是幸福的却没有几个。能嫁给富翁的没钱女人多数是因为她长的足够漂亮，他娶的也是那份美丽。但是，女人总有年老色衰的一天啊，那时候也就是她“下岗”的那一天。因此，美丽不是可以享受金钱与幸福并存的婚姻的条件。

20世纪80年代，一位出身贫寒的女人嫁给了一位富有的美国商人。女人直言不讳地对电视机前的千百万民众说：“我嫁的就是他的钱。”而丈夫说：“我执意要娶她就是冲着这份坦诚。”

这个女人从小在矿区长大，生活的贫穷使她没见过什么世面。有一次，她去参加同学的生日聚会，被从未见过的场面所震撼，这一切对于其他同学来说，已经是司空见惯，从此她立志一定要嫁给有钱人。第一件要做的就是上大学：她刻苦地补习，没日没夜地打工挣学费。读书工作时，她都有意识、认真地观察“有钱”男人的特征，自律地训练自己方方面面的综合素质。最重要的是，她要弄清有钱男人心里在想什么、谈论什么，以及自己能带给他们什么。最终有一天，当她“麻雀变凤凰”时，不必主动去追求什么人，身上散发出的魅力已经吸引了众多单身男人的眼球。

这位富人绝对是心甘情愿地娶这个女人。他说：“当初决定结婚时，我受到了来自家庭内外各方面的反对，都说这样的相处长不了。这么多年过去了，比我们晚结婚的人，婚姻陆续出现问题，而我们却能相爱如初。为什么?因为她不像我同一圈子里的女人，从小在这个圈子里生活长大，什么都习以为常。对靠自己努力得来的机会，她非常珍惜，而且对我非常尊重与赏识。”

看了上面的例子我们知道了，没钱女人是可以享受嫁给有钱人的幸福的，但在婚姻里，你一定要是一个积极进取、有打拼精神的女人，这样才可以永远吸引男人的目光和心。

除此之外，你知道富有的男人还希望自己的妻子具备何种品格吗?有位美国记者，采访了许多百万富翁，得出的结论是：“所有富足而幸福的婚姻中的丈夫，对太太的评价几乎大同小异。在这些男人眼里，他们的妻子都具备：爱心、责任感、智慧、能干、有自己的理想，并且能为理想而奋斗。”

嫁给有钱人并不是女人婚姻的最终目标，而是以这个目标为动力，在实现目标的过程中，让自己变得美丽、有智慧，更要有钱。至于婚姻本身，有钱也好，没钱也好，没有爱情的婚姻绝没有幸福可言。女人的幸福不能靠男人的赐予，女人的不幸也不能全是男人的错。嫁个有钱人不是错，但若你除了年轻、漂亮之外，不具备其他任何素质条件，还是三思而后行吧。

处世哲理087

有了孩子之后，别忘了丈夫

一个欢喜快乐的家庭气氛要靠夫妻共同创造。做妻子的，在他人面前要给丈夫留三分情面，善解人意，用智慧来化解问题。多一分鼓励，不仅会增添力量，还会给孩子带来深远的影响。

——星云大师

孩子在婚姻家庭生活中是必不可少的，因为他既是两个人爱情的结晶，也是爱情的延续。但不要以为，孩子就是你生活的全部。几乎有很多女人都会在有了孩子之后把全部精力都倾注在孩子身上，这样就会在不知不觉中忽略了丈夫的存在，最终导致家庭生活的不幸。所以，在这里告诫女人在有了孩子之后，既要爱孩子还要疼丈夫，尽力去维持一个和谐美满的家庭。

婚后的日子对刚结婚的两个人来说是轻松愉快的，充满着温馨，可以做自己想做的任何事情，想玩就玩，想闹就闹。夫妻俩可以下饭馆或者到亲朋好友家去蹭饭。星期天，可以想睡多久便睡多久。

然而一旦有了孩子，似乎一切都与以前不一样了。伴随着孩子的降生，夫妻生活也仿佛变得枯燥了起来。孩子对于双方来讲，麻烦实在是太多了。不仅业余时间都被孩子霸占了，而且还特别忙、特别累。

再有精神上的压力对于双方来讲更具有破坏性。学习和娱乐都成了往日云烟，除了生活琐事外，欢乐的笑声以及夫妻间的温情蜜语，都被孩子的哭声给掩盖了。做不尽的零碎活，使初为人父人母的两个人似乎陷入了绝境。满屋子都充满了尿臭味，到处都飘扬着“彩旗”，到处都乱糟糟的。仅供两个人睡觉的温床，这时又横插上了一个孩子，就感觉自己仿佛连翻身这样一个简单的动作都没法完成了。

接下来经济上又出现了危机。仅仅孩子就占用了一个人的工资，干什么事都必须精打细算，以前潇洒自如的日子一去不复返了。还得预备托儿费、教育投资等等。随着孩子长大，经济压力也越来越大。这样夫妻俩在上班时拼命工作以挣到更多的金钱，下班后丝毫也不敢偷懒，回到家后又得耐心地照料孩子。

这时若夫妻双方缺乏耐心与理解，缺乏体贴和关怀的话，那么矛盾必然会爆发出来。这个阶段应该是婚姻生活中最为紧张的时候了，而且妻子通常比丈夫要辛苦很多。做妻子的不仅要干好本职工作，还要照料好孩子，再加上操持大量的家务。在这种状况下，妻子很难兼顾到丈夫的情绪。

妻子已经把有限的精力放在孩子的身上了，似乎再没有多余的精力去过性生活了。比如像下面这位丈夫在这方面表现就很有代表性。

刚跟妻子结婚已经3年了，有个1岁的孩子。原来刚和妻子都以为，有了孩子后能够给家庭带来欢声笑语。然而刚觉得自从有了小孩后，妻子似乎就把自己忘记了。妻子休假在家期间，每天刚下班回来以后，家里常常乱糟糟的，而妻子从不肯收拾，唯一去做的事情就是围着孩子转。一日三餐都由刚动手去做，吃过饭后，妻子就带孩子出去了，有时拿着什么东西哄孩子玩。刚觉得自己非常寂寞，只得通过看电视来消遣时光。等刚觉得自己很困倦的时候，回到屋里一看，妻子和孩子都睡着了。

就这样，夫妻之间的性生活越来越少了，就算偶尔有一两次，刚也觉得兴趣索然。妻子就像在做什么苦工似的，表情很痛苦。有的时候，甚至一口回绝。每当刚提出把孩子交给家里人带一两个星期时，妻子总说离开孩子自己不放心，还说什么自己喜欢和孩子玩。

逐渐地，妻子变得对什么事都漠不关心，眼里只有孩子，既无心做家务，更没心情收拾打扮自己。

刚不是那种不会体谅人的男人，他知道妻子很不容易，总是抢着干家务。就连妻子不愿意出去游玩，甚至拒绝过性生活，刚都能暂时忍受。而最不能忍受的是在妻子的心目中只有孩子，仿佛在妻子的心目中刚已经不存在了。一想到这些，刚就有些后悔，真后悔当初为什么要孩子。

像上面的例子一样，由于妻子将爱全都倾注在孩子的身上而常常忽略了对于丈夫的关怀。为人妻者必须懂得，和谐的性生活是夫妻情感交流的重要手段。否则的话，丈夫会像上面例子中的丈夫一样产生心理失衡，严重时会导致第三者的侵入。在孩子小的时候，生活压力特别大，如果处理不当的话，将导致夫妻的感情破裂。

夫妻生活中的默契是经过相互磨合而形成的，就是说有了孩子后，一些妻子由于“心疼”或者还不放心丈夫做家务，于是自己全部承担了家务，结果她给自己带来了“享之不尽”的苦累与辛酸，甚至得不到丈夫的理解。必须指出的是，有了孩子以后，妻子要有意识地培养起与丈夫共同分担家务的习惯，还有不能忽视丈夫的情绪，这是调适夫妻情感生活的重要措施。

处世哲理088

婚姻里最重要的是宽容

婚姻的圆满最重要的就是相互包容。“人非圣贤，孰能无过”，夫妻偶尔难免会有一点意见相左，就好像牙齿和舌头有时也会打架，最重要的就是互相忍耐、包容。

——星云大师

仙崖禅师外出弘法，路上，遇到一对夫妇吵架。

妻子：“你算什么丈夫，一点都不像男人！”

丈夫：“你骂，你如再骂，我就打你！”

妻子：“我就骂你，你不像男人！”

这时，仙崖禅师听后就对过路行人大声叫道：“你们来看啊，看斗牛，要买门票；看斗蟋蟀、斗鸡都要买门票；现在斗人，不要门票，你们来看啊！”

夫妻仍然继续吵架。

丈夫：“你再说一句我不像男人，我就杀人！”

妻子：“你杀！你杀！我就说你不像男人！”

仙崖：“精彩极了，现在要杀人了，快来看啊！”

路人：“和尚！大声乱叫什么？夫妻吵架，关你何事？”

仙崖：“怎不关我事？你没听到他们要杀人吗？杀死人就要请和尚念经，念经时，我不就有红包拿了吗？”

路人：“真岂有此理，为了红包就希望杀死人！”

仙崖：“希望不死也可以，那我就要说法了。”

这时，连吵架的夫妇都停止了吵架，双方不约而同地围上来听仙崖禅师和人争吵什么。

仙崖禅师对吵架的夫妇说道:“再厚的寒冰，太阳出来时都会溶化;再冷的饭菜，柴火点燃时都会煮熟;夫妻，有缘生活在一起，要做太阳，温暖别人;做柴火，成熟别人。希望贤夫妇要互相敬爱，互相包容!”

夫妻在一起生活，难免会有小摩擦，所以双方应该互相包容，珍惜现在的生活，这样才能长长久久。

婚姻是现实的，生活是现实的，风花雪月的恋爱，不是真实的生活。现实婚姻里的爱情，要从柴米油盐中去感受。

(1)拿爱人跟别人比最没劲。

爱人不是拿来比较的，不要老说别人的老公如何如何好，别数落你的他（她）没出息，你是他（她）最亲密的人，你要是看不起他（她），生活在一起就没有意义了。对大多数男人来说，赞赏和鼓励比辱骂更能让他有奋斗的力量，女人也是一样。何况，爱就不要伤害。再生气也不可以出口伤人，言语所致的伤口有时一生都会流血。身体的伤害很容易治愈，精神伤害的后果是可怕的。

(2)追问对方爱不爱你无意义

不必整天追问对方爱不爱你，真爱，无需询问;假意也会掩藏。他对你的爱，用心去体会就品味出来了。爱是做出来的，不是说出来的。老挂在口头上不落到实处的爱太苍白。

(3)摆脸色给他看无济于事

生气的模样最丑。当爱人工作已有许多压力，没有义务回家还要看你的脸色哄你开心。对方性格上会有缺点，生活细节会与你不同，令你不满意，但人怎么可能是完美的?在你面前，放下面具，做回自己，是最真实自然的表现。

宽容是对待婚姻应有的态度。适度地容忍和体谅对方，是维护婚姻和爱情的重要法则。

(4)他受人尊重你才有面子。

男人对自己的尊严看得比什么都重要，不管在私下他有多么宠爱你，多么怕你。在人前一定要给足对方面子，让他做天不怕地不怕老婆更不怕的男子汉，他肯定不喜欢朋友们开玩笑取笑他怕老婆。除非他有足够强大的后盾和高高在上的身份，可是，我们大多是普通人呀。

(5)男人自信才可能有出息。

男人大多喜欢吹牛，你别戳破他的这个小把戏，他们这样做可以让自己得到一点力量，找到一点自信，好继续在人生征程上拼搏。虚拟的成就感能让他心情明朗起来，没人喜欢自己一无所是。和妻子在一起，做爱是身体的放纵，谈话是心灵的放纵，只要爱人能得到快乐，轻松一点装傻一下，帮助他找到一点自信，有什么不好？

(6)偷看路边的美女无所谓。

男人骨子里大都喜欢美女，看到美女会目不转睛或回头行注目礼，你别认为那是他不爱你，也别认为那是他好色的表现。爱看美女是男人的本能，与品格无关。何况，爱美知心人皆有之，你难道没偷看过帅哥吗？

(7)知足常乐真情真爱无价。

女人不要太虚荣功利，物质的追求是无止境的，你是活自己，不是活给别人看的，鞋子合不合适只有脚自个知道，舒服最重要，其他的都是装饰，是虚设。何况俗话说：千金易得，有情郎难寻。真爱无价，情义无价。

(8)温柔才是女人的看家宝。

男人喜欢温柔的女人，是因为他们内心很脆弱，不像外表般坚强，他们需要妻子的柔情似水，柔声细语，轻怜蜜爱。只要你有温雅如兰的外表和气质，有吐气如兰的声音，有含情脉脉的眼波，他们就不可能对你有二心。温柔，可以杀死一个男人，对于男人，那是最致命的诱惑。

(9)家庭永远是女人的第一。

我们固然要对工作负责，要有职业道德，要从工作中得到乐趣，但不要做工作的奴隶，我们工作是为了更快乐地和家人在一起，享受生活，享受生命，家庭永远是女人的第一。

(10)尊重对方的父母大家都好。

爱人的父母就是自己的父母，将心比心，老吾老以及人之老，只要内心深处真正感到这就是我自己的父母，心理上对老人依恋亲密，老人会感受到这份真心的。何况，人老了很像孩子，只要像哄孩子般哄老人开心就好了。我们自己也会有老的一天。

比如说，一方喜欢整洁的家居环境，工作一周了，在周末对家里要进行彻底的扫除。而另一方却感觉难得有个休息日子，准备与周公亲密对话，大有不理家政的架式，赖在床上不起床。这时候，如果彼此之间相互指责，很容易发生争执，这就需要有一方首先做出让步。

做丈夫的要体贴妻子爱整洁的生活习惯，做出让步，主动帮助妻子分担家务活，这就是聪明的丈夫。而妻子如果体谅丈夫工作的忙碌与辛苦，也应该主动退步，让丈夫美美地休息睡觉，自己蹑手蹑脚地独自做点家务。

总之，夫妻双方只要有一方主动投降，就有皆大欢喜的结局。反之，如果有一人不配合对方，那么战火也就点燃了。

所以，夫妻相处，要多沟通，多理解，多体谅对方，多换位思考，发现对方的闪光点。把优点放大，把缺点和不足缩小。多用欣赏与赞美的言辞鼓励对方，那么彼此间就会感觉幸福快乐得多。反之，吵架或意见不统一，专揭对方的伤疤，指责对方的缺点和不足，撕破脸皮，相互倾轧，相互争高论低，互不相让，甚至于说话口不择言，都会伤害到双方的感情。

处世哲理089

废话是夫妻生活的必需品

无声胜有声，有声更宝贵！等到唠叨声音少的时候，也就去日无多了。

——星云大师

人与人的交谈中总带有一些废话：陌生人见面有礼节性的客套，客人见面要寒暄一番……夫妻相处，更切记要讲一些甜蜜的废话。

妻子回到家，推开门，丈夫劈头就问："怎么这么晚才回来?"而妻子也许遇上了不顺心的事，已经是急匆匆地赶回家来的，一听这话就火了："我晚回来关你什么事?管头管脚，你样样都要管?"丈夫也火了："我问错了?我问你怎么会这么晚才回来，有什么不对?"

的确，单单把丈夫的话写出来分析，是没有什么不对，他要了解一下妻子晚回来的原因，其中包含着关心的意思。那么，问题出在哪里了呢?让我们来看看，要是灵活地给这些话加上点无关紧要的"废话"，效果会怎么样。

丈夫说："阿玲，你回来了！今天好像晚了点……"其实，你别问下去，妻子就会说明晚归的原因了。同样问询晚归的原因，加了几句多余话，却让人感到亲切和体贴。

同样，如果丈夫那句直率的问话已经出口了，妻子在回答时注意加上一两句无关紧要的"废话"，比如说："你瞧，我这不是回来了?"或者"真对不起，让你等急了吧?"这样，两个人也不至于吵起来，即使妻子不忙解释原因，丈夫焦急和不耐烦的心情也能缓解了。

对于这种近乎于婆婆妈妈的事，做丈夫的往往很不在意。比如：

丈夫马上要上班了，温柔细心的妻子反复叮咛："中午饭后别忘了吃药"，"下午天要冷的，带件衣服走吧。”丈夫不耐烦地说：“你有完没完?年纪还不大就这么唠唠叨叨的”，试问，妻子这时会怎样想?妻子自然会感到伤心和委屈。

再如，丈夫回到家里，把该买的买回来了，该做的做了。妻子问什么他答什么，一言两语、干净利落。可是，妻子总觉得还缺少点什么，同姐妹们唠家常时，不无埋怨地说：“我那口子老实得像块木头，三拳头打不出句话来。”原来，妻子内心在期待着丈夫除了讲这些最“实用”的话之外，再加一些温存的“废话”。

这种似乎无关紧要的“废话”，用术语来说，叫“冗余”。

人们在恋爱的时候，需要许许多多这类冗余的话。一言一语、一举一动都充满着只有对方才体会得到的情意。可是，在婚后夫妻交往中，对这种冗余度的要求减少了，从个人的感觉来说，既已成夫妻，再说那些“年轻人”的火热的话似乎有点不好意思。夫妻间事务性的“正经话”越来越多，含情脉脉的“闲话”则越来越少。时间一长，双方都会感到失去了什么，逐渐产生“家庭是爱情的坟墓”之感觉。

注意一下人们从恋爱到结婚乃至家庭生活的不同阶段中对语言交往冗余度要求的变化，有助于夫妻间保持亲密和谐的关系。

例如，丈夫不慎丢失了20元钱，回家对妻子说了。妻子既感到可惜，又埋怨丈夫不谨慎，不停地唠叨起来。她从丈夫平时大大咧咧的作风讲起，举了日常生活中许许多多实例，叮嘱丈夫下回要把钱放好……丈夫理亏，感到妻子讲得在理，然而，妻子的这种分析和叮嘱，冗余度太大了，且不断地重复，就让人受不了了。最后，免不了要吵起来。其实，当夫妻一方有了过失并已认识到了的时候，对方不仅不能有过多的冗余，而且还要比往常更简略一些。设想一下，丈夫丢了钱，妻子听说后，就简简单单说一句：“丢了就丢了，不过你乱放东西的习惯是得改一改。”这句话既把批评的意思讲了，又充满着对丈夫的信赖和体贴，充分尊重了他的自尊心。因为这时丈夫自己也在懊恼和反省，妻子只需点一点，就足够引起他的重视了。

夫妻间说话也有讲究，该说不说，不该说偏多说，夫妻怎么能说到一块儿?所以，适度地说些多余的废话，哄哄对方，是对对方的体贴。

处世哲理 090
婚姻中要给对方空间

婚姻中男女不能有要改变对方的念头，而是相互适应对方、尊重对方，彼此给对方空间。

——星云大师

婚姻中，百分之百的爱情不存在，即使存在也容易让人窒息，而百分之五十的爱情，却留给彼此回旋的空间。一个人的情感世界里，爱情占到百分之五十应该是一个恰到好处的比例，那种百分之百的爱情叫文学，百分之五十的爱情就叫生活吧。

一部名叫《中国式离婚》的电视剧曾播得火热，此剧给人们提了一个很好的醒：很多婚姻出现问题，甚至最终导致离婚，并不是因为第三者等外部因素，而是夫妻双方自身的问题。

剧中的女主角爱丈夫，并且望夫成龙，同时还想牢牢地抓住丈夫，尤其在自己没有事业依托，而丈夫又事业有成后，更是将人生所有的重心和希望都寄托于婚姻。然而因为无端猜忌，她越想抓牢婚姻就越是抓不牢，可以说正是这种心态导致了情感上的失败。

我们的身边也不乏这样的女人，她们对丈夫一向奉行“高压管理政策”，一方面她们不甘心平凡，希望丈夫能出人头地，成为人上人，于是想方设法、旁敲侧击地施压，给男人以很大压力。另一方面在丈夫真正成了气候之后，女人往往自己还在原地踏步，于是有了危机感，拼命想“抓紧”婚姻，除了管生活小事，还要管他的钱包、社交，就连他的工作都恨不得插一杠子，比如干涉丈夫的生活，管来管去两个人的感情越来越糟，可是她们往往意识不到自己有什么问题，反而觉得理所应当，她们认为自己为家，为对方付出了一切，当然应该享受这份婚姻，享受到丈夫更多的关怀与爱，更可怕的是因为对自己缺乏信心，害怕失去对方便无休止地怀疑和猜忌。

一些妻子愿意鼓励丈夫“冲锋陷阵”，宁愿为他守着“大后方”。但越来越发现自己变得对外界漠不关心，特别是孩子独立以后，不出家门，甚至不关心天气预报，似乎成了一只缩在壳里的蜗牛。相当一部分女人把孩子当成自己的事业和家庭核心，很少看书看报，关注社会。尽管出发点是让丈夫安心事业，其实是把自己的权利丢掉了大半。男人闯出来以后，改变最大的是价值观，他们对世界的看法变得最大，而如果女人不与时俱进，就埋下了危机，最终婚姻也可能出现“十面埋伏”。这样的妻子应多和丈夫一道探讨社会问题。别小看对一些事情的讨论，讨论别人的事情，实际上是锻炼自己的判断力，同时摸清丈夫的价值观。共同创造财富固然很重要，共同打造新的价值观也很重要。另外，妻子也可以时常把自己在工作中遇到的问题和快乐与丈夫分享，让他不要忘记，妻子不仅在乎他的人，也在乎他的看法。

很多人认为百分之百地爱一个人是爱情的最好状态，实际上并非这样。在婚姻生活中，爱情如果占到太高比例，就会垄断一个人的情感世界，喜怒哀乐全凭对方转移，而这反倒会令对方有恃无恐，成为你的主宰，控制你的生活。如果情感世界中只剩下了爱情，那实际上是把爱情逼到了一个死胡同。相对宽松的环境更有利于爱情的良性循环。

爱他百分之五十就已足够，女人的感情世界也应该多元化。你可以重拾昔日朋友，和朋友们一起聊天、喝茶、蹦迪，经常和女友们聚会、聊天，交流最新的资讯信息，把自己的生活安排得多姿多彩，你会发现自己不再是那个喜欢抱怨的小妇人了，和外界的广泛接触会开阔眼界，拓展心胸，百分之五十的爱情更是游刃有余。

不要爱一个人爱得忘却自我，那样全身心的爱只应该出现在小说里，这个社会越来越不欢迎不顾一切的爱。给他呼吸的空间，也给自己留个余地——飞蛾扑火般的爱情，正在进行时固然让人觉得凄美，但若它已成为过去时，你如何收拾那一地的狼藉?所以，爱一个人不要爱到十分，剩下几分用来爱自己吧。经营婚姻是一种技巧性很强的能力，必须从一结婚就开始运作，绝对不能等到“见面就吵”和“说不通”时再做打算。

婚姻的道理与一把沙子相似，要想让婚姻长久、美满、幸福，那就不要每天“盯着”、“看着”、“防着”、“握着”，恰恰是别把婚姻“抓”得太紧！

处世哲理091
夫妻间，最重要的是欣赏

很多失败的婚姻都是因为不能谅解对方的辛劳，不能体会对方的付出。所以，夫妇之道从互相欣赏、互相体谅开始，遇到困难险阻互助斩荆、共离困境，婚姻才能美满。

——星云大师

佛陀在灵山会上时，手中拿了一颗随色摩尼珠，问四方天王道："你们看一看这颗摩尼珠是什么颜色？"四方天王看后，说是青、黄、赤、白等不同的色泽。佛陀就将摩尼珠收回，舒开手掌又问道："我现在手中的这颗摩尼珠是什么颜色？"

天王不解佛陀心中所指，都不约而同地回答道："佛陀！您现在手中根本就没有东西，哪有什么摩尼宝珠呢？"

佛陀告诉四方天王道："我将一般世俗的珠子给你们看，你们都会分辨它的颜色，但真正的宝珠在你们面前，却视而不见，这是多么颠倒呀！"

四方天王们听后皆有感悟。

其实，能看见真正的宝珠的不是眼睛，而是心灵。每个人身上都有闪光点，它需要你用心灵去发现。

只不过，当两个人步入婚姻后，生活中的柴米油盐，往往会冲淡恋爱时的浪漫，慢慢地将爱情转化为血浓于水的亲情，两个人也逐渐成为对方生命中的一部分。越来越强的熟悉感，使人越来越少地去发现对方的优点，甚至越来越习惯给对方"挑毛病"。试想，两个不同生活背景与生活习惯的人组成一个新的家庭，有太多的生活习惯要磨合和适应，因为距离的拉近，彼此的缺点与毛病也就暴露无遗。有多少夫妻就是在婚姻的初始阶段，彼此之间相互不愿意让步，才造成离婚的结果，劳燕分飞。待到幡然醒悟，往往后悔莫及。

这就需要夫妻懂得：你敬我一尺，我还你一丈，彼此包容，理解，婚姻之树才会常青。另外一个更重要的法宝就是放大优点，缩小缺点。

事实上，欣赏是两个人在一起最重要的东西。欣赏里不仅包含了了解、理解和认同，还包含了一种尊重和重视。但时间久了，婚姻生活里的人就忘记了最重要的一点，就是仍然欣赏对方。

因此你应让你的妻子或丈夫了解，你仍然很欣赏她(他)。这是保持家庭生活幸福，增进双方感情的有效办法。

洛杉矶家庭关系研究所主任本诺指出："诸多男子寻求自己的伴侣时，不是在寻找高级职员，而是寻求一个对自己具有诱惑并愿意奉承他们的虚荣心，使他们感到优越的人。"假如一位女办公室主任应邀吃一次午餐，但她总是将大学时代的那些哲学思潮作为谈话的内容，直至坚持自付餐费，那最后的结果只能是，自此以后独自午餐了。

"反过来说，即便一个未进过大学的打字员，应邀吃午餐的时候，她能温情地注视着她的男伴，仰慕地说'再给我讲些有关你的事。'最终的结果可能是，他会告诉别人：'她不是十分漂亮，但我从未遇见过比她更会说话的人。'"

然而，在生活中，有不少男人或女人，不懂得欣赏自己的伴侣。有一位农家妇女，经过一天的辛苦之后，在她的男人面前放下一大堆草。当他恼怒地问她是否发狂了，她回答说："啊，我如何才能引起你注意？我为你做了20年的饭，在那么长的时间里，我从未听见一句话使我知道你吃的不是草！"

为什么不同样体恤一下你的妻子？下回她烧鸡烧得很嫩，你就这样告诉她，使她了解你欣赏她的手艺——你不是在吃草。

当你正要作出如此的表示时，不要怕她知道，你对她的快乐是如此的重视。狄斯瑞利这位英国伟大的政治家，正如我们所知，他就不羞于使世界都了解他对他的"小妇人沾光多少"。他对来访者埃第康德说："我沾光于我夫人的，多于世上其他任何人。我在童年时，她是我最好的朋友，她帮助我勇往直前；在我们结婚之后，她节省每一镑钱，然后进行再投资，她为我节省了一个家当；我们有五个可爱的孩子；她一直为我营造一个美丽的家庭，假如我有成就应归功于她。”

在好莱坞，婚姻好像是一件冒险的事，甚至伦敦的劳慈保险公司也不愿打赌，在少数的愉快婚姻中，巴克斯德是一个。巴克斯德夫人以前叫勃莱逊，她放弃辉煌的舞台事业而结婚了，但她事业上的牺牲并没有使之丧失他们的快乐。“她失掉了来自舞台成功的鼓掌称赞，”巴克斯德说，“但我已尽力使她完全感觉到了我的鼓掌、称赞和欣赏。假如一个女子完全要在她丈夫那里求得快乐，她必须在他的欣赏与真诚中得到。假如那欣赏与真诚是实际的，那她的快乐也就得到了答案。”

因此，如果你要保持家庭生活的幸福快乐，保持婚姻生活的永久新鲜，就要给予对方真诚的欣赏，要多多舍得你的欣赏和称赞。

婚姻对于每个人来说，都是生命中最重要的驿站，更是情感上最温馨的港湾。以一双慧眼多发现对方的优点，时刻念及对方的好处，这样，你的心态就会开心快乐，婚姻也更能美满幸福。

爱是从相互欣赏而开始的，但还需要宽容、谅解、习惯和适应，才能携手一生。

处世哲理092
谁说贫贱夫妻百日哀

宫殿里有叹惜，茅屋里有歌声。富人同样有愁苦，穷人照样有欢乐。而且从古到今还没有什么证据可以证明，有钱人的婚姻生活要比穷人过得幸福。也就是说，物质条件绝非是“幸福的婚姻生活”的必要条件。只要有爱，只要两个人能用心的相处和经营，即使生活条件不好，也一样会很幸福快乐。

——星云大师

曾有许多妻子抱怨，曾经很穷的时候，为了生活得更好一起外出劳作，虽然累，但日子却过得充实而美满。而当丈夫事业成功，经济好转以后，她可以每天上美容院，把自己打扮得漂漂亮亮，成天在牌桌上消磨时间，不需再像过去一样劳苦奔波的时候，却觉得两个人的关系越来越淡，还不如穷的时候过得幸福。所以说，夫妻之间相处得是否愉快与经济条件的关系不大，学会共同经营婚姻才是最重要的。

首先，夫妻双方必须对金钱的使用有共同的认识。列出家庭经济状况，将金钱作个妥善的安排，依重要次序来使用。譬如摩托车与彩色电视机，同样是现代家庭中很重要的设备。前者可作为上班的工具，后者则属于娱乐消遣。在这样的情况下，两人必须达成共识：摩托车比彩色电视机更为重要。当然，也许丈夫因为喜欢兜风，想买一辆摩托车，妻子对于兜风是一点兴趣也没有；而彩色电视机正可帮助她打发孤单的时间。这时候就需要双方共同协商，找到一种两全其美的办法。婚姻中只要注意沟通的重要性，一般是不会出现太大问题的。

条件不好的婚姻生活里，大家都容易犯一个错误，那就是跟别人攀比。任何时候都没有必要拿别人的标准作为自己的标准，因为生活是自己的，不是别人的。这样的比较，不但伤害了夫妻的关系，也伤害了对方的自尊心。虽然你没有别人家所拥有的物质条件；但是，你所拥有的东西也许正是他们所没有的。别人有漂亮的洋房，豪华的汽车，高级的音响；你们却有着他们所缺乏的“浪漫的爱”。

当然，每天为了金钱伤脑筋，很可能会破坏夫妻间的沟通及浪漫的爱。这时，你们要检查彼此对于金钱的使用，是否有些不得当的地方。当双方在平等的情况之下，两人可以同甘共苦，用很少收入维持一个最低的生活，这样也不见得就会不幸福。有些夫妻表示，如果自己有干饭，绝不会让对方吃稀饭；如果有肉，则不会让伴侣喝汤。同样的，在一个穷困的生活底下，只要对金钱处理的得当，日子的艰苦不但不会伤害浪漫的爱，反而会增加彼此的情感与生活情趣。

对于贫贱夫妻，最怕一直为钱烦恼的时候，彼此对金钱的使用又不恰当。妻子或丈夫用了一笔不该用的钱；也许丈夫在外借了一笔钱，买了一套音响，或妻子毫不吝惜地买了一件昂贵的衣服。这时候，彼此的摩擦就会变大，关系就会因此出现紧张，严重的会影响到两个人的感情。因此，当两人经常为了金钱起冲突的时候，我们要检查一下它的由来。究竟是因为来源不够?抑或使用得不恰当?而努力针对问题解决。经济的协调就好像彼此间性格、兴趣的协调一般，需要两人一同配合。

有些人有所谓“存私房钱”的习惯，妻子害怕有一天丈夫会背叛自己，所以预先准备一笔钱以备后用。无论是哪一方存私房钱，都是彼此不能信任，不够了解，不能很好沟通的表现。这种做法是最愚蠢的，相当于在亲手毁掉自己的幸福。

处世哲理093
结婚不等于恋爱终止

婚姻是人类延续生命的合法契约，是经过公众认同的规则。结婚应该不是爱情的坟墓，家庭也不是一个人的，需要两个人共同来营造。

——**星云大师**

有很多人在结婚以后就不再注意穿着打扮，也不再注意自己的言谈举止，跟结婚之前简直就是两个人。他们为什么会这样呢?因为在他们的心里，都已经结婚了，两个人的关系就算是上了一把锁。但去看看那些在中年就离婚的人，你会发现，正是上面的思想毒害了他们。

一个人，想一直拥有婚姻的幸福，那就要哪怕两鬓斑白，步履蹒跚，也要把对方当做是自己的恋人，每天都制造一点新意。妻子要善于赢得丈夫发自肺腑的真诚的“爱”，就决不要忘记在丈夫面前总是恋人，这是获得丈夫爱的一个重要方面。

节假日，不妨建议对方:咱们去野炊吧。美好的回忆立时涌上心头。晚饭后，夫妻二人一同去公园里散步，挎着丈夫的臂膀，甜蜜的往事又重现眼前。孩子睡觉了，轻轻地偎依在丈夫的胸前，又好像回到了热恋的时候。和丈夫一起走亲访友，还像过去约会时一样，找出最称心的衣服，化上淡妆，照完镜子，再请他“审查”一下。别看丈夫可能说“你真耽误时间”，其实，他心里是很高兴你这样做的，哪怕再等上半个小时他也高兴，因为任何一个丈夫都希望自己的老婆是漂亮的。此时，如果妻子再为丈夫找出“外交礼服”，给丈夫装饰一番，丈夫就更是高兴万分了，他不仅会认为妻子还是像当年那么富有魅力，而且会觉得妻子很注重他的形象，由此，感情进一步融洽了。

婚姻里少不了细节的注意，如果有一天，你发现丈夫时而眉头紧锁，神态与往日不同，那就要注意他是否不舒服还是有心事。男同志一般都比较刚强，身体有些不适也不当回事，更不肯说，妻子要细心观察，留意和关心丈夫的一举一动，如果丈夫身体的哪个部位不合适，他是逃脱不了细心的妻子的眼睛的。灌一个热水袋送上去，给他暖暖胃，坐在他的身旁轻轻地敲几下他疼痛的部位，倒上一杯温水，递上两把毛巾，妻子要紧密地侍候在丈夫的身旁。如果丈夫因心理烦恼，做妻子的更要引导丈夫把心事说出来，听丈夫叙说的时候一定要认真，要动情，要让丈夫认为你有身临其境之感觉，要让丈夫觉得在你这里他可以倾吐肺腑之言，之后他会感到轻松、畅快。听完后，妻子要能为丈夫想出排忧解难的好办法，而不是泛泛地说："你想开点。"你的见解要有水平，针对性要强，你的丈夫绝不是个笨蛋，一旦他顿开茅塞，他会深深地感激你，敬慕你，由此迸发出的激情决不亚于当初与你热恋的时刻。

生活中一些重要的日子你更要记住，丈夫或妻子的生日和你们结婚的纪念日，决不可随着夫妻生活的延长而遗忘，不一定要办酒席，送厚礼，但至少要打个电话给对方，或是送一点别致的小礼物表达自己的爱意。这样，无论到任何时候，你们都会相处得像恋人一样，你们的婚姻生活会很幸福。

结婚不等于爱情的终止。而是爱情的延续，只有夫妇双方在婚后，生活中互敬互爱，夫妻间的爱情才更加美好。

处世哲理094

有自己事业的女人更有魅力

一个人，唯有在工作里，生命才有办法安住，活得才有意义。一个没有工作的人是世界上最苦的人，人生最大的痛苦就是寂寞无聊。

——星云大师

很多女人都甘愿做男人怀中的波斯猫，生活无忧无虑，无牵无挂，其实这是一种目光短视的表现，懂得生活真谛的女人会明白自己拥有一份事业才是爱情美满，生活幸福的保障。

每个结了婚的女人都想让丈夫永远迷恋自己，但是往往事与愿违。男女之间结婚以后，就会产生彼此依赖的相属感，有心理学家指出，夫妻间的相属感，几乎是婚姻中的“险滩”，原因在于其感情过于稳定，几乎近于麻木，妻子在丈夫眼中也逐渐失去了魅力。幸福的女人知道婚姻也是需要经营的，其实女人婚后幸福的秘诀就在于培养自己的独立人格，进而在丈夫心目中显现出独特的魅力。

说到魅力，女人往往联想到自己的外表，于是有些女人就长吁短叹起来。因为她们深知自己相貌平平，心底里早已有了一些自卑。加上结婚、怀孕、生孩子，青春易逝，心里更不是滋味。其实，以为自己相貌平平便无魅力可言的想法，是一个很大的错误。

小王和小兰是大学里的同学，两人都出类拔萃，也因此发生了恋情。毕业后，两人成了家，小王继续攻读研究生，小兰则一边工作，一边很自然地挑起了家务的担子，照顾孩子。每当小王有了一项新发现，望着妻子那满意的微笑，便涌出一股对妻子的爱恋和感激混杂的感情，禁不住说：“难为你了。”

渐渐地，小王在学术界崭露头角。他终日忙碌着准备一篇过硬的学位论文参加答辩，而对小兰的辛勤照顾却越来越受之泰然，甚至从没注意到妻子做饭洗衣而皲裂的手。有时，妻子看他苦苦思索一个问题而找不到答案时，关心地询问他，想像从前一样帮助他探讨，他发现很难跟妻子说清楚这些过于高深的理论问题，只好摆摆手："算了！让我自己想吧。"小兰默默地走到一边去了，意识到她与他的距离之差在递增。

有一天，小兰忽然宣布了一个令他大吃一惊的消息："我已报名参加研究生考试。""为什么？""不为什么，只是想再深造一下。"

我们相信小兰的选择是迫不得已的事，但对一个不善于体察妻子心理变化的丈夫，她的报考硕士生无疑是正确的选择。

半个世纪前，鲁迅在小说《伤逝》中，写了子娟和涓生这一对情侣的爱情分崩离析时说过这样一句话："爱情要不断更新、发展、创造！"

开拓新境界，可以战胜"年老色衰"的心理和生理因素，给生命带来活力。

有这样一个故事或许能给女人一定的启发：一位作家回老家探亲，见到表妹，险些哭出来。她原是个天真烂漫的少女，虽是农家女，那细嫩的皮肤，一碰，几乎能碰出水来。不料，婚后竟苍老得吓人。额头布满了皱纹，腰也弯了。每日早起晚睡，侍候公婆、丈夫、孩子，还要下地干活，像个被抽得团团转的陀螺，无片刻歇息的时候。住了三天，她只说了一句话，还是切菜时说的，她说："我命苦，才托生成了个女人。"

过了不久，作家再次见到了表妹，觉得她像换了一个人似的，再也没有那老气横秋的样子，充满了活力，充满了喜气。原来，她已当上自办的刺绣厂副厂长，到处联系业务，忙得很。现在她成了家庭的经济大梁，比丈夫挣的钱多上几倍，每天公公、婆婆、丈夫抢着做家务，她快成了家里的"国王"了。

这位"表妹"的衰老哪里去了？

当然，赚到钱并不等于实现了目的，女性也可以在更广阔的社会人生中寻找自己，实现更高的人生价值。

女性们应多发展些兴趣和爱好，在事业上也要有自己的立足点。尽管错杂纷纭的生活不可能令每个奋斗中的人都成为赢家，但美在过程，美在你的一生有一个充实向上的人生。

处世哲理095
亲密有间才可天长地久

学道修行的人不要太执迷于感情而被感情束缚，不要什么事都希望别人以浓情厚意待我，有时候感情太浓烈了反而不能长久。所谓“君子之交淡如水”，青菜萝卜虽然味淡，若是天天吃，也会吃出滋味来的。

——**星云大师**

在一次联谊会上，小杰与坐在身旁的一位女士相识。也许是联谊会的氛围易于使人敞开心扉，他们竟一见如故，无所不谈，彼此为结识对方而感到欣喜。

到家后兴奋尚未消尽，他便与妻子谈及刚才的一切，自然免不了赞扬那位新结识的女士几句，可他没有料到由此竟点燃导火线，炸药爆炸了：

“怪不得你那么晚回家，原来是与新朋友谈得热乎呢！什么联谊会？分明是婚姻介绍所！”

“嘀，婚姻介绍所？参加者差不多全是结过婚的人，鼓励重婚？”他故作幽默，尽力不想使事态扩大。

“差不多。”她虎着脸：“再去联谊，老婆也用不着了。”

“你！你怎么把这么高雅的形式庸俗化了？”不悦之情开始在他脸上呈现。

“我是庸俗，没人家高雅，你找高雅的去吧。”她说着，面壁而卧，表现出明显的生气。

一股无名之火倏地从他胸间窜上来。你居然还有理由生气？仿佛我真的干了什么对不起你的事。

“是的，你是庸俗，俗不可耐！”他吼叫起来。

于是，一场无法断定孰是孰非的争吵拉开了序幕，结果两败俱伤。

这以后，他很少与她谈起其他女性，即便谈也是十分谨慎，表情淡淡的，语气平平的。他发现效果不差，他们之间激烈的争吵逐渐消失了。他对自己说:原来“有所保留”有利于安定团结。他同时发现，自己似乎成熟了不少。

然而夫妻间的安定团结与社会的一般标准不一样。自从实行某方面的“有所保留”后，他竟觉得“无所保留”部分的内涵愈来愈模糊，甚至在被吞噬。他无法妥善地处理好两者的关系。渐渐地，他竟感到差不多所有的生活内容都可以“有所保留”了，因为她对他不保留的那些话题并没有多少兴趣，听时懒懒的，漫不经心的。于是，他也就经常“懒懒的”了。

他们相安无事，却过于冷漠。

他尝试着回到“无所保留的时光”，但失败了。积累许久的“有所保留”阻碍着他们走回过去。他忽然又怀疑了——夫妻间真的应该有所保留吗?

因为眼前的一切与他向往的家庭理想境界相去甚远，该怎样去达到这一境界呢?他又很茫然。

小杰的这种生活经历其实具有很大的普遍性。在当今的中国家庭里，特别是年轻的家庭中，“过去的恋人”、“别的男人和女人”、“私房钱与小金库”，应该说是极易引燃夫妻矛盾的“三大雷区”。这些只存在于家庭的琐事，有时弄得夫妻双方争吵不休，鸡犬不宁，甚至家庭解体。

到底是应该“有所保留”，还是透明无余?生活的道路上既然有了伴，还可不可以有心灵独语?

恐怕有十之八九的新婚者，都会像小杰起初一样，赞同应该“无所保留”的观点。他们轻松地说:都二位一体了，还需要什么隐瞒避讳?

可是，话多伤人，“嗑”唠多了，无意间，夫妻二人便走进矛盾的“雷区”，走进了“猜忌”、“怀疑”的危险地带。犹如连锁反应，一枚“地雷”引爆之后，其他“地雷”也有随时爆炸的危险，从此矛盾丛生，使本来和谐美满的家庭无端增添了不少烦恼。

其实，说夫妻二人是“二位一体”，莫如说是“独联体”更切实际。因为在狭小的二人天地里，无论怎样“一体”，他们总是独立的、活生生的两个人，长着两个头脑，两副心肠，你愿并非全是我愿，我乐也并非代表你乐。有些话，有些事，也是该说的则说，不该说的就应缄默不言。夫妻间有所保留，这不能视之为对爱情的不忠。

所幸的是，小杰已经意识到了自己步入了“无所保留”的误区，走进了“有所保留”的新境地，家庭恢复了安定，自己也更成熟了。然而不幸的是，小杰又步入了另一个误区：无所不留。因为他无所不留，夫妻之间就缺少了沟通，彼此的共同语言也就没有了，这样就形成了这样一个格局：说者“懒懒的”，听者“懒懒的”。虽然相安无事，生活却过于冷淡，由此从一种烦恼走入了另一种烦恼。

其实，小杰本可避免这种“茫然”，寻回夫妻间从前欢乐的“影子”，那就是投其所好，寻找二人感兴趣的共同话题，诸如持家理财、教儿育女及其他能够引起对方兴趣的题目。这样，“爱”便会重新“火热”，家庭会重新成为有情有趣的“安乐窝”。

夫妻之间最好是要亲密“有间”，给彼此一个空间，呼吸新鲜空气。让夫妻各自保留心中的一块自由活动的绿地，谁也不要试图挖空心思地去改造对方，而是要设法适应对方，让对方有独立的人格、独特的个性和适度自由的生活圈。

欣赏一幅油画，太近了没有情趣，太远了又看不清楚，只有不远不近，恰到好处，才能看出“效果”。

是的，距离产生美感，但是，千万不要太远啊！当你在痛苦或迷惘中沉沦的时候，不要牵不到对方的手！

处世哲理096

金钱买不来爱情

金钱可以买得到奴隶，但买不到人缘；金钱可以买得到群众，但买不到人心；金钱可以买得到鱼肉，但买不到食欲；金钱可以买得到高楼，但买不到自在；金钱可以买得到美服，但买不到气质；金钱可以买得到股票，但买不到满足；金钱可以买得到书籍，但买不到智慧；金钱可以买得到床铺，但买不到睡眠。

——星云大师

在一个黄昏，静静的渡口来了四个人，一个富人，一个当官的，一个武士，还有一个诗人。他们都要求老船公把他们摆渡过去。老船公捋着胡子："把你们的特长说出来，我就渡你们过去。"

商人掏出白花花的银子说："我有的是金钱。"当官的不甘示弱："你要摆渡我过河，我可以让你当一个县官。"武士急了："我要过河，否则……"说着扬扬握紧的拳头。"你呢？"老船公问诗人。"唉，我一无所有，可我如不赶回去，家中的妻子儿女一定会急坏的。"

"上船吧！"老船公挥了挥手，"你已经显示了你的特长，这是最宝贵的财富。"

诗人疑惑着上了船："老人家，能告诉我答案吗？"

"你的一声长叹，你脸上的忧虑是你最好的表白，"老人一边摇船一边说，"你的真情流露是四人中最宝贵的。"

一无所有的诗人仅仅因为真情的流露就能顺利渡河，而财富、权力和武力却永远过不了渡口。一个人若能在忙碌的工作中，抽出点时间来陪陪家人，让他们感受到你的爱，才是给家人最好的礼物。

给家人最好的礼物，不是富贵，而是你的真情，如果一个家庭没有真情与爱，我想那应该称不上"家"吧。一个没有爱与真情的家庭就没有温暖，没有温暖的住处只能称为旅馆。

爱德华先生是个成功而忙碌的银行家。由于成天跟金钱打交道，不知不觉，爱德华先生养成了喜欢用钱打发一切的习惯。不仅在生意场上，对家人也如此。他在银行为妻子儿女开设了专门的户头，每隔一段时间就拨大笔款额供他们消费；他让秘书去选购昂贵的礼物，并负责在节日或者家人的某个纪念日送上门。所有事情就像做生意那样办得井井有条，可他的亲人们似乎并没有从中得到他所期望的快乐。时间久了他自己也很抱屈：为什么我花了那么多钱，可他们还是不满意，甚至还对我有所抱怨？

爱德华先生订了几份报纸，以便每天早晨可以浏览到最新的金融信息。原先送报的是个中年人，不知何时起，换成了一个十来岁的小男孩。每天清晨，他骑单车飞快地沿街而来，从帆布背袋里抽出卷成筒的报纸，投到爱德华先生家的门廊下，再飞快地骑着车离开。爱德华先生经常能隔着窗户看到这个匆忙的报童。有时，报童一抬眼，正好也望见屋里的他，还会调皮地冲他行个举手礼。见多了，就记住了那张稚气的脸。一个周末的晚上，爱德华先生回家时，看见那个报童正沿街寻找着什么。

他停下车，好奇地问："嘿，孩子，找什么呢？"

报童回头认出他，微微一笑，回答说："我丢了 5 美元，先生。"

"你肯定丢在这里了？"

"是的，先生。除了早晨送报，今天我一直呆在家里，肯定丢在路上了。"

爱德华先生知道，这个靠每天送报挣外快的孩子不会生长在生活优越的家庭，而且他还可以断定，那丢失的 5 美元是这孩子一天一天慢慢攒起来的。一种怜悯心促使他下了车，他掏出一张 5 美元的钞票递给他，说："好了孩子，你可以回家了。"报童惊讶地望着他，并没伸手接这张钞票，他的神情里充满尊严，分明在告诉爱德华先生：他并不需要施舍。

爱德华先生想了想说："算是我借给你的，明早送报时别忘了给我写一张借据，以后还我。"报童终于接过了钱。

第二天，报童果然在送报时交给爱德华先生一张借据，上面的签名是菲里斯。其实，爱德华先生一点儿都不在乎这张借据，不过他倒是关心小菲里斯急着用 5 美元干什么。"买个圣诞天使送给我妹妹，先生。"菲里斯爽快地回答。

孩子的话提醒了爱德华先生，可不，再过一星期就是圣诞节了。遗憾的是，自己要飞往加拿大洽谈一项并购事宜，不能跟家人一起过圣诞节了。

晚上，一家人好不容易聚在一起吃饭时，爱德华先生宣布道："下星期，我恐怕不能和你们一起过圣诞节了。不过，我已经交代秘书在你们每个人的户头里额外存一笔钱，随便买点什么吧，就算是我送给你们的圣诞礼物。"

饭桌上并没有出现爱德华先生期望的热烈，家人们都只是稍稍停了一下手里的刀叉，相继对他淡淡地说了一两句礼貌的话以示感谢。爱德华先生心里很不是滋味。

星期一早晨，菲里斯照例来送报，爱德华先生却破例走到门外与他攀谈。他问孩子："你送妹妹的圣诞天使买了吗？多少钱？"

菲里斯点头微笑道："一共48美分，先生。我昨天先在跳蚤市场用40美分买下一个旧芭比娃娃，再花8美分买了一些白色纱、绸和丝线。我同学拉瑞的妈妈是个裁缝，她愿意帮忙把那个旧娃娃改成一个穿漂亮纱裙、长着翅膀的小天使。要知道，那个圣诞天使完全是按童话书里描述的样子做的——我妹妹最喜欢的一本童话书。"

菲里斯的话深深触动了爱德华先生，他感慨道："你多幸运，48美分的礼物就能换得妹妹的欢喜。可是我呢，即便付出了比这多得多的钱，得到的不过是一些不咸不淡的客套话儿。"

菲里斯眨眨眼睛，说："也许是他们没有得到所希望的礼物？"爱德华先生皱皱眉头，他根本不知道他的家人想要什么样的圣诞礼物，而且似乎从来也没有询问过，因为他觉得给家人钱让他们自己去买是一样的。他不解地说道："我给他们很多钱，难道还不够吗？"菲里斯摇头道："先生，圣诞礼物其实就是爱的礼物，不一定要花很多钱，而是要送给别人心里希望的东西。"

菲里斯沿着街道走远了，爱德华先生还站在门口，沉思好久好久才转身进屋。屋子里早餐已经摆好了，妻子儿女们正等着他。这时，爱德华先生没有像平时那样自顾自地边喝牛奶边看报纸，而是对大家说："哦，我已经决定取消去加拿大的计划，想留在家里跟你们一起过圣诞节。现在，你们能不能告诉我，你们心里最希望得到什么样的圣诞礼物呢？"

无论什么样的礼物，都比不上你的爱更宝贵。所以，无论男人还是女人，别把自己当"总统"，总拿工作忙当借口，要知道这个地球离了谁都照样转，还是把你生命中的宝贵时光多分一些给你的家人吧！

第九章

教养有道，则天无妄生之才

——教育子女的佛法

父母对儿女的教育如果太过严厉，会让儿女害怕，而不敢与父母沟通；如果太过溺爱，又会让儿女养成刁蛮放纵的习惯。如何教育儿女，实在是身为现代父母者的一大课题。子女是家庭未来的希望，佛法的教育是以心灵为重，期望能改变世人一味追求物质享受的态度，教育子女应该注重从修身开始。

处世哲理097
分数不重要，成长比成功更重要

学问的成就不在书读了多少，而是在运用上是否成熟、生活上实践的多寡。孔子说:“其身正，不令而行;其身不正，虽令不从。”这就是以身作则的重要性。

——**星云大师**

这是一个孩子的困惑:

我爸妈都是医生，他们都是某医科大学的高材生，上学时就品学兼优，各方面都很优秀。而我却完全不同，我从小就不喜欢上学，成绩经常是班里的中下游。

每次开家长会回来，父母总是没有笑脸，盯着我看半天，“当时生你的时候是不是抱错了?怎么一点儿都不像我们呢?”他们总是要求我考班里前10名，不断在我面前如数家珍似的说他们当年读书时的骄人成绩，我都快听恶心了。

让我害怕的是，过年过节家里一来客人，让我“骄傲”的父母就自嘲:“你们看，我们俩都是医生，养个儿子比难民还瘦;我们俩都是硕士学位，可儿子现在考个第10名都很难。”

这在我听来是一种挖苦，还好我的脸皮厚。后来，只要家里一来客人，我就干脆躲出去。有时我想，独生子女真倒霉，如果我有个兄弟姐妹什么的，让他出国读博士让父母骄傲，我就不用担惊受怕了。我喜欢设计衣服，我给自己的芭比娃娃做过好多漂亮的衣服，而且不比商店里的差。但父母坚决不让我考服装学院。我很苦恼，喜欢服装设计、考不了前10名的我，不是我父母的骄傲，我是不是真的抱错了?

其实这个孩子的苦恼，正是“童年恐慌症”的表现。

当追问“我是谁的骄傲”时，孩子的内心充满了无奈与焦虑。

站在父母的角度，给孩子提学习上的要求其实并不为过，但如果不从孩子的实际情况出发，一味提出考前几名的硬性目标，就显得既不实际，又强人所难了。这就难怪孩子会有压力。

对于孩子而言，父母对学历和成绩的高期望、高要求让她感觉压力很大。她经常会因“学习成绩提高”而感到快乐和幸福，因“学习压力大”而苦恼。

可以说，学业上的成功往往是孩子快乐的源头，学业上的压力又往往成为孩子烦恼的源头。然而，一个致命的问题在于，父母对学历和成绩的高期望、高要求，是绝大多数孩子绝对无法实现的。在这样的重压之下，绝望和无奈就成为很多孩子的情绪常态。

因此，作为孩子的父母，我们应该认识到：对孩子来说最重要的是什么？是热爱学习！孩子只要爱学习就有希望。爱学习的孩子能够体验其中的快乐，能够有持久的学习热情。所以父母要真想让孩子好好学习，就给她一个宽松环境吧。只要孩子尽力就足够了。聪明、有远见的父母不必计较孩子一时的得失，而是鼓励她善待生活，发展兴趣，这会使她成为一个坚持奋斗、不懈努力，向着自己理想目标前进的成功者。

现在，全中国的父母跟自己的孩子都说过这样一句话：“宝贝，只要你把学习搞好，别的什么也不用你管。”可见，父母已经养成了以学习成绩来要求与评价孩子的习惯。要知道，每个孩子都是独一无二的，在这方面没有优势，在那方面可能会有优势。不要把“学习不好就完了”一类的话挂在嘴边，发现孩子多方面的聪明才智并加以培养，照样可以让孩子成才。

一般来说，孩子在智能方面会显现出不同特点，父母要特别关注，精心把握，比方说孩子对不同学科的爱好和接受能力会有差异，语文好些，数学稍差，物理强些，化学稍弱，这很正常，不能强求一致。对于他擅长的学科，可以鼓励她尽量往前冲，达到比较好的水准。对于弱项就适可而止，只要尽到努力就行。我们对孩子要有一个清醒的认识，不能超越现实，样样求全。设身处地地想想，大人尚且不能处处拔尖，怎么能过分地要求孩子呢？所以，最好的方法是扬长避短，帮助孩子体会学习的快乐、让他在享受学习的过程中健康成长。

人是千差万别的，不能用成绩来评价孩子的好与坏。父母要认识到，孩子在学习上只要尽力就好。父母可以站在孩子的角度想这样一个道理，如果让你做根本无法做到的事情，不管什么权威人士来说服你，也很难有信心有把握做好。相反，能力所及的事情，一定会有信心有把握地去做。所以，明智的父母会让孩子做她可能做到的事情，还会把这些事情进行科学梳理，分步骤、有技巧地去完成。这样成功几率越高，孩子的信心越足。

做父母的，给孩子施加的压力要适当，而需要加大培养孩子对学习的浓厚兴趣和良好习惯的力度，这样才能充分提高孩子的学习热情，进而使其达到爱学、好学、乐学的学习境界。

处世哲理098
赏识教育不等于不批评

有时父亲太严肃，儿女不敢亲近他;母亲太慈爱，儿女不怕他，因此，在慈爱里要有威严，在威严里要有慈爱，慈爱和威严同等重要。

——星云大师

有一个孩子的家长跟教育专家抱怨，他确实赏识他的孩子了，可孩子非但没有变听话，没有变优秀，反而比以前更任性，更糟糕了。他是这样说的：

“哎，这赏识教可把我害惨了!万万没有想到，女儿成天被‘赏识’，结果爬到我头上来了，孩子变成‘老子’!我该怎么办?”

“以前，女儿犯错误还有打的法宝，现在不行了。哪怕我的眉头皱一下，刚想发火，女儿马上拿出挡箭牌:不许打骂我，你可说过要用赏识教育!”

结局是老爸垂头丧气，女儿洋洋得意。

这样的抱怨很多家长都有，并且他们开始意识到赏识的方式并没有说的那么神奇。

其实，是很多家长误解了赏识的意思。

“赏识”可以说是每个孩子最渴望的精神需求，但是很多家长在实际的操作中，把赏识仅仅理解为表扬加鼓励，从来不敢批评，于是走进了误区——为赏识而赏识，结果是得不偿失。

因此说，家长在对孩子进行赏识教育的时候，不要忘了注意其中的细节，那就是赏识也需要批评。

赏识教育不仅可以批评，而且可以更大胆地批评，奥秘在于“士可杀不可辱”。应该在“看得起、够朋友”的前提下批评。好朋友的提醒是生命中最珍贵的礼物，孩子会以感激的心态乐于接受这份礼物的。

请看这位父亲是如何批评她的孩子小雪的：

小雪是一个很重感情的小女孩，对她的每一个朋友都很好，这是非常值得表扬和鼓励的地方。但是，她有个毛病，那就是下手重。

小雪在外地看病的时候，人生地不熟，她感到很孤独。

偶尔，有当地的小朋友来玩，女儿就特别激动，推推这个，拍拍那个，手上没个轻重，弄得那些孩子吃不消。

一天，两个孩子来玩，女儿故伎重演。一会儿，一个小朋友就哇哇大哭了，她还不当回事。

我想，听说儿童的手重，这样下去不行，要和女儿讲道理。但怎么讲呢?我灵机一动，女孩最喜欢听故事，于是就说：“女孩们，你们过来，伯伯给你们讲一个我小时候的故事，好吗?”

“我刚上小学的时候，特别爱交朋友，总跟小朋友们一块儿玩儿。有一天，有三个小朋友到我家来玩，我十分开心，为了表达自己的感情，一会儿拍拍小刚的脑袋，以示友好;一会儿把小力摔一跤，体现痛快;一会又捏捏东东的脖子，东东痛得嗷嗷叫。”

“我却说：‘你们可知道我多喜欢你们啊，我们是好朋友我才会这样的！’”

“结果，这三个小朋友再也不来玩了。还算好，第二天又来了另外几个小朋友，我仍然如此。第三天还是如此……”

“没过几天，一个小朋友也不来找我玩了。我呢，还时常纳闷。不知道为了什么，孤独总伴随着我……”

生动的故事讲完了，女孩们笑得前仰后合，女儿却在笑声中，领悟出其中的道理。

后来她在一篇日记里写了这件事的感言：爸爸真够朋友，不当着小朋友们的面批评我，我也要够朋友，再也不把小朋友弄哭了。

有人说，好的教育不是表面的教育，而是心灵的感化，而赏识中的批评就起到这样一个感化的作用。但是，这份批评是要注意方式和细节的，这还需要各位女孩的家长根据自己孩子的特点自己总结。

处世哲理099

听话不一定是好孩子，争辩是孩子的权利

人都有思想，都有意志，但各有各的思想，各有各的意志。你的思想我不一定喜欢，你的意志我也不一定认同，所以世界才有了各种思想、各种学说。现如今都讲究尊重与包容，所以不能强迫人家一定要接受，也不能容许他人硬要代替自己表达行为意志。

——**星云大师**

“妈妈，你这样做没有理由你知道吗？”10岁的女儿说，“我有我的自由，我有我的隐私！这是老师说的。”

听到这话，妈妈非常恼火：自古都是母慈子孝，哪有孩子这么和自己的妈妈说话的？

妈妈说：“不让你看你就别看，我也有我的理由，明天你还要上学，看电视太晚你该起不来床了。”说话间妈妈关了电视机。

女儿在一边生气了，嘴里嘟囔着：“妈妈真是不讲理！”

妈妈真的生气了，等着女儿。

“你要打我吗?”女儿可能在妈妈的表情中感受到了威胁，“打人是犯法的，未成年人保护法!”

妈妈看她那么拧，就把她从沙发上拖起来，照着她的小屁股打了几巴掌。女儿大哭起来，直到妈妈把她抱到床上，她仍在啜泣，迟迟才入睡。

第二天一早，妈妈有些后悔，在送女儿上学的路上，为昨晚以权压人的行为道歉。女儿竟然有些不好意思，小脸涨得通红，沉默着把脸转到了一旁。在妈妈的启发之下，女儿终于开口了，没想到又是争辩的态度:“你是妈妈，你不用向我道歉，你都是对的。”

“不能这么说，”妈妈严肃地说，“无论是谁，只要做错事，就应该道歉。”

“妈妈，”过了好久，女儿忽然想到了什么似的，拉拉妈妈的手，“那我也应该向您道歉。我不应该用那种语气和您说话。”

其实，家长与女儿争辩是件有益的事。争辩是争论、辩论的意思，是各执己见，相互辩论说理。这样做有利于思想沟通，通过争辩达到形成共识、解决问题。

孩子与自己争辩，不要怕丢了家长的面子，不要担心孩子不听话，不尊重您，与您为难。孩子也是讲道理的。您与孩子争辩，孩子觉得您讲正义、讲道理，她会打心眼里更加爱您，亲您，信赖您，尊重你。您要孩子做的事，她通过争辩弄明白了，也会心悦诚服地去做。

对孩子来说，与家长争辩是一种自信、自立、自尊、自强的表现，是一种心理的宣泄。心理学家说:“争辩能帮助孩子变得自信和独立，在对抗中他们感觉到自己受到重视，知道怎样才能贯彻自己的意志。”

提倡孩子与父母争辩，而不是阻拦、限制、放弃、回避、不理睬。争辩表明孩子在走自己的路，认真思考问题。

在争辩的氛围中，孩子往往能弄清是非曲直，学到一些知识，学会正确地估量自己，了解自己的能力，养成实事求是、坚持真理、以理服人、平等公正的好品质，形成好的人格。

处世哲理100

父母教育孩子是沟通而不是唠叨

在佛教里，一进山门就是弥勒菩萨笑嘻嘻的，以爱来摄受你、欢迎你，如果以爱仍不受教，才有后面的韦驮天降用力折服你。一个老师必须以鼓励代替责备，以关怀代替苛责，所以爱的教导很重要。

——星云大师

如果你留心，可能会听见这样的对话：

“唉！昨天我妈妈就为我考试卷上那错了一个小数点的题唠叨了一晚上，听得我头都大了！”

“那算什么？上次我爸爸为我差1分满分的卷子说了好几天呢！我都服了，真是祥林嫂再世。”

“我爸妈真是啰哩啰嗦，我干了点不对的事，就唠叨个没完没了，真是烦死了。”

“我爸爸妈妈什么事都要管一管。一会儿这样，一会儿那样，连我的零花钱怎样花也要过问，你说他们是不是没事儿干了！”

看来爱唠叨的父母的确不少。生活中，大多数孩子都不喜欢听父母唠唠叨叨，有的爱说爸爸妈妈得了“嘀咕病”，有的更与父母顶撞，闹得大家心里不愉快。做父母的是不是该认真想一想，与孩子沟通有必要变得唠叨吗？

父母关心孩子的功课虽然是正常而应该的，但如果经常在他身旁督促，或唠叨不休，那给孩子最大的“帮助”可能就是干扰他的读书情绪，令他觉得像是罪犯般被人监视着一举一动。

事实上，不少父母为了减轻孩子沉重的功课压力，都很愿意协助孩子做功课。通常最常见的是坐在孩子的身旁看着她写字，一会儿提醒她字要写得端正、一会儿又说那个字写错了;或者孩子专心学习时，一会儿端茶，一会儿又说“太累”了，这种做法，只会惹孩子反感，使孩子坐立不安，无法专心读书。

对孩子来说，一旦挨骂变得像家常便饭般的平常，久而久之，任何的责骂都起不了作用，同时也会因此而丧失了自信心，甚至连说话都表达不清楚。而父母的责骂与劝告以后也变得没有效。没有耐心的母亲，常常会嫌孩子做事慢吞吞，又做不好，由于看不顺眼，便不停地唠叨。唠唠叨叨地骂孩子，会使孩子不愿意接近父母，父母也会觉得这孩子不可爱。对于精神散漫，无法专注于书本的孩子，再多的唠叨和督促都不能奏效，反而会令情况恶化。

一个12岁的女孩讲述了发生在她身上的一件事情:

小时候，我很爱学习，成绩也不错，可不知从什么时候开始，我爱上了看课外书，学习成绩就慢慢地下降了。放学回家，我迫不及待地拿出漫画或者《故事会》，还有各种各样的作文选。我当然觉得很内疚，作业还没做呢!决定看完一篇最放不下的文章后就写作业。

妈妈过来了，发现我在看课外书，就会生气地说:“还看，还看，还不写作业!天天就看那没用的。”我赶紧心虚地回答:“看完这篇就写，也就几分钟”。“几分钟是吧?这可是你说的。”妈妈离开了不到3分钟，她又过来了，说:“看完了吗?不快点写作业，又要写到半夜了。”我没有理她，继续看我的书，心里有点烦。

我听见妈妈继续在客厅里抱怨:“人家小青都是一回家就写作业，你倒好，拿着这书那书瞎看，作业写到深夜，时间不够了就应付，成绩好了才怪。”我越来越烦，想想也是，成绩越来越差，作业很难，写起来很费劲，真泄气!妈妈还在旁边唠叨，书也看不下去了，我开始写作业，不到10分钟，就有写不下去的感觉;偷偷拿出那本书，提心吊胆地又看起来……当然，我又挨了一顿说，结果是那天的作业到12点也没有做完。

这个事例中，父母应该吸取教训，女孩说好了10分钟后就开始写作业，妈妈应该相信她，等到10分钟过后如果她还没开始写，再提醒也不迟。回家了该写作业，这个道理女孩是懂的。妈妈的提醒让她有些内疚，这种内疚感会促使女孩很快改正错误。可是，妈妈太心急了，她不停地唠叨使女孩产生了深深的挫败感，终于超过了女孩所能忍受的最大限度，使女孩的内疚感消失，代之以厌烦和逆反心理。

家长对孩子的批评不能超过限度，应对孩子“犯一次错，只批评一次”。如果非要再次批评那也不要简单地重复，要换个角度，换种说法。这样，孩子才不会觉得同样的错误被“揪住不放”，厌烦心理、逆返心理也会随之减低。

生活中，许多家长往往对自己的孩子期望很高，总希望孩子事事顺自己的心愿。若有不顺心就不停地说教，翻来覆去，便成了唠叨。唠叨一般总是指责的多，批评的多，报怨的多，有时甚至讽刺挖苦，孩子当然不爱听，甚至会感到厌烦、反感。唠叨没有明确的目的或要求，见什么说什么，想到哪里说到哪里，让孩子无所适从，还会有损家长在孩子心目中的形象。

作为父母，唠叨让人厌烦，易招致怒气，那么对于孩子的一些行为究竟应该怎样去纠正呢?该怎样做才能不让自己与女儿的交流变成女儿讨厌的唠叨呢？

给父母的建议一:学会尊重孩子，正确把握孩子的心理状态。

一般情况下，孩子的心理状态会在平时的生活中不同程度地有所表露。父母这时就要善于把平时对孩子的了解与她在谈话中的外部表现联系起来，细心观察孩子的神情、言语、注意力和习惯动作的变化等，从而正确把握住孩子的心理状态。

给父母的建议二:注意交流方式。

一位亲子教育专家曾经讲过这么一件事，一天下午，她突然被女儿的小学老师叫到学校。在老师的办公室里，老师当着女儿的面向她抱怨:你这个女儿是多么地淘气……老师甚至使用了很多难听的字眼，而她一听，没有什么大不了的事儿，小孩子嘛，淘气一点很正常。事隔多年，她仍然觉得心痛:“当时我女儿就站在一旁，老师就那样数落她，女儿吓得缩在墙角一个劲儿地哭!一路走，一路哭，任我怎么安慰也停不下来。可见唠叨对于孩子的伤害有多么的大。”

处世哲理101

孩子也有隐私，给他一点私密空间

父母教育儿女、老师教育学生、长官教育部下，不能太专制，也不能太苛刻，要紧的是要让他们明理，所谓“知其然并不知其所以然”。父母师长只要能站在辅导的位置上，多给他们一点自由发展的空间，彼此之间必能和谐相处，圆融无碍。

——星云大师

很多青春期孩子的父母都对自己孩子的行为感到异常敏感，因为他们害怕孩子会早恋或是“学坏”而影响了学业。

有个女孩叫小丽，她说自己很幸运，因为她有很开明的父母。有一点让她最为自豪，在她十二岁的时候，她的父母就允许她有了自己的小秘密。

她的父亲关于这一点是这样说的：

当发现自己的女儿有了自己的小秘密后，我和她妈妈都很高兴，因为这是她开始走向成熟的标志。一个毫无保留地在父母和他人面前诉说自己内心秘密的傻丫头是不会成为成熟的人的。为此，我给她买了一个有抽屉的写字台，并主动把钥匙交给她，让她学会保守自己的秘密。

后来，上了初中、高中，她也会收到一些同学、朋友的来信，包括男生的信。我们在教育她如何与同学搞好关系、与异性同学交往中应注意的问题时，还嘱咐她一定要妥善收好这些信件，不要遗失在外面，免得给自己和朋友带来不必要的麻烦。

我们认为尊重孩子的隐私，教育并保护好个人的隐私，是父母教育子女的重要内容。

作为父母，千万不要过分保护孩子，应该让他自由成长。但这里要说的是，尊重孩子的隐私与以保护个人隐私为借口拒绝父母管教和帮助的行为是两回事。父母和孩子之间的关系是与生俱来的，父母在很长一段时间里都有教育孩子的权利、义务和责任。尊重孩子的隐私，这是每一个孩子父母都应该知道的教育原则。

但并不是所有的孩子都如此幸运。

比如，一位母亲诉苦："孩子越大越不听话，不像从前那样，有什么事都和父母讲。现在总像是有什么事瞒着我们。"

而在调查中我们发现，不少孩子确实把自己的事情隐瞒起来，视父母为外人。孩子经常把同学之间的书信和自己的日记关在自己安了锁的抽屉里，父母对此种行为感到很不安，因为他们怕孩子学坏。

很多父母已经习惯了对孩子过于保护的教育方式。这种父母常常在发现孩子对自己有所保留后，居然千方百计地去翻看孩子的信件和日记，然后把其中的一些内容公诸于众以指责孩子。这样做势必严重伤害孩子的自尊心，其后果就是进一步关闭了亲子之间沟通的渠道，失去了孩子的信任。

父母关心和保护青春期孩子的心情是可以理解的，但是这种过度保护、过度关心和过度干涉，不允许孩子拥有自己隐私的做法是不妥当的，也是不理智的。

青春期的孩了随着成人意识的出现，他们要在更广的范围内接触社会和人生，此时，隐私内容就发生了变化而且范围逐渐扩大。

很多家长们都认为小孩子哪里有什么隐私权。其实，孩子和成人一样充分享有隐私权。隐私权是公民对个人生活秘密的保护和以个人生活自由不受侵犯为目的的一种权利。对隐私权的重视是社会文明、进步的标志，懂得个人隐私的保护是一个人走向成熟的标志。

很难想象，如果人们之间没有隐私，社会将是什么样子?那样的社会如何进步?同样，一个人如果总是不恰当地把属于个人的隐私公之于众，这也必然使他无法适应社会生活，造成人际关系的不协调，也是他心理素质存在问题、心理年龄滞后的标志。

保护个人隐私是适应社会的一个方面，保护隐私就是保护自己，就是一种成熟的标志。

青春期的孩子的隐私意识逐渐增强的时候，父母不应该害怕而应该高兴，因为自己的孩子已经长大了。这时候，做父母的不妨开明一点，给孩子一点自己的私人空间，让她们在自己的宫殿里尽情地享受自由和快乐，从而更加健康地成长！

处世哲理 102

孩子顶嘴不要打，找出原因是关键

不要以为自己是父母，就有权威，就可以任意喝斥、打骂儿女，那是不会收到好效果的。你要以慈爱，甚至以父母的辛劳取得儿女的共识，父母很辛苦地做饭菜给他吃，很辛苦地替他缝制衣服，儿女会感动，会觉得父母的慈爱。

——星云大师

许多青春期孩子的家长都有这样的困惑：

16岁的金莹最近跟风把头发染成了金黄色，爸爸看不过去就说她："好好的黑头发学什么洋打扮，弄得跟金毛狮子狗似的！"

"怎么啦？这是时尚，别用你老掉牙的观念审视我！"金莹盛气凌人地说。

"黄头发就时尚啦？黑头发就不时尚？"

金莹不耐烦了："哎呀，爸，都什么年代了，您落伍了还不自知呢！您还想让我打扮成我妈年轻时候那样啊？土死了！您啊，真是该看看时尚杂志……"

爸爸就说了两句，女孩有几十句在等着反驳，哪个家长不头疼？

其实，孩子顶嘴多半是由于她还没学会恰当地表达，父母没必要因此发火，更不能借题发挥，甚至因为自己遇到不痛快的事而迁怒于孩子。没办法有效地让孩子停止顶嘴的家长，往往自我控制能力比较差，在教育孩子时不免粗暴急躁，而这种处理方法容易使孩子的心理受到伤害。

对于顶嘴的孩子，父母要做的是提醒孩子改变自己说话的方式。顶嘴实际上意味着孩子心理的成长，他们开始逐渐明白自己喜欢什么，不喜欢什么，这是件令人欣慰的事情。但作为父母也必须明白，孩子的自我意识是相当不完整的，这表现在他们不知道用何种方法来恰如其分地表达自己的想法，顶嘴是一种简单的表达方式。

许多父母在无意中纵容了孩子顶嘴，要么哄着，要么顺着，这对教育孩子是不利的。因为这等于告诉孩子，顶嘴是有效的心情表达方式。以后，孩子不仅会在家里频繁地使用这个武器，而且会把顶嘴发展到幼儿园和学校。如果不想看到孩子成为一个一不满意就顶撞大人的没家教的坏小孩，就要明确地告诉他，顶嘴是错误的表达方法。

父母直截了当地对孩子说“不许顶嘴”，还不如说：“我理解你的感受，但是你能换一种语气和我说话吗？”如果孩子正在气头上，父母也可以说：“我知道你现在很生气，等你冷静下来我们再谈吧。”

青春期的孩子都有标新立异的心理，因此跟风染头发是可以理解的行为。而且孩子表达的情绪很简单，如果父母和他们站在一起，窥探一下他们的心理，就会感到那些顶撞都是情有可原的。孩子的感情是相当脆弱的，他们顶嘴的原因就是怕父母责怪他，不理解他。因此，对待青春期孩子的顶嘴，家长要从理解他们的真实想法入手。

处世哲理 103

对于早孕女孩，别批评要引导

现在的子女大多习惯于被关注，你没有关心他，他认为横竖你不关心他，他就随便外出，随便乱来。所以父母要关心子女的生活，关心他的工作，关心他的朋友……儿女受到父母无微不至的关心，他会自爱自重。

——**星云大师**

凤的父母经商，而且生意一直都不错，但天有不测风云，一次生意发生了意外，经营几年的钱被别人骗得精光，由此俩人互相埋怨，悔恨当初，情感上出现了裂痕。凤的父亲天天借酒消愁，还泡歌厅，并且很快有了婚外恋，对家里的事开始不闻不问。

凤的母亲则将丈夫抛置一边，开始寻求新的合作伙伴。夫妻频发争吵，以离婚威胁对方。心烦意乱的母亲，对凤唠叨不止，见她近来成绩不够好，就禁止她与异性交往，经常将女儿当作出气筒。

一次，凤带几个同学来家玩，凤的母亲就大发脾气，将凤的同学臭骂一顿赶了出去，凤哭道："你怎么能这样对待我的同学？"

从此凤的学习成绩更是一路下滑，15岁的凤在与父母大吵一顿之后离家出走，她与男友同居了。随后，又因怀孕而辍学。

如今，一些家庭中出现了"不良少男少女"：早恋、少女怀孕、同居、辍学、少年犯等等问题层出不穷。很多时候，父母只感觉自己的孩子变坏了，而不去想这个变化是不是因为自己的教育不当造成的，其实哪个孩子天生愿意叛逆和堕落？必须看到家庭的原因——家庭缺乏温暖；父母的消极生活态度；对孩子的忽视、排斥，或是溺爱、纵容等等，缺乏了家庭的保护屏障，孩子的身心就会失去"安全网"，产生对家庭的"离心力"，这才是孩子出轨行为的主要诱因。

要避免此类问题，必须从两个方面入手：

（1）父母感情要和睦，不要让孩子成为牺牲品。因为感情差，父母就会在生活中天天争吵，孩子在这种环境中成长，会缺少安全感、温暖感，这个时候孩子就会寻找替代者，她需要一种关爱，需要一种依靠，这就是早恋的开端。如果父母的感情真的到了不可愈合的地步，也要冷静面对，好聚好散，不要给孩子施加压力，把气出在孩子身上。

（2）如果是离异家庭，一定要给孩子以正确的指导，不要让他（她）成了"流浪儿"。

嫣本来有一个幸福温暖的家，父母都是高级知识分子，对她宠爱有加，家里物质生活也是上乘的。而在嫣14岁那年，母亲忽然要出国，父亲则经常不回家。后来，从姑姑那里嫣知道父母离婚了，嫣便只能与奶奶和姑姑一起生活。

嫣从此失去了父母的爱，他们都各自有了新家庭，嫣觉得自己是个多余的人。虽然，父母会寄钱给她，奶奶等许多亲人对她也不错，但嫣还是感到自己是个没人要的孤儿、流浪儿。

一天，嫣放学后盲目地在街上逛，一名所谓"星探"将她带到一个摄影棚"试镜"，并将她夸奖了一番；嫣瞒着亲人与这家公司"签约"，要加盟演艺圈。谁知这个所谓公司是一个犯罪团伙，嫣被强迫坐台和卖淫。当焦急的亲人向公安部门报案后，经过缜密的侦察，才将失踪半年的嫣解救回家。但身心双重伤害留下阴影，使嫣再也没有勇气踏进学校的门。

对未成年的女孩而言，真的怀孕了，千万别打骂，更不能用恶语进行人身攻击，说“下贱”、“不要脸”这种恶毒的话，毕竟，早孕也不是她想要的结果。应该正确引导对方，甚至还可以讲一些女名人的故事，告诉她，犯过错误的孩子一样会有出息，只要你努力，重新面对生活，也同样能成才。

处世哲理104

对于孩子的英雄情结，别打击要保护

明因识果，孩子就会知道所有的言行举止都必须由自己承担负责；明因识果，他会懂得“勿以恶小而为之，勿以善小而不为”，知道去恶向善。正见养成后，父母就不用担心孩子在人生道路上走错方向。

——**星云大师**

一次，爸爸妈妈带着6岁的小风去电影院看电影《蜘蛛侠》。电影中演到蜘蛛侠打坏蛋时，小风显得很兴奋，站起来大喊大叫，爸爸妈妈说了好多话才让他安静下来。

看完电影走出电影院以后，小风仍然很兴奋，边跑边喊：“我是蜘蛛侠，我是蜘蛛侠！坏蛋别跑……”

从那以后，小风真的把自己当成了小英雄，他在家看见小狗欺负小猫时，就大喊：“猫咪别怕，我来救你！”之后他就会把小狗追得满屋乱跑，还边跑边喊：“坏蛋别跑，看我来收拾你！”在学校里，当他遇到同班的男生欺负女生的时候，他总是跳出来为女孩讨个公道。为此还被打过，那他也不后悔，说救人是自己的使命。

有时候小风闯祸了，爸爸很生气，就会骂他："这孩子真幼稚，太气人了!还真拿自己当'蜘蛛侠'了!"

爸爸妈妈对小风的这种行为很担忧，孩子这样爱管闲事，会得罪很多人。而且他对"蜘蛛侠"和"奥特曼"等动画片人物相当痴迷，父母很担心会影响小风的学习。当他们跟别的男孩的家长交流自己的教子心得的时候，他们发现，所有的男孩都有这样的"英雄情结"，小男孩们都是同情弱小，希望正义永远战胜邪恶，他们常常幻想自己能够身怀绝技，去与恶势力作斗争，让自己成为人们心目中的英雄。

其实，男孩天生都有英雄情结，父母的过分担忧是多余的。对于男孩的英雄情结，如果父母引导得当，男孩的这种英雄情结，不仅有利于他们男性气质的培养，更能使他们尽快成长为真正的男子汉。

因此，作为孩子的父母，要理解孩子的英雄主义情结。

所有的男孩都渴望成为英雄，所以奥特曼的动画片会那么火。如果做父母的能回忆一下自己的少儿时代，就会理解男孩的英雄梦了，因为我们小的时候也都想成为"克塞号"，都想成为"战斗士星矢"。

但在现实面前，男孩会很容易意识到自己在生理和心理上的弱小状态，他们希望得到安慰和激励，希望自己勇敢并被承认。所以，作为男孩的父母，当男孩需要肯定的时候，一定不要责怪和否定他们，表示支持和鼓励才是正确的做法。

所以上例中，小风"伸张正义"的做法，爸爸不仅不应该批评他，还应该夸奖他："好儿子，你是个爱打抱不平的小英雄!"小风显得很高兴，这时候爸爸再告诉他说："可是，有些事情是可以不用暴力解决的，打架的孩子可不是好孩子哦;你可以心平气和地跟那位欺负人的小朋友讲道理呀。你说对吗?"小风吃惊地而又有点不好意思地点点头。

由于现实生活中，并没有电影里或电视里那些夸张的情节去满足男孩的英雄情结，这时候，父母可以开动脑筋利用一些家庭琐事来满足他们。比如，妈妈做家务的时候，可以故意装作干不动了，让男孩来"救救"自己，这样，男孩就会帮妈妈做家务，既满足了男孩的英雄情结，又锻炼了男孩的身体。

处世哲理105

孩子间小冲突，父母少参与

人人都希望自己日有进步，日有成长，但进步成长要靠自己努力用功，所谓“怎样栽植，就会怎样收成”。我田里的稻秧无助于你地里的麦苗成长，每一个人各自耕耘，有各自的收获，你不能代替我，我不能代替你，各自受报，这是非常公平的公理道义。

——星云大师

一位母亲讲述了这样一个经历。

我10岁的儿子平时放学以后就在小区里和同龄男孩一起玩耍。一次，本来几个男孩玩得挺高兴的，可是过了一会儿不知为什么就吵了起来，而且吵得很凶，像是要动手了。我在家里听见了，就赶忙跑到楼下。一看，几个男孩正在为了几个玻璃球而吵架。

原来，儿子的玻璃球被另外一个小朋友抢去了，儿子很生气，两个人自然吵了起来。没想到，其余几个小朋友偏偏帮着那个男孩跟儿子吵架。儿子一看我下楼来了，小脸涨得通红，委屈的眼泪一下子掉下来，边哭边说：“妈妈，他不给我玻璃球。”

当时，我很生气，真想训斥一下那个不讲理的男孩，可是，转念一想，如果男孩吵架大人参与其中，不是太不好看了吗？碍着面子，我说：“儿子，咱们回家去，不和他玩了！”谁想到，儿子偏偏非要把玻璃球要回来不可。

我说：“一个破玻璃球，有什么好玩的！回家妈妈再给你买。”儿子仍然不干。我一看自己连几个小男孩都安抚不了，一气之下对儿子说：“你回不回家？！”

儿子把头一拧：“不回！”

“好吧，那你自己想办法吧，我回家了！但是有一条，不许哭，男子汉哭什么！”我一气之下走了!

虽然回家了，但是我的心思还留在外面。我真的很担心儿子被小伙伴打了。可是，没过一会儿，儿子回来了，不仅要回了玻璃球，还笑嘻嘻的。仔细一问，我才知道，原来儿子和那个男孩又和好了。母亲问儿子用了什么方法，儿子笑着说:“不告诉你，秘密!”

这件事使我认识到，当孩子和伙伴起了冲突的时候，成年人最好不要参与其中。孩子们正是通过辩解、说理和争吵，了解自己和他人的，同时也是在处理问题的过程中渐渐长大的，如果父母参与其中，可能还会越帮越忙，另外，孩子在自己解决冲突的过程中，也学会了进攻、忍让，学会怎么去面对胜利和失败。

当孩子与别人发生冲突时怎么办?如何让孩子懂得处理问题?提出下列建议:

(1) 对孩子间的冲突要有正确的认识

生活中，孩子与他人发生冲突的情况很容易发生。这时，作为父母该扮演怎样的角色?有些父母常常要代替孩子去解决问题，或亲自找到对方，替孩子伸冤、赔礼道歉，或找到对方父母，希望通过成年人之间的理智来解决问题，但这种做法很多时候并不能解决问题。

其实孩子间发生冲突，做父母的最先做的应该是了解冲突的原因。冲突的原因常常多种多样，父母们知道孩子遇到了冲突以后，不要先想着怎样保护自己的孩子不受委屈，也不要偏听偏信孩子的一面之词，而应全面了解情况。

(2) 让孩子自己去处理自己惹的祸

当孩子和其他孩子发生冲突时，父母不要轻易出面帮助孩子解决问题，最好先让孩子自己想办法。当矛盾实在无法解决的时候，父母再提出解决的办法，给孩子一些引导，让他们认识到责任的重要，这样孩子会在独立处理问题的过程中渐渐长大。

(3) 要及时制止伤害行为

在孩子开始说理的时候父母不要参与，只要在背后观察就好，但是如果争吵上升为打斗，这时候父母就要尽快制止，以免造成意外伤害。

学会解决冲突是锻炼孩子能力的极好机会。如果，孩子具备了这样的能力，即使父母不在孩子身边，也不用再担心孩子的生活。

处世哲理 106

耐心回答孩子的“为什么”

让他学习主动发问，而不一定要用填鸭式的教育，应启发他学习，让他发问。所有的佛经都是弟子来问，佛陀来回答。

——**星云大师**

我们都有这样的感受，孩子一般在四五岁的时候就开始习惯于问这问那。

“爸爸，天上的星星是哪里来的？”

“妈妈，为什么会打雷？”

“妈妈，我为什么没有你那么高？”

……

面对我们的问题小王子，问题小公主，对待这些无休止的发问，作为孩子的父母你烦了吗？你是不是毫无耐心地随便给孩子一个模棱两可的答案？甚至，有时候把你问烦了，你干脆就跟孩子发脾气？如果你这样做了，很有可能你的孩子再也不敢问了，你在某种程度上挫伤了孩子的积极性和好奇心，打击了孩子爱问的天性。

其实，孩子是世界的新客，他们对世界从一无所知到逐步认识。问，是孩子认识世界的开始；问，是孩子探究世界的内在动力；问，是孩子观察发现世界的最好方式；问，是孩子好奇心得到满足的突破口。喜欢问问题，证明你的孩子在思考，你的孩子想认识这个世界，做父母的要充分地理解孩子，同时保护孩子爱问的天性。

面对无休止的发问，父母千万不要敷衍孩子，而应当不失时机地帮助他们找到比较满意的答案。培养孩子爱问的习惯，家长要有意识地鼓励孩子多思多问。当孩子向我们提出问题时，应尽量给孩子以较圆满、正确的答案。如果孩子提出的问题较深奥，家长自己也弄不明白，或者有些问题的答案可能不健康，或不便于直接告诉孩子，遇到这种情况，也要正确处理，而不能打击孩子爱问的积极性。正确的做法应该是，谦虚地告诉孩子："你提的问题真好，但这个问题我也不懂，等我查完书再回答你，或者你自己查书找答案，好吗?"

如果孩子问了超出他的年龄应知道的事，怎么办呢?家长也不要责备他。因为孩子并不知道什么该问，什么不该问。有个家长的做法很好，每逢孩子问了无法给他说清的问题，他就告诉孩子："我把这个问题记下来了，到了你15岁的时候，我就会回答你的这个问题。"对这个问题，也许以后用不着父母回答，他自己慢慢也明白了，但是这种做法，让孩子感到他的提问受到了尊重和鼓励。

处世哲理107

别扣押孩子的压岁钱，让他自己处理

我们从小到大，都需要父母、老师来教导，但不论是父母或老师，都无法一生一世伴随我们。所以自己要做自己的老师，所谓迷时师度、悟时自度，自己教育自己才是最佳途径。

——星云大师

小孩子们过年都有压岁钱。对于压岁钱，有的父母会让孩子全权"上缴"，一分不留;有的父母会给孩子一个"零头"，让他去超市买点零食吃。这两种情况可以说是生活中最常见的处理方法。那么为什么父母不把钱全给孩子呢?主要原因就是觉得孩子还小，怕他们弄丢，或是乱花钱。当然，这两种理由都是有道理的，但是，对于聪明的父母，恰恰能通过对压岁钱的处理方法来培养孩子的理财能力。

浚河的1250块压岁钱是这样处理的，妈妈没有像别的家长那样完全上缴，而是全都交给了浚河，并且教浚河怎么样管理属于自己的钱。

妈妈带着浚河到银行办理了一张属于浚河的储蓄卡，并把1000块存了起来，这样浚河就有属于自己的第一个1000块钱了，浚河听了显得非常兴奋，他说过几年他要有他的第一个10000块，妈妈让他加油。浚河一直想买一双新的耐克运动鞋，但是剩下的250块并不够，妈妈就让浚河把这250块放在自己的抽屉里锁上，可以从平时的零花钱里省，然后攒起来，直到能买一双运动鞋。果然，浚河很用心地攒着钱，不再买那些可买可不买的东西了，没过多久，浚河就用他自己攒的钱买了一双运动鞋。

这样，第二年的压岁钱妈妈就直接交给了浚河，让他自己处理，浚河很乖，像第一年那样该存的存了起来，该买东西的就自己攒。

现在浚河15岁了，经过这么多年的理财实践，他已经收获了他的第一个10000块。

不得不说，浚河的母亲在培养浚河的理财能力方面是成功的。那么，日常生活中该怎么样培养孩子的理财能力呢？

（1）给孩子的零花钱要有节制

无论您的孩子年龄多大，也无论您的经济条件如何，在给孩子零花钱方面，父母一定要有所节制，把钱的数额控制在孩子有能力支配的范围之内。一般来说，零花钱的数额并没有一个定数，父母要根据孩子的日常消费来预算。这些开支大多包括买零食、午餐、车费、购买学习必需品的费用。另外，父母还要给孩子一些额外的钱，也就是说，您给孩子的钱，要比预算宽裕一些，这样才能为孩子的存储创造可能性。

（2）引导孩子有计划地消费

现在，孩子们大多存在这样的毛病，就是父母给多少钱，孩子就花多少钱，花完了又跟父母要，花钱很没有节制性。所以，父母最好是和孩子一起制订出一个消费计划。在父母给孩子钱的时候，可以向孩子提出一个支出原则，让孩子自己去订计划，父母不必直接干预，但要对孩子的计划进行监督、检查。这样，孩子在日常生活中才能养成好习惯，懂得预算，懂得把钱花在刀刃上。

（3）带孩子购物，向孩子示范明智消费

一位父亲曾带着六岁的孩子逛了三家商店，目的是为了买一辆物美价廉的自行车。最后，父亲把省下来的十元钱买了一个孩子向往已久的乒乓球拍。这位父亲的做法很聪明，他的行为给孩子作了很好的示范，使孩子了解了什么是价格差，什么是明智消费。这样，孩子在自己支配钱的时候，也会货比三家，注意节俭。

（4）给孩子学习成年人生活开支的机会

孩子们在少年儿童时期虽然接触了钱，但他们很少接触到真正的成年人生活。所以，当他们长大以后，需要自己支付水电费、房租费、物业费的时候，他们常常感觉束手无策。因此，父母最好从现在开始，就给孩子一些机会，让他们去买菜、交电话费等，使孩子知道家里的钱是怎么花出去的，父母每个月都需要支付哪些开支。这样，孩子有了了解家中“财政”的机会，当他们长大成人以后，也会综合考虑家庭开支，不至于顾此失彼。

处世哲理108
望子成龙是害，别用期望压垮孩子的自信

现在的父母应如何对待儿女才好呢?应该多为他们积德，不要积财，让儿女有开创自己前途的意志、能力，不要使唤儿女、压迫儿女，要他们这样，要他们那样，强迫他们依照一定的模式成长。儿孙自有儿孙福，不要对儿孙太多挂碍忧心，让他们自由去发展，创造自己的美好前程。

——星云大师

广宇12岁，是家里唯一的孩子。他的妈妈为他设立了非常高的标准，希望他能够在各方面都非常优秀、出色。除了在学校里正常的学习活动外，妈妈还给他设立了许多的课余活动：弹钢琴，练篮球，以及其他的男孩活动。妈妈要求他在所有活动中都成为拔尖的人物。无论是在学校还是在地区活动中，广宇都被认为是难得的优秀的男孩，但是在他的生活中，却有一些令妈妈无可奈何的习惯。比如：他对别人的评价非常敏感，略有微词，便情绪低落，而且在行为上经常有神经质的表现。他不像其他同

龄男孩那样尽兴地说笑和玩闹，似乎很受压抑。

如果对孩子怀有过高的期望与要求，而孩子又不能实现目标时，我们就毫不掩饰自己的失望，在孩子身上会有什么影响呢?他会因为不能达到妈妈的要求而自惭形秽，对自己的能力感到怀疑，而从根本上动摇对自己的信心。

解决这个问题的方法是对孩子既要有高的期望，也要考虑到我们的孩子成长发展达到我们期望的标准，是一个很长的过程，要一步一步地不断实现，而不是一蹴而就。

（1）父母可以有期望，但是不要期望过高

虽然说每个做父母的都希望孩子能有一番作为，但是也要客观地认识到，每个孩子的水平是不同的。想让你的孩子瞬间就达到一定的水平，那是不可能的。

我们期望孩子学会收拾自己的房间，就要先从他会做的事情开始。让他把床铺好，把桌椅摆好。这样一步一步的，不久他就能掌握收拾房间的技巧。如果开始的时候就让他把自己的房间收拾得井井有条，做不到就批评他，那么一定会挫伤他的自信心。

（2）要肯定孩子的每一次进步

父母要不时地告诉孩子，看见了他的每一个微小的成绩。

“你今天把床铺好了，把桌椅摆好了，你基本上已学会怎样整理房间，儿子你太棒了!学东西真快。”我们就这样鼓励孩子继续下去，而不是要求孩子们事事处处满足我们的期望。

肯定就是使孩子们知道我们看到了他们的进步，如果我们肯定孩子朝正确的方向迈出的每一步，使他们感到鼓励，就可能取得更大的成绩。在这时和孩子说话，既要注意用温和平静的口吻，把话讲清楚，让孩子有亲切感，又要用充满鼓励的眼神，让孩子从你的眼中看出对他的满意。在注意孩子的每一个进步上，做母亲的都应格外敏感并及时地给予鼓励。当我们对孩子的每一点进步都有所表示的时候，就可以看到非常显著的效果，话语可以很简单，但是孩子却可以心领神会。比方你可以说:“儿子，我非常高兴，你今天把脱下的鞋子摆得很整齐。”

要记住，当我们在孩子身上寄予很高的期望，而又不断地指出他的不足之处时，我们实际上在使他失去勇气，降低他的自信心水准，而在将来的教育中，却要不断地试图提高他的自信心;相反，如果我们时刻注意到他的每一点进步，并及时指出，加以鼓励，我们会使他充满活力，并且产生要多做一点的愿望。